ネパールでカーストを生きぬく

供犠と肉売りを担う人びとの民族誌

中川加奈子

世界思想社

はじめに

ネパールの首都カトマンズの街では、肉屋が急増している。家の軒先で、あるいはバザールで、半分屋外にはみ出すように大きなテーブルが置かれ、その上に肉塊が載っている。腸や肝臓などの臓物や、ヤギや猪の頭が置いてあることもある。時には、生きたままのヤギが店頭につながれていることもある。店主は、台を前にして構えている。その日の食事の材料を買いにきた顧客たちは、店主にどの部位をどれくらいくれと伝える。店主は勢いよく肉を包丁で叩き切り、秤に載せて重さを確認し、ビニル袋に放り込む。

二〇〇〇年に初めてカトマンズを訪れたのち、二〇〇五年夏、長期調査が叶い再訪した私が最初に感じたことは、街にどこかよそよそしい雰囲気が漂いはじめたということである。街には高いビルが増え、ジーンズをはいた若者や外国産のバイクに乗った人びとが慌ただしく街を行き交う。しかしながら、肉屋の佇まいは、クラクションがけたたましく鳴り響く街の風景のなかに、違和感なく溶け込んでいた。私は肉屋のこの佇まいを不思議に感じた。カトマンズの肉屋では、包み隠さずに動物を屠り肉にする「伝統的」で「地域固有な」ものと、金銭で商品を売買する「近代的」で「世界に広く共通の」ものとが、同居しているように私には見えた。ネパール社会の変化は、肉屋からはどのようにみえているのだろうか。

先行研究を繙いてみると、カーストに基づく役割として家畜の屠畜や肉売り、儀礼のための家畜の供犠をする人びとがいることがわかった。その人びとは、「カドギ」と呼ばれていて、カトマンズ盆地の先住民族である「ネワール」のいちカーストであるという。一八五四年に制定された国定のカースト序列である「ムルキアイン」において、カドギは上位のカーストたちが水を受け取れないいわゆる「低カースト」に位置づけられたということもわかった。

近年、カトマンズの人口が急増したことと、食生活が欧米化したことを受けて肉の需要が高まっており、カドギたちのなかには経済的に豊かになった人が増えてきているという。留学先の大学の先生たちにカドギたちの社会に興味をもっていると伝えると、「ああ、あの金のネックレスをして、大きなバイクに乗っている人たちだろう」という反応が返ってきた。カドギたちは、カースト役割を生かして経済的に成りあがった人たちだとみなされているようだ。私は、カドギの民族誌を描くことで、市場とカーストとの連関をめぐる社会動態を明らかにすることをテーマに定めた。こうして、それから通算約五年間のフィールドワークが始まった。そして、その五年間は、約二四〇年間続いた王制の廃止を含む、ネパールの大きな政治的変容があった激動の時期でもあった。

以下、具体的な民族誌に入る前に「はじめに」として、本書を構成するフィールドワークが行われた時期におけるネパールの政治的な変化と、そのなかでのカドギたちの動き、そして、私の立場の変遷について時系列で記述し、本書が照らし出そうとしている地平について説明していきたい。

ギャネンドラ国王による専制時代

私が調査を開始した二〇〇五年の夏、ネパールではギャネンドラ国王の専制体制が敷かれていた。政治集会やデモ行進は、政府により激しい弾圧を受けていた。新聞では連日、マオイストと警察の衝突が報じられていた。マオイストが警察のヘリを銃撃して墜落させた、警察署をマオイストが襲撃したなど、衝撃的で痛ましい事件が続く。国王の専制政治に不満をもつ人びとが、王制そのものの廃止を求めるようになっていた。

調査を始めてまず、私は何軒かの肉屋に通って店主たちと顔見知りになった。店主のおじさんやおばさんは、お客さんが途絶えたとき、私との雑談に快く応じてくれた。このころ、ある村で、カドギの女の子と一緒に歩いていたとき、小物店に入ろうとしても、その女の子は決して一緒に入ろうとしなかったことがある。店の人に「嫌なこと」を言われることがあるからだという。またあるとき、カドギのおじさんと雑談していると、ぽつぽつと、自分が屠畜の仕事をしたあと、血がついた服でお茶を飲んでいたら、通りすがりの人に罵声を浴びせられたことがあると語ってくれたこともあった。「低カースト」「水を受け取れないカースト」とされたことによって、一九五五年にカーストに基づく差別が法的に禁止されても、二一世紀に入った現代においても、彼らには嫌な思いをすることがあった。しかしながら、運動を抑制しようとする上からの力が強く、カドギたちはまとまった行動を表だって取れずにいた。

口にするのも嫌な思い出を聞き出し、そしてそれを書き残すことは、彼らにとって嫌な思い出や傷を、何度もえぐるようなことになるのではないかと、私のなかで疑問が生じた。肉屋の日常について調査を続けながら、なかなかカドギたちの心中に踏み込めない日々が続いたのである。

二〇〇六年の民主化運動

二〇〇六年四月、国王の専制体制の終焉を求める人びとによる運動が激化した。連日、マオイストや政党による王制廃止を求めるゼネストやデモが繰り返され、その鎮静化を図る政府による外出禁止令が頻発した。四月の第一週からは、最大一九日間にわたる外出禁止令が続いた。状況は日々緊迫し、ついには非常事態宣言が出された。二〇〇六年の四月二三日の夜、ホストファミリーになってくれたネワールの大家さんが私を最上階にあるキッチンに呼び出し、こう言った。「明日、ネパールの歴史が変わる。カトマンズの住民や、村から来た人びと二〇〇万人が、王宮に突入するんだ」。結局、このデモは実行されなかった。深夜、国王が専制体制の解除を、テレビとラジオを通して発表したのである。その瞬間、周りの家々からいっせいに歓声が地鳴りのように湧き上がった。

このころ、私は外出禁止の合間を縫って、太鼓の練習に通っていた。儀礼などをめぐる人びとの集まりは、政府による規制を受けるものではなかった。カドギのあいだでは、ナェキバジャという太鼓の演奏が伝承されていた。ナェキバジャは、祭りを先導したり、葬式の野辺送りの先導をしたりするときに演奏される。カドギの若者たちが、習得のための三カ月のコースを自主的に企画し、毎晩、仕事帰りに練習に励んでいた。私も習わせてもらえないかとお願いしたところ、練習に通うことを許可してもらったのである。

ナェキバジャを習ったことは、カドギたちの儀礼への理解を深めてくれた。太鼓を演奏しながらお祭り行列を一緒に行進させてもらうなかで、街のあちらこちらに彼らの神様がいることを知った。カドギたちは、小さな祠や廟の前で立ち止まり、胸と額のあいだで手を何度も往復させながら祈りを捧げる。祠に血の跡があるときは、そこで動物の血の供犠が行われたことを意味する。多くの儀礼において、カドギはカーストに基づいた役割として動物の血の供犠を行っていた。

人生儀礼で、年中行事で、鶏、アヒル、ヤギ、水牛の血の供犠の場面に何度も立ち会った。動物に赤い粉で額に祝福の印、ティカをつけ、司祭が祈りを捧げる。動物に水をかけ、動物が震えたら、その瞬間から動物は神聖なものになり、血を捧げることができるようになるという。カドギが動物の頸動脈にナイフを入れ、死にゆく動物の血を神々に捧げる。そういうとき、動物が死にゆくさまを、その場にいる全員は、ただじっと見届けている。茶化したり、笑ったり、泣いたり、目を背けたりすることはない。私もその場にいるときには、残酷だとか、動物がかわいそうだという感情は湧いてこず、ただ、見届けることだけに集中していた。

二〇〇八年の王政廃止、そして連邦共和制へ

民主化運動はさらなる大きなうねりを迎えていた。二〇〇八年の憲法制定議会選挙では、マオイストが第一党に躍り出た。そして、二〇〇八年五月の憲法制定議会の初日に、ついに二四〇年続いた王制が廃止されたのである。

これと前後して、カトマンズ盆地に、先住民であるネワールの自治州を作ろうという声が上がるようになった。ネワールたちのあいだでは、それぞれのカーストが自分たちのカーストの厚生や権利拡大を求めるために、カースト名を団体名につけた「カースト団体」が次々に結成されている。彼らは口々にこう言う。「今声を上げておかないとおいていかれるんだ」。

カドギたちもこのころ、カースト団体を起点としてさまざまな社会運動を盛んに展開していた。カドギのカースト団体ネパール・カドギ・セワ・サミティ（ＮＫＳＳ）の会長であるマノージュ氏は私にこう語った。

カーストをなくすのは簡単だ。カドギ一〇〇人、マハルジャン（「農民」カースト）一〇〇人を集めて、合同結婚式をしたらいいんだ。これを繰り返したら一〇年でカーストはなくなるよ。だけど、われわれには実際のところカーストが必要なんだ。だから、名前をよくしていかなければならない。そのために、われわれは活動しているんだ。

彼らの言葉でのカーストは、彼らの連帯のベースになっている。カーストは彼らにとって、家族、親族、生業の単位である。カースト制度やカースト差別に、彼らは苦しめられてきた。しかしながら、同時にカーストという単位は、肉を売るため、そして肉という生業の糧を囲い込み維持するため、彼らにとって必要不可欠なものでもあった。

私の調査に対する風向きも変わってきた。彼ら自身が、自分たちのことを書いてほしいと望むようになった。彼らは、彼らの言葉でカーストという範疇を再解釈することで、カースト差別を乗り越えようとしていた。つまり、自分たちの互助をベースとして、国や制度による序列化されたカーストに異を唱えていきたいという。

カドギたちの生活について、カドギたちがこれまでやってきたこと、これからやろうとしていることについて書きたいと伝えると、マノージュ氏は、ＮＫＳＳのプログラムがあるたびに私に声をかけ、ネパール中のカドギたちのところに同行させてくれた。そして、外国人が自分たちのカーストについて興味をもってくれていることを、自分たちは嬉しく思うし、自信や誇りをもつこともできると言ってくれた。それからは、紹介がまた新しい紹介を生んだ。バスの便がない村に行くために、ヒッチハイクしたガスシリンダー配達のトラックの荷台に乗ったこともあったし、国境の家畜市で水牛をかき分けながら胴元のところにインタビューをしたこともあったし、突然携帯電話で呼び出されてそのまま訳もわからずにラジオ番組に出演したこともあった。こうして、この時期、多くのカドギたちに出会い、カーストに関する思いなどを聞かせてもらうことができるようになってきたのである。

個人の商取引とカースト役割とのあいだ

政治的混乱が続くなか、現金収入を求めて農村から首都カトマンズに移住する人びとの流入が続いている。直径約二五キロメートルの盆地であるカトマンズには、約三〇〇万人を超える人びとがひしめきあって暮らしている。カトマンズは大都市と化し、さまざまなモノが流入し、欧米風の生活が浸透している。そして、儀礼食であり特別な機会の象徴的な食べ物であった肉も、日常的に口にするものとなってきたのである。

ネパールがヒンドゥー教を国教とする王国から世俗国家となったことも、人びとの食をめぐる価値規範に影響を与えている。牛はヒンドゥー教では神様とされており、ネパールで牛を殺すことは、ヒンドゥー教を国教としていた時期には政府により厳罰を受ける行為であった。しかしながら、たとえば、「不浄」とされ忌避されがちであった豚肉を、健康にいい、ただ単においしいなどの理由で一部の人びとが食べるようになった。時には、外国に行ったときに牛肉を食べたよ、とこっそり打ち明けてくれる人びとさえいた。グローバルに流通しはじめた健康志向などの近代的な価値観や、ただおいしい食べ物には、さまざまなタブーを越境する力がある。そして、肉の流通の変化と、肉を取り巻く人びとの価値観の変化に翻弄されるかたちで、肉を取り巻く人びととの社会関係も変化している。

ある日、私は、何気ない小さな出来事ではあるものの、これまで私が捉われていたことから、目を開かされるような出来事を経験した。肉屋の店頭の様子を見学させてもらいにきた私に対し、カドギの店主は、一人ひとりの顧客をそれぞれ私に紹介してくれた。そのとき、カドギを「彼は僕たちの兄弟なんだ」と言い、カドギ以外の人びとを「彼はシェレスタ、シャキャ、ムスリム、チベタン、中国人」などと、ネワールのカーストと通常民族、外国人などと括られる範疇を横並びにしながら紹介してくれた。さらに、店主はほぼ毎日顔を出す客を、「彼は常連だよ」と言って、特によい部位を切り分けて売っていた。これまで私は、カースト社会の存在をどこか前提のように捉えていて、調査をする際には、対象者のカーストは何かということを最初に確認するような癖を無自覚的にもっていた。しかしながら、当のカドギは肉を売るという場面では、ここで買った肉をそれぞれの小売店で転売している同業者である「兄弟」のカドギたちには利益が少しでも出るように割引して肉を売り、ムスリム相手にはイスラム法上食べることが許されているハラール・ミートを売り、いつも来る大切な常連客には少し特別なサービスを提供するなど、肉を売るという行為に関連させて人びとを認識しているのである。ここにおいて、個々の店主たちは一人の店主として顧客に向きあっており、当然のことながら、店主と顧客のあいだでは、制度としてのカーストが内面化されているはずはないのである。

カドギたちは、大きく動く民主化プロセスに連動しながら、彼らの生業を支えるものであり、また、親族関係や儀礼を営むために必要な単位として、カーストという範疇を自分たちにとって少しでも有利になるように再解釈しつつある。しかしながら、カドギたちは同時に、目まぐるしく変化する市場では、それぞれのカーストや民族、時には宗教の差異をも超えて、一人の店主として、一人一人の顧客に向きあいながら生きぬいてきたのである。

冒頭に示したように、本書は、私が肉屋の佇まいに興味を引かれたことから始まっている。肉屋には、動物を屠り肉にすることと、金銭で商品を売買することに関して、位相を異にするものが同居しているように感じたと記したが、これは、一定の地域内におけるカースト役割と、カーストや民族を超えて日々営まれる市場での個々人の商実践というカドギを取り巻く日常の二つの次元に起因しているとみることができるのではないだろうか。では、この二つの次元は、どのように重なりあったり絡みあったりしながら、同居しているのだろうか。

本書は、ネパールにおいて、市場化により既存の社会慣行を超えて肉が流通するようになりカーストを超えて個々人としての社会関係が築かれつつあるなかで、同時に民主化運動の一環としてカーストという範疇が強調されるようになるという、方向性が異なる二つの動きが連動する具体的な過程を、カドギたちの日常的実践に注目しながら明らかにする試みである。次章からの民族誌でこれを明らかにすることで、これまで「低カースト」として一枚岩的に捉えられ、見過ごされがちであった人びとの営みが、ネパールの大きな社会変動のどの部分にどのように息づいているのかを示していきたい。

カースト社会を巧妙に生きぬくカドギたちの姿は、同時代を生きる私たちに向けても、スティグマにいかに向きあい、いかによりよい状況を創り出すことができるのかを伝えてくれるはずである。

序章

カーストとして生きる／個人を生きる

1　本書の目的

ネパールでは一九五一年、一九九〇年、二〇〇六年と大規模な民主化運動が起こり、二〇〇八年五月には、ヒンドゥー教を国教とする王国から世俗主義の連邦民主共和国に移行した。これまで、王制や国教としてのヒンドゥー教に下支えされてきたネパールのカースト制度は、大きな転機を迎えている。新しい国家体制の構築とそこでのよりよい位置取りを求めて特に王政廃止以降、個々の民族やカーストはそれぞれの自治や権利拡大を盛んに主張している。ネパールでは、人びとが改めてどのように個々の民族・カースト間の関係を構築していくのかが、重要な課題となりつつあった。

国家体制の変動と同時に、グローバル市場経済の波が押し寄せている。特に首都カトマンズにおいては市場経済の浸透により、従来のカーストに基づく役割とは異なった仕事に就く人びとが増えている。民主化と同時に市場経済も、カースト制度に象徴される従来の社会配置を席巻しつつあるのだ。

本書は、このようなネパールの状況において、これまで国家により「低カースト」と規定されそれにともなう差別に苦しめられてきた人びとが、民主化や市場経済を背景にどのように生きぬいているのか、そのなかで人びとはカーストという範疇に改めてどのような意味を見出しているのかを、特に食肉市場の拡大による大きな変化を経験している「カドギ」[1]たちの日常的実践を通して実証的に示すことを目的とする。

食肉市場の急速な拡大にともない、もともと違う生業を営んでいたものの市場での利益を見越して新規で肉売りに参入するカドギたちが増えている。さらに一部のカドギたちは、他カーストや他民族、さらにはムスリムとも市場取引相手としての新たな関係を築きつつある。カドギたちにとって、肉売りというカースト役割は経済的特権として、大きなビジネス・チャンスをもたらした。他方で、カースト制度はカドギたちに水の授受ができない「不浄」の地位をもたらし、それは、ネガティブな烙印であるスティグマとして彼らの尊厳や権利を脅してきた。カーストは、カドギたちにとって特権とスティグマという、彼らにとって望ましいものと望ましくないものをもたらしているのだ。こうしてカドギたちは、食肉市場の拡大にともなって、市場で獲得された経済的地位とカースト序列における地位とのあいだの乖離を経験することとなった。

本書では、民主化や市場化の波にさらされるなか、カドギたちが、日常的な商実践や儀礼的実践を介して国家や市場と交渉・折衝し、みずからのカースト定義を再解釈していく具体的な過程を検討していく。それは、食肉とのかかわりを維持していくべく、カーストという枠組みを操作したり維持したりするような状況に応じた日常的実践が、いかにして地域の社会・経済・文化の再生産・再構成に寄与しているかをボトムアップで実証する試みでもある。

本書を書くためのフィールドワークは、二〇〇五年から二〇一二年にかけての、国王の専制時代から王制廃止に至るまでの民主化の過渡期に実施している。したがって、本書は、この時期を中心として一九五一年以降のネパールの歴史的な変化を、「低カースト」に追いやられてきた人びとはどのように生きぬいてきたのかを内側から描いた民衆史としての意図をもっている。

しかしながら、同時に本書は、グローバル市場化によって、ローカルな価値体系や社会秩序はどのような変化を遂げるのか、その過程においてカースト差別にみられるようなネガティブなスティグマに人びとはどのように対峙し得るのかについて、現代世界を生きる私たちに通底する理解を示すことも意図している。

人びとの相互行為からスティグマを分析したゴッフマンは、スティグマは予想された行為から顧みて行われる性格付与である「対他的な社会的アイデンティティ」と、彼自身が事実もっていることを求められれば明らかにし得る属性である「即自的な社会的アイデンティティ」のあいだに乖離を構成することを指摘した（ゴッフマン　2001: 14-16）。スティグマを抱えた人びとは、二つのアイデンティティの乖離状況において、侮辱と信頼喪失にさらされている自己を他者に呈示する際、緊張処理と情報の管理／操作という努力を強いられるという（ゴッフマン　2001: 79-176）。ゴッフマンが指摘した二つのアイデンティティの乖離状況は、カドギをめぐる「カースト社会内で他者から付与されるアイデンティティ」と「市場化を受けて個人として獲得したアイデンティティ」との乖離状況と重ねて捉えることができる。

人びとがいかにスティグマに対峙するかを捉えた研究には、大きく、障がいや性的マイノリティなどの個人の身体に帰属するスティグマに関する研究と、人種、民族、宗教といった集団に帰属するスティグマに関する研究の流れがある。なかでも、集団に帰属するスティグマに関しては、南アジアにおける元不可触民や低カースト民を中心としたカースト差別に苦しむ人びとによる解放運動や、アイデンティティの操作や再創造についての研究が多く蓄積されてきた（小谷　1996; Arun 2007; 舟橋　2014 他）。さらに近年では、二〇〇一年に人種主義に反対する世界会議（ダーバン会議）が開催されたことを中心に、カースト差別や日本における部落差別、ロマ、先住民への差別や不寛容に「反人種主義」などの共通のコンセプトのもと、国際的に連帯して取り組もうとする動きと、これに関連する実践的な研究もみられている（竹沢編　2005; Pandey 2013 他）。

カドギたちが変化を生きぬくなかで示したカーストの操作や再解釈・再定義は、差別に向きあう人びとを捉えたこれらの研究と大きくは通底し、より実践的な示唆を得ようとする狙いも共有している。これらの研究の蓄積に本書が貢献できる点があるとすれば、グローバル市場の浸透によりこれまで差別を支えてきた価値体系や社会秩序が大きく揺らぐ状況を人びとはいかに追い風としながらスティグマに対峙できるかを、アイデンティティ政治ではなくカーストという範疇の具体的な操作から捉えた点である。つまり、本書を通じて探求することは、価値体系や社会秩序が流動的である現代世界において、スティグマを抱えた人びとは、アイデンティティに留まらず自分たちの置かれた状況そのものを、いかによりよいものへと操作／管理していくことができるのかである。そしてそれは、表象やレッテル貼りに溢れ、己を取り巻く枠がない完全に自由な個人となることが困難な現代世界を生きる私たちに対しても、いかに生を肯定することができるのかを伝えてくれると考えている。

以上の目的に即して、次節より先行研究をレビューし本書の分析視角を提示する。第2節においてはネパールという国家、ネワールという民族、ネワールのカースト社会について、それぞれ概要と、先行研究ではどのようなアプローチがとられ、どう理解されてきたのかを概観する。まず、ネパールという国家がカーストやジャートといった範疇をどのように認識し区分しているのかを整理する。つづいて、ネワールという民族とそのカースト社会について、既存研究をもとにどのように描かれ意味づけられてきたのかを整理し、本書の位置づけを示す。そのなかで、これまでのネワール研究におけるカーストの理解は、カースト間で共有されたカースト社会観の存在を前提としたものが多く、そこでは個々のカーストは、カースト社会全体を構成する一つの要素として静的に捉えられがちであったこと、個々のカースト・カテゴリーの生成と変容過程自体に焦点をあてて、これを動的に捉える視点での検討が十分にされていなかったことを指摘する。

第3節では、グローバル市場がカースト社会にどのような影響をもたらしたのか、特に人びとによる自己同定と帰属意識のあり方の変化に焦点をあてながら、先行研究の検討を行う。グローバル市場は、世界の各地においてローカルな事物をいったんグローバル・スタンダードに昇華したうえで、再度、これをローカルのなかに「埋め戻す」方向に働きかけている。また、本来、日常生活においては曖昧で流動的なことが多い自己・他者同定の枠組みが、国家によりたとえば民族、カーストなどの具体的な帰属先をもたされ固定されていく動きが、市場化による「埋め戻し」と連動しながら進行しつつある。このメカニズムを経て、近年、ネパールにおいても、己が属する民族範疇を拠り所とし、グローバルに流通する権利や正義という普遍的な概念を流用しながら生活を組み立てている人びとの様子が報告されている。これらのグローバルによるローカルの相対化をめぐる研究の流れとその理論的到達点を整理する。

第4節においては、第2節で示したカースト社会と第3節で示した人びとの自己同定と帰属意識のあり方を一定のかたちに収斂させていくグローバル市場との乖離状態に、人びとはどのように折り合いをつけてきたのかを捉えた研究を検討する。その検討を通して、地域社会を構成する一定の範域の人びとにより共有された役割としてのカースト（「存在論的カースト」）と、グローバル市場と呼応するかたちで断片化された行為としてのカースト（「行為論的カースト」）の相互補完関係に注目してカーストの生成と変容を捉えるという本書の分析枠組みを導き出す。

第5節で本書の分析視角と、構成を示す。本書では、地域に埋め込まれた「存在論的カースト」と、個々人により日々実践される「行為論的カースト」の相互補完を軸としたカドギによるカースト間、民族間、そして国家との交渉のあり方を詳細な民族誌により明らかにし、これまで静的に描かれがちであったカーストという範疇がボトムアップで再編成される過程を動的に記述、分析する。

序章の最後で調査方法と調査対象の概要について紹介したうえで、第1章以降の具体的な民族誌の記述に入りたい。

2　国家、民族、カースト

2-1　ネパールにおけるカースト

そもそもカースト制度とはいったい何なのだろうか。ネパールのカースト制度は、インドからの人びとの移動などにともない、インドのカースト制度の影響を受けつつ形成されてきた。そして、インドのカースト制度は、イギリスによる植民地支配を含むさまざまな歴史的変遷のなかで形成されている（藤井　2003; 小谷　1996）。

カースト制度の原型をなすのは、古代インドにおけるバラモン（ブラーマン、祭祀階層）、クシャトリア（チェットリ、武人階層）、ヴァイシャ（一般庶民）、シュードラ（奉仕者階層）という四つの「ヴァルナ（varna）」に基づく身分制度である。ヴァルナとはサンスクリット語で「色」を示しており、皮膚の色を中心に容貌など形質的な差異に基づいて種姓的な身分制度が、紀元前八世紀ごろには形成されていたとされる。古代インドの法典類や仏教教典には四ヴァルナ体制の外としての賤民諸集団についての記述も見られている。紀元前後に記された『マヌの法典』はバラモン教やヒンドゥー教の教義の支柱となった。その後、ヴァルナに基づいた身分制度は、中世にインド亜大陸各地に広がっていき、階層分化、社会的分業の発達、新たな宗教分派の形成などを経て複雑化していった（小谷　2004）。そのなかで、祭祀を司るバラモンは「浄」とされ、その対極に死、産、血、そして排泄物などを扱う不可触民という「不浄」の存在が置かれたのである。

そのような身分制を一五世紀末にインドの西南海岸にやってきたポルトガル人が、「血統」「家柄」「種族」を表す「カスタ（casta）」と呼んだ。つまり、血統・種族の違いによって、集団ごとに格差づけられた制度がカスタであり、これを後から来て植民地支配を行ったイギリス人が「カースト（caste）」と英語読みした。そして、イギリスは、インド社会は『マヌの法典』などに示されるカーストにより規定されているとみなし、一八七〇年代より始められた国勢調査を通じてこれを具体的に法制化し具現化したのである。

では、ネパールではカースト制度はどのように形成され、どのような性格をもっているのだろうか。まず、ネパールという国家は、人の種類をどのように認識し、どのように区分してきたのかを検討していきたい。一九九〇年のネパール国憲法では、ネパールは多民族国家であると明記されている。二〇一一年のネパール国勢調査では、ネパールは一二五のエスニック集団により構成される多民族国家であるとされた。宗教としては、ヒンドゥー教信者が約八〇%、次いで仏教徒が約一〇%、ムスリム、キリスト教徒などをあわせて約一〇%前後とされている。

ネパールに住んでいる諸民族の名称やその範囲について、ネパールの人びとのあいだでも研究者のあいだでも統一的な見解があるわけではない。一九九一年の国勢調査では六五、[2] 二〇〇一年の国勢調査では一〇二とされていたエスニック集団の数が、二〇一一年には一二五に増加しているように、その定義は常に流動的である。

ネパールは、ヒマラヤ山脈の南麓に位置し、世界最高峰のエヴェレストから海抜一〇〇メートルに満たない熱帯のジャングルまで多様な自然環境を擁している。それらは北から、ヒマラヤ山脈、中山間地、タライ（インド亜大陸に続く平野）に大別される。ネパール政府によると、ネパールに住む人びとは、出自に関して大きく三つのグループ、すなわち「カス（Khas）」「モンゴロイド（Mongoloid）」、およびその「混合民（mixed）」に分けることができる。カスは、主にネパールの中山間地に住む北インド文化の影響を色濃く受ける人びとであり、ブラーマン、チェットリやダリットを含み、ネパール全人口のおよそ四〇%を占める。モンゴロイドにはタマン、シェルパ、マガル、グルン、タカリ、キラートなどを含む。カスとモンゴロイドとの混合民は、本書の対象となっているカドギをそのいちカーストとするネワールにより主に構成される。モンゴロイドと混合民は、ネパールの全人口の五〇%を占める。そして、残りの一〇%は、インドやチベットなどからの移民である。

ネパールにおけるカーストの定義も研究者によりさまざまであり慎重な議論が必要である。ネパール語で、人の種類や姓を示す言葉に「ジャート（jāt）」というものがある。名和克郎は、「民族」をネパール語に翻訳すると「ジャート」になるが、「カースト」も「ジャート」としか訳せないとしている（名和 1997: 46–54）。つまり、「ジャート」という単語は「民族」とも「カースト」とも訳せ、逆に言えばネパール語では「民族」と「カースト」とは区別されないことを意味しているのである。しかしながら、前記の「カス」と「混合民」であるネワールを中心にネパールにはカーストのヒエラルヒーを「社会的装置」としてもっている人びとがおり、そういった人びとにとっては、カーストと民族との区別は大きな意味をもつのであるとする。

ネパールではカーストはどのように形成されてきたのだろうか。ネパールの首都カトマンズでは、四世紀中ごろ九世紀後半までインド・ヨーロッパ語系のリッチャヴィ王朝が栄え、この時代にヒンドゥー教も徐々に浸透した。ヴァルナ制も次第にみられるようになってきたが、身分制度として支配の基盤となるには至らなかった（桐村 2004: 154–155）。ネパールで身分が国の単位で制度化された機会は、大きく二度ある。一度目は、小王国の分立時代が続いた後、一三世紀にカトマンズ盆地のネワールを統治したマッラ王朝期で、一四世紀、ジャヤスティティ・マッラ王は、カースト制度を強化し定式化するために南インドから四人のバラモンを招き、その助言でネワールを複数のカーストに編成した。二度目は、一八世紀にネパールの現在の国土を「統一」したシャハ王朝期である。当時専制体制を敷いていたジャンガ・バハドゥール・ラナ宰相は、インドが事実上イギリスの植民地となっていた一八五四年、「国定カースト序列」であるムルキアインを制定した。

ムルキアインは民族を超えて国中の人びとを、①聖紐を身に着けたもの、②奴隷化できないが酒を飲むもの、③奴隷化でき酒を飲むもの、④水を与えられないが可触、⑤水を与えられず不可触に序列づけた。ムルキアインの特徴として、チベット仏教徒やムスリムなどヒンドゥー教徒ではない人びとをも含む国中の人びとをも、カーストの序列のなかに組み込んだことが挙げられる。ムルキアインにみられる序列を検討したホファーは、「ムルキアインのカースト・ヒエラルキーは、実にリニア（直線的）な概念である」としている。こうしてホファーは、「ムルキアインが規定する社会において、カーストは社会組織の主要な原理を構成しており、カーストの地位は個人の法的地位を決定づける最重要の要素であり、個々人間の関係性のあり方は、浄性に条件づけられたカーストの地位によって決定される」と結論づける（Höfer 1979: 196）。

このような経緯をたどって形成されたネパールのカーストは、どのように性格づけることができるのだろうか。石井溥は、ネワールの村落の調査をもとに、そのカーストを次のように記している。「他のカーストとの関係において上下に序列づけられた世襲的身分範疇である。各カーストはそれぞれ固有の名前を持ち、相互に区別する。カーストの存在する社会では人びとはみなどれかひとつのカーストに属している。多くの場合、個々のカーストはその生業面および儀礼面で特定の役割をもち、それによって他の諸カーストと一定の相互依存関係を形成する。カーストへの帰属は生得的であり、また原則的に固定的である」（石井　1980a: 4-5）。つまり、石井によれば、カーストとは人びとにはジャートと呼ばれる通婚可能な範疇のあいだに、さまざまな規制や関係を設けて、生業や儀礼に関する分業や分担の機能をもたせたものであり、そのカースト間の分業が成り立つ特定の地域内で上下に序列づけられたものである。

こうして、ネパールのカースト制度は、国家規模での編成などを通してそのなかに別のカースト制度や民族を含み込んだものとなっている。本書で焦点をあてるカドギをいちカーストとするネワール社会は、次節以降に詳しく論じるように独自のカースト制度を擁していたが、その個々のカーストは、ムルキアインの序列のなかに位置づけ直された。カドギは「水を与えられないが可触」であり、いわゆる「不浄」カーストとして位置づけられている。

2-2　ネワールという民族

では、カトマンズの先住民であるネワールという民族とはどのような範疇であり、その社会にはどのような特徴があるのだろうか。ネワールは、カトマンズ盆地を故地としており、民族人口は約一三二万人であり、人口比で検討す

れば国内で六番目に多く、全人口の約五％を占める。(3)

一九九五年に、ネワールの研究者たちによって、ネワール社会のさまざまな側面を描いた論集『争われるヒエラルヒー（原題 *"Contested Hierarchies"*）』が出版された。クイグリーはその結論部において、「ネワールとは、それぞれ異なった起源をもつ、カトマンズ盆地社会に歴史上のさまざまな期間に参加するようになったネワール語を母語とする言語集団である」と定義している（Quigley 1999: 299-300）。ネパール国家の今の領土は一七六九年にプリトビナラヤン・シャハ王により「統一」された。つまり、一七六九年の時点でカトマンズに住んでいて、ネワール語を母語とする人びとが、支配者によって「ネワール」という民族範疇に括られるようになったのである。

ネワールはカトマンズ盆地内に中世に築かれた三つの王朝であるカトマンズ、ラリトプル、バクタプルで顕著にみられる複雑な都市文明を築いている。カトマンズ盆地はインドとチベットの交易路にあったことから、ネワールの都市文明は交易を介して双方の宗教や文化を取り込み、後に述べるようにヒンドゥー教と仏教とが共存する独特の展開を示した。

都市部では、レンガづくりの三〜四階建ての家々が狭い道をはさんで隙間なく屋根を連ねている。その街の造りは、ネワールの小さな村においても模倣されている。ネワールの居住地域は、防御壁で囲われ、外部からの侵略者から保護されていた。街は個々に集住するいくつものカーストによって構成されている。そして、このようなネワールの社会構造は、シャハ王朝により建国された国家体制のもとにネワールが「統一」されてからも維持され、現在もその基本構造は変わらない。

ネワール社会には三六のカースト(4)が存在し、ヒンドゥー教徒と仏教徒とが共存している。ネワール社会では、カーストに基づく役割の授受がなされており、その単位は世帯、父系親族、いくつかのカーストで構成される儀礼集団、ヒンドゥー教徒と仏教徒の双方を含む村や街全体など、多くの段階にわたる。石井は、ネワールのカースト社会の特徴として、「世俗的役割体系の編成は粗で、儀礼的役割体系が密に編成されている」としている（石井　1980b）。同様にクイグリーも、「個々のカーストの区別は、儀礼によって浮き彫りになる（underscored）」としている（Quigley 1999: 300）。ネワール社会においては、カーストに基づく役割の授受関係は、儀礼をめぐってもっとも頻繁にみられる。つまり、儀礼がカースト間の相互依存関係やカースト役割のあり方を再生産しているともいえる。

ネワールの諸カーストは、ネパールの他のカースト集団と同様に、国家によって制度的に位置づけられ序列づけられてきた。ゲルナーは、ネワール社会における今日のカーストのあり方を判断するための「ベースライン」として、二つの文書を検討する意味があるとする。そして、その一つ目が第1章にて詳述するバサ・バンサバリ（Bhāṣā Vaṃśāvalī）として知られる王統譜であり、二つ目が前述の一八五四年のムルキアインであるという（Gellner 1999b: 266）。これらの内容については後に詳述するが、このような文書に示される序列が、ゲルナーの指摘する通り現在も、ネワールの日常的な共食や社交の場面において、カーストをめぐる序列意識やそれにともなう差別として続いていることが私の調査からも確認できている。

2-3　ネワールのカーストを捉える三つのアプローチ

では、ネワールのカースト社会とその構成原理について、既存の研究はどのようなアプローチをとり、どのような知見を得てきたのだろうか。ゲルナーは、前述の『争われるヒエラルヒー』（Gellner, Quigley 1999）の序論において、一九八〇年代のネワールの仏教僧院での自身の調査に基づき、ネワールのカースト序列を、図0-1の左半分のように六つの序列の「ブロック」で表すことができ、これは図0-1の右半分のようにムルキアインの序列に対応しているとしている（Gellner 1999a: 17）。それぞれのブロックにどのカーストが位置づけられるのかをゲルナーが示したものが表0-1である。この表から、後に詳述するネワールのカーストを捉える三つのアプローチの一つである「観念主義的な」カースト序列を読み取ることが可能なので、やや詳細に見ておこう。

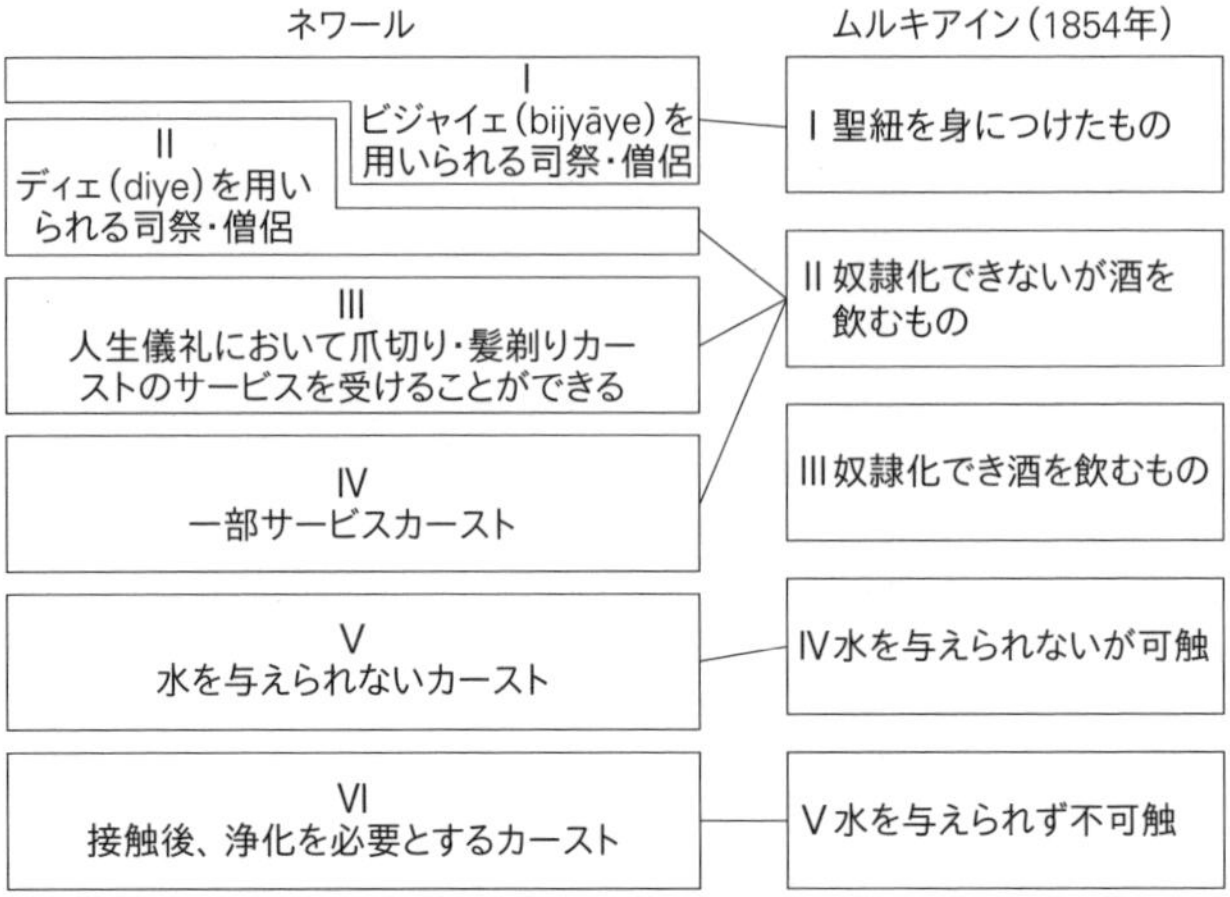

図０－１　ネワールのカースト序列とそのムルキアインにおける序列との対応関係

これによると、基本的にはヒンドゥー教司祭のほうが仏教僧侶より上位となるが、対話の際に相手がビジャイェ（bijyāye）[5]という敬語表現を用いるか、ディェ（diye）[6]を用いるかがブロックⅠ、Ⅱの区別となる[7]。ブロックⅡとⅢの区切りは、対話の相手が敬語表現そのものを用いるかどうかであり、Ⅲ以下は敬語表現を用いなくてもよいグループとされる。人生儀礼において爪切り・髪剃りカーストとされるナピットのサービスを受けることができるかできないかで、それぞれブロックⅢより上位、ブロックⅣより下位の区切りがある[8]。上位のカーストに水を与えられるかどうかがブロックⅣとⅤの区切りとなっており、これは「浄」か「不浄」かの境界線となっている。与えられないカーストがブロックⅤ以下、かつ「不浄」カーストとされる。ブロックⅤに本書で検討するカドギが、葬儀などを執り行うカパリとともに位置づけられている。最後に、上位カーストが接触後浄化を必要とするかどうかがⅤとⅥの境界線となっており、必要とするカーストがブロックⅥとなっている。ここにはデヨラと呼ばれる清掃をカーストに基づく役割としている人びとなどが位置づけられる。なお、ブロックⅥとされた人びとは、街の境界を示す市壁の外側に居住地がある。ゲルナーが示した六つの「ブロック」は、大きくは儀礼執行上のカースト間のサービスの授受関係を、彼の調査対象である司祭カーストの視点を反映させたかたちで区切り序列づけたものとしての傾向をもつと要約することができるだろう。

しかしながら、ゲルナーが示した六つの「ブロック」に関しては、大きく二点の批判がなされている。まず、一点

表0-1　ネワールの主なカースト

ブロック	カースト名（典型的カースト職業）
Ⅰ	ラジョパディヤ（Rājopādhyāya：ヒンドゥー教司祭）、バジュラチャリア（Vajrāchārya：仏教司祭）、シャキャ（Śākya：仏像鋳造）
Ⅱ	シェレスタ（Śreṣṭha：役人）、カルマチャリア（Kārmāchārya：密教司祭）、ラジュバンダリ（Rājbhaṇḍārī：王宮の給仕係）、アマティヤ（Amātya：王宮の勘定係）、ジョシ（Jośī：占星術師）、ラジュバシ（Rāj Vaṃśī：王の親族の末裔）、プラダン（Pradhān：王宮の役人）、マッラ（Malla：王の末裔）
Ⅲ	マハルジャン（Maharjan：農民）、ダンゴル（Dāgol：農民）、スワル（Suwāl：農民）、シンハ（Siṃha：農民）、タムラカール（Tāmrakār：銅鋳造）、プラジャパティ（Prajapati：壺作り）
Ⅳ	タンドゥカール（Taṇḍukār：農民）、マナンダール（Mānandhar：油絞り）、チトラカール（Citrakār：絵描き）、ナピット（Nāpit：床屋）
Ⅴ	カドギ（Khaḍgī：屠殺人、ミルク売り、太鼓演奏者）、カパリ（Kāpālī：仕立屋、葬送業者）
Ⅵ	デヨラ（Dyaḥlā：清掃人）

Gellner（1992: 44）をもとに作成。

目の批判は、この議論はすべてのカーストが同じネワール社会観を共有していることが前提となっていることにある。トファンは、「ヒンドゥー教徒、仏教徒、貿易業者であるシェレスタ、農民であるマハルジャン、不浄カースト、浄カーストが、同じネワール社会観をもっているとは思わない」とし、ネワールの信仰、活動領域などの多様性を理由に挙げてこの点を批判している（Toffin 2007: 10）。一方でクイグリーも、『争われるヒエラルヒー』の結論部分で、ネワールのカーストは中心に王権を据えている点で個々の村や街を超えて類似しているとし、ゲルナーが示した儀礼的な序列は一部のカーストの見方であり、ネワール社会全体で共有されたものではなく、かつ垂直的に捉えすぎていることを批判している（Quigley 1999: 298-327）。

　この批判が指し示すように、ゲルナーが示した「ブロック」が抱えている最大の問題点は、どのカーストから見ても、カースト序列、ブロックが同一に見え、観念されていることを前提として組み立てられている点にある。トファンやクイグリーが述べるように、それぞれの立ち位置によって社会観は異なり得るのであり、すべてのカーストが、ゲルナーが示した序列を共有しているわけではない。しかしながら、カースト間で共有された社会観がまったくないのかというと、そういうわけでもなく、たとえば「浄／

不浄」「カースト内／外」などの区分は、カースト間で日常生活のなかに浸透している。私の調査時においても、たとえばカドギが上位カーストの水場に近づくことを拒否され、カドギもしぶしぶこれに耐えるなどの出来事が実際に起こっている。また、カーストを超えて街や地域単位で、それぞれに役割を分担しながら営まれる儀礼も継続実施されている。では、カーストを超えて共有されている社会観と、個々のカースト単位での社会観はどのようになっていて、それぞれはどのように重なり、カースト間の関係を成り立たせているのだろうか。

クイグリーは、ネワールのカースト制度の原理を理解するため、これまでのカースト論のアプローチを次の三つに整理している（Quigley 1999: 307）[9]。

第一に、唯物主義的アプローチは、カーストは、社会的階層化であり、持てるものがトップで持たざるものがボトムであるという、経済的・政治的な力関係に還元して捉えることができるというものである。

第二に、観念主義的アプローチは、「自覚的なサポーターはいない」ものの、カースト全般を説明するために、無自覚的にもっともよく是認されている理論でもあるとする。具体的に、「デュモン（Dumont 1966）が示したような、①婚姻と食事からの個々のカーストの分離、②カースト間の機能的な相互依存、③カーストを地位の階梯に沿わせる階層的な序列、そしてそれを貫く、④浄／不浄に基づいた階層的二項対立に基づく統一的理解」である。クイグリーは、前記のゲルナーの示した六つのブロックは、まさにこの観念主義的アプローチに基づくものとして位置づけられるとしている。

第三に、王権主義的アプローチについて、クイグリーは、ホカートを参照しながら議論を進めている。ホカートは、王は儀礼を通して、特に供犠を通して、神と同化できるとした（ホカート 1986）。クイグリーは、供犠を中心とした儀礼を通して王は日常世界の社会秩序を超越しその安全と豊穣を保証しているとし、これは社会を構成する人びとによって模倣され再生産されるとする。これは、ブラーマンを最上位とする観念主義的アプローチとは異なった見解である。つまり、このアプローチからみれば、カドギが血の供犠をすることも、ナピットが儀礼で爪を切ることも、デヨラが夜にケガレを払うために掃除をすることも、中心に王を据えている点で構造的な類似性があり、儀礼を通して、彼らの地位の正当性が保証されるというものである。このアプローチでは、カースト序列が儀礼などの場面においては王権を通して「相対化」できる通路が開かれているという見方をとる[10]。

これらのアプローチは、どれかを一つ選べばそれでよいというものではなく、実際のネワールの社会のなかではそれぞれのアプローチで説明されるようなものの見方が複雑に絡みあっている。たとえば、石井は、カトマンズ盆地の西端にある村落での詳細な民族誌から、同村においてブラーマンを上位とする儀礼上の序列と、カースト間での金銭やサービス、モノの流れが集約されたドミナント・カーストを中心とした序列とが並存していることを指摘し、これを浄／不浄対立の観念と地位役割の「重合（summation）」としている（石井 1980a）。

視点をカドギたちにいったん戻そう。詳しくは第1章以降の具体的な民族誌のなかで論じるが、ムルキアインに示される序列は、その後の国勢調査における人びとの民族範疇の特定や、元不可触民や先住民に対する優遇政策など国家の政策を通して、一部が制度化されている。前述したように、日常生活においても、たとえば「水不浄」として上位カーストが水を受け取れないとされた人びとに対して、これまで「水不浄」を理由にレストラン経営や就学が警察や学校により拒否されるなど、実際にカーストをめぐる観念的な差別がなされてきた。また、第7章で詳述するように、経済的に力をつけたカドギたちが、従属的であるとみなす一部のカースト役割を拒否する動きがみられる。さらに、王権との関係としては、たとえば第3章で詳述するように、多数のカーストが参加して実施される年中行事に象徴としての王の参加があり、街の構造自体が王宮を中心とした同心円構造となっており、儀礼の実施がそのまま王権の再生産につながるように企図された空間として構成され維持されている[11]。ここまで列挙したように、カドギの生活の場においては、この三つのアプローチで示されるようなものの見方が、入り組んだかたちで人びとに浸透し、実際に社会を動かしているといえるだろう。カドギたちもこれらの社会条件からまったく自由であることは不可能であり、これらの制約がかかっている状況下において、彼らがなんとか操作できる資源を動員しながら、日々を生きているのである。

では、複雑に込み入ったカースト社会を捉えようとする際、視点をどこに置けばよいのだろうか。

ここで石井によるカースト間の財とサービスの交換関係に注目した研究を参考に挙げることができる（石井 1980a; 石井 1980b; Ishii 2007）。前述したように石井はネワール村落での調査において、カースト間の財や金銭の交換関係に注目し、「世俗的領域」「儀礼的領域」の両面において、カースト間の交換関係を永続的関係と一時的関係、定期払いとつど払い、現金払いと現物払い、無償などに分類して検討した。この交換関係をもとにカースト間関係を整理することで、石井は前述の「重合」という理解を導き出したのである（石井 1980a: 133-190）。さらに石井は一九七〇年から同じ村落でカースト間の交換関係などの調査を継続し、一九九〇年の「民主化」以降加速するカースト間関係の変化を、それぞれの儀礼への参与の仕方や職業選択のあり方などについての詳細なデータから分析している。そのなかで石井は、もともと肉売りをしていなかったカドギが、カースト役割である肉売りを再開するようになったことを指摘している（Ishii 2007）。このことから石井は、カースト間関係が「伝統的なカースト間の相互依存関係から市場経済に仲介されたカーストに基づいた仕事の区分」へと変容しつつあるとしている（Ishii 2007: 126）。このように、石井はカースト間の財やサービスのやりとりを検討していくことで、市場経済の浸透にともなうネワールのカースト社会の成り立ち方の根本的な変化を詳細なデータとともに実証的に示すことに成功している。

とはいえ、石井の研究も含めて、これまでネワールのカースト社会の研究は、その社会構造を理解するための個々のカーストの儀礼の参加形態や役割分担などへの分析が中心となっているという傾向をもっている。そのなかで、ネワールのそれぞれのカーストは、カースト社会を構成する一単位として、俯瞰的な視点から一枚岩的に捉えられがちであった。この捉え方は、石井が、「低カースト民」がサービス業に従事することをカースト役割の「再開（resume）」（Ishii 2007: 123）と表現している点からも顕著にみられる。しかしながら、本当に彼らは所与の役割を単純に「再開」したに留まるのだろうか。石井が描き出したカースト社会全体の「カースト間の相互依存関係から仕事の区分へ」という変化を、個々のカーストの視点から捉えるならば、それはどのようにみえてくるのだろうか。

本書は、石井のアプローチを参考にして、カースト間の金銭、モノの交換など、具体的なやりとりを通して、そこからの動態としてのカースト間関係やカーストという範疇の変化を読み解いていくこととする。しかしながら、その際には、カースト社会全体の変容を捉えようとする視点ではなく、カドギという一つのカーストに注目し、カースト間の財や金銭の交換関係をもとにして、カーストという範疇が日々変動する動的なプロセスを描いていきたい。そうすることで、カドギがカースト役割として扱う肉が、市場化され商品化していくに際し、カドギたちが時に外部から、時にはみずから積極的に自身をカーストに枠づけることで、肉とのかかわりをどのように維持しているのかを描き出すことをめざす。それは、これまで十分に明らかにされてこなかったネワールの「低カースト民」の日常世界を描き出すだけでなく、日常的実践と市場化とのあいだでカースト・カテゴリーが、どのように立ち上がり創りなおされつづけているのか、これまで見過ごされがちであったメカニズムを解き明かすというカースト研究史上の位置づけをもっている。

3　グローバリゼーション・市場・国家

グローバル市場経済は世界の隅々にまで浸透し、人、モノ、カネ、情報が瞬時に世界規模で行き交うようになってきている。グローバリゼーションにより、食肉をめぐる社会関係はどのような変化を遂げているのだろうか。また、人びとの自己同定のあり方や、ネパールのカースト社会はどのような影響を受けているのだろうか。

3-1　グローバリゼーションと「再埋め込み」——食肉をめぐる認識や分類の変化

社会学者ギデンズは、近代的世界への移行の指標を「時間と空間の分離」としている。時間が空間から分離したことによって、一人一人の活動がローカルな特定の脈絡に「埋め込まれていた」状態から解き放たれる。ギデンズはこれを「脱埋め込み」、つまり、「社会関係を相互行為のローカル（局所的）な脈絡から『切り離し』、時空間の無限の広がりのなかに再構築すること」（ギデンズ 1990: 35-36）としている。

さらに、グローバル・スケールで構築された相互行為がローカルの脈絡にふたたび埋め戻される現象が生じている。たとえば、各国各地方に「ご当地メニュー」がつくられるように、いったん脱文脈化された制度は、再領土化されローカル文化化される（松田 2009a: 119; ベック 2005）。こうして、一度グローバルな市場を介したかたちで、地域の社会関係が再編されるという、ねじれた「再文脈化」のプロセスが生じているのである。[12]

グローバル市場に直結することにともなう脱文脈化と再文脈化によってローカルな社会関係や価値観が変わっていく様相の事例研究が数多くみられる。たとえば、本書で焦点をあてる肉の市場化とそれにともなう社会関係の再編に関する先行研究として、ゴワーツとアーリントンによる、オーストラリアとニュージーランドの羊の脂身の市場化を検討した著書である『安い肉』（原題：*Cheap Meat*）が挙げられる（Gewertz and Errington 2010）。フラップと呼ばれる安価な羊の脂身の市場は、近隣の太平洋諸島を巻き込みながら広がり、地域の商売のあり方を大きく変化させていく。そしてその影響は商実践の変化に留まらず、太平洋諸島の人びとの食文化やライフスタイル、さらには人びとのカテゴリーの仕方（フラップを提供し売買するが食べることは避ける人びとと、フラップを買い食べる人びと）やアイデンティティ形成にまでおよんでいるという。このように、グローバル市場の出現とそれへの包摂によりローカルな社会関係は攪拌され、人、モノの社会的配置の脱文脈化と再文脈化が同時進行しつつある。[13] そしてそれは、ゴワーツとアーリントンが示したように、日常生活における人びとの認識や分類などの仕方にまで、大きな影響を与えているのである。[13]

3-2 状況としての民族範疇とその固定化——国家とアイデンティティ政治

グローバル市場と並んで、人びとに民族範疇の認識や分類を働きかけるもう一つの重要なアクターは国家である。国家と民族範疇との関係について内堀基光は、「民族」が国民国家に体現されるような全体社会と日常的な対面的共同社会とのあいだの中間範疇であり、「名づけ」と「名乗り」を通した集合的実践であると論じている（内堀 1989）。すなわち、「民族」は物質的な実体をともなわない「範疇」であり、「名乗り」という「他」とは異なる「我」の固有の持続性が、あくまで想像上の地平において実体化されたものであるとしている。

内堀の議論をさらに進めた名和は、実体としての民族は存在せず、「あるのは民族が語られ、それに関する行為が行われている状況、すなわち民族論的状況だけである」と論じている（名和 1992: 306）。つまり、「民族」をめぐる社会関係は、それが焦点化される実践や状況において現れるのである。こうして、「民族」を実体化しようとする力と想像しようとする力が、交錯しぶつかりあって今日の「民族」が生成されているのである。

近年、国家や市場経済が、このようなソフトな状況としての「民族」をハード化し固定する動きがみられるようになった。たとえば松田素二は、「与えられた自然な民族」ではなく、他民族と日常的に敵対したり交易したり通婚したりして生活を営み、時として「民族変更」さえも可能な出入り自由で柔軟な民族範疇であったケニアの「マラゴリ人」という範疇が、植民地政府が効率的支配（税と労働の効率的徴収）のために一定の帰属単位に縛りつけようとしたことにより固定されていくプロセスを示している（松田 1992）。具体的には、植民地政府は民族間紛争を回避するという名目で当時頻繁に行われていた移住を禁止して、「部族」ごとの境界線を創設し確定している。さらに、植民者、植民地政府は、「マラゴリ人」を、「キリスト教化された（白人にとって）従順で穏健な」労働力として評価した。このことにより「マラゴリ人」は、「労働力商品としての民族」というラベリングも付与されることとなったのである。この近代国民国家制度の導入が、領域を上から定めることで、また市場を創設することによって、民族を固定化しハード化していく。こうして、日常生活の実感からかけ離れた「民族」が生成され、固定されていくといえる。

南アジア社会におけるカーストをめぐっても同様の動きがみられる。そもそもカーストという概念は、関根康正がインドのカーストを例に明確に示すように、「西洋の知的ヘゲモニー下にオリエンタリズム的他者表象として増幅し、かつそれが植民地行政の影響とも連動して還流的に実体化するという、奇怪な経緯をたどった概念」であった（関根 1994）。

近代化のなかで、カーストを同じくする人びとがカースト団体を結成し、それが職業集団として労働組合のような役割を果たすという、カーストの客体化が生じている。たとえば、篠田隆はカースト制度に基づいて清掃を担ってきた不可触民たちが、公務員としての雇用を得るための対政府の圧力団体として、カーストを単位とした労働組合を形成していることを指摘している（篠田 1995）。市場や国家と交渉するうえで、カーストという範疇が見出され、人びとに利用される局面がみられはじめているといえるだろう。

カーストのまとまりを利用して総合的な発展を果たした人びととして例に挙げられることが多いのは、南インドのタミルナードゥ州でカーストに基づいてココナツヤシを採集してきたナーダールと呼ばれる人びとである。ハードグレーヴは、ナーダールによるカーストという民族範疇の活用についての民族誌を記述している。一九世紀のイギリス植民地政府のもと、鉄道網が整備され、これまで個々の地域をベースとして生活していたナーダールたちは地域を超えた広域でのカーストのまとまりを創ることになった。この広域のカーストというまとまりを生かし、ココナツヤシをもとに製糖産業で成功した。その後、カースト名を冠した銀行や大学を創設するなど、ナーダールたちは、カーストを単位とした総合的な上昇に成功している（Hardgrave 1969）。この例にみられるように、国家や政府、市場により、社会の紐帯のあり方が変化して、当事者たちによる客体化を介してカーストが固定化されていくこともある。

しかしながら、近年のグローバリゼーションと市場経済は、より複雑で錯綜した状況をもたらしている。つまり、単純な市場経済への包摂や社会の一元化ではなく、部分的にはカーストの序列が強化されたり、民族ごとの差異が強調されたりと、事態はより複雑に現れるようになったのである。

松田は、同じカテゴリーに括られる人であれば、まったく見ず知らずの人でさえも、まるで同胞であったかのような「一〇〇%の共感」を抱いてしまうという「類化のマジック」が働くとする。「類化のマジック」とは、超越的視点によって可能になる〈分類の論理〉がもつ不思議であり、ある範疇に分類されたものの内部は均質であるという前提に依拠する。この「類化のマジック」が、社会のさまざまな次元で人びとを分断し、人びとの差異化を進めていく(14)。日常生活の実感からかけ離れた「民族」が、グローバル市場や国家によって、世界のあちこちにつくりあげられてきている。

以上のように、グローバリゼーションがもたらした社会動態は、周縁を生きる人びとにとって、状況依存的でかつ流動的であった民族範疇を、固定化する方向に働きかけた。こうして、日常生活の実感からかけ離れた民族範疇が日々生成されつつある。そして、それは市場と国家を介在させながら、加速度的に進行しつつあるといえるだろう。

3-3　ネパールの民主化とアイデンティティ政治

では、前節で検討したようなグローバル化がもたらした動態は、ネパールにおいては具体的にどのようなものとして経験され、既存の研究はそれに対してどのような知見を得てきたのだろうか。

ネパールでは一九五〇年代以降、大規模な民主化運動が繰り返され、政治体制の移行期が続いている。そして、そのつど、民族やカーストをめぐる国家の位置づけも変化を繰り返してきた。以下、既存の研究を参照しながら、民族やカーストをめぐる国家の位置づけの大まかな変遷と、それにネパールで生きる人びとがどのように対応してきたのかを、検討していきたい。

一九五一年、ラナ宰相家による専制体制が崩壊し、王制が復古した。短命政権が続く状況に業を煮やしたマヘンドラ国王は一九六〇年にクーデターを起こし、全権を掌握した。こうして復権した国王のもとパンチャーヤット体制が敷かれた。石井は、パンチャーヤット制について、ネパールの古い地方自治制度を生かした民主的な制度との触れ込み通りの牧歌的な「五人組」などではなく、国王への権力集中、政党禁止、間接選挙などを軸とし、地方に形式的な自治を与えつつ統治を行うシステムであったとする（石井 1997: 8-10）。

一方で、一九五五年の市民解放法において、ヴァルナ、種、カースト、トライブ、エスニック集団に基づいての差別が禁止された。さらに一九六三年、ムルキアインはより先進的なものに置き換えられた。このように、近代国家として名目上はカーストの差別を禁止するなど、国家によるカーストの位置づけはこの時期大きく変化している。

一九九〇年の民主化運動では、民主主義の名目化に異が唱えられ、これはパンチャーヤット体制の廃止と政党政治の復活をもたらした。一九九〇年一一月の新憲法で複数政党制、直接選挙制を軸とする二院制が敷かれ、ネパールを多民族、多言語国家とする国家規定が盛り込まれた。一方で、この民主化は、ふたたび短命政権が続く不安定な状況をもたらした。また、この時期に市場開放の波がネパールに押し寄せた。現金収入を求めて都市に移住し、海外に出稼ぎに行く人の数が増えた。

一九九〇年代後半より、地方農村の特にチベット・ビルマ語系民族たちや、「ダリット」と名乗るカースト制度に基づいて抑圧されてきた人びとにより、平等な社会の実現を求める動きがみられるようになった。マオイスト(16)が武力闘争を開始したのもこの時期である。二〇〇五年、ギャネンドラ国王は議会を開催できなかったことを理由に全権を掌握し、事実上の専制体制を敷いた。この国王の専制体制への反発が、以前より積もっていた国王への不信とも相まって、王制の廃止に至る二〇〇六年の大規模な民主化運動を引き起こすことになった。二〇〇六年の民主化運動は、国王の独裁体制に反発し、特に中山間地に住む先住民の人びとの支持を集めたマオイストを中心とし、五〇万人規模のデモがカトマンズで実施されるなど、大規模なものとなった。これが二〇〇八年の王制廃止に結実する。

一九九〇年の民主化以降、これまで政治運動やそれを論じた研究に対する国家による規制が緩和され、政治運動を分析し、その傾向を論じた研究がみられるようになった。その代表的なものとして、ゲルナーらが編集した『ヒンドゥー王国におけるナショナリズムとエスニシティ（原題 *"Nationalism and Ethnicity in a Hindu Kingdom"*）』が挙げられる（Gellner, Pfaff-Czarnecka, and Whelpton 1997）。そのなかでマクファーレンは、グルン族たちが民主化の気運が高まるなか、自分たちの伝統を創造している様相を報告した（Macfarlane 1997: 185–204）。同様に、バーカート（Burkert 1997: 241–274）、ラッセル（Russell 1997: 325–350）らも、同書のなかで、それぞれマイティリ語話者、チベット系民族らによるエスニック・アイデンティティの再想像の様相を記述している。これらの報告が示すように一九九〇年の民主化運動は、人びとのエスニック・アイデンティティの再定義など、民族範疇を同じくする人びとによる漠然とした一体感を求める運動という傾向をもつものと言えるであろう[17]。

マオイストによる闘争が開始された一九九〇年代後半以降、国際的なネットワークや、自由や人権などのグローバルに流通する概念と、ローカルに展開される運動の絡み合いについての研究（Fujikura 2007）や、民族規範やエスニック・アイデンティティを起点とした社会運動を捉える研究（Gellner 2009; Hangen 2010）がみられる。この時期以降、ネパールの社会運動は、自身が属する民族範疇を拠り所とし、グローバルに流通する権利や正義という概念を流用するなど、明確な目的をもちトピック的に編成される傾向が強くなったといえるだろう。

ゲルナーは、それぞれの民主化運動以降最初の選挙となった一九九〇年の選挙と二〇〇八年の選挙のあいだにみられる顕著な変化として、「政党ベースの投票から、カースト・アイデンティティ・ベースでの投票へ」という移行を指摘している（Gellner 2009: 15）。この背景には、二〇〇八年の制憲議会選挙における比例代表制度の導入がある。民族ごとの自治州制度の実現を挙げたマオイストがチベット・ビルマ語系先住民の支持を集めて第一党となり、タライ平原を故地とする「マデシ」の民族自治を求めたマデシ人権フォーラム党が第四党となった。こうして国会での議論は、自集団、自民族の権利の主張を中心に据えるコミューナルなものへと変化したのである。

以上の研究からの示唆を整理すると、ネパールは、数度の民主化を経て、特にマオイストによる武力闘争が開始されて以降、カーストや民族などの民族範疇とそれへの帰属意識が強化され、コミューナルな関心が人びとを動かし、さらに民族間、カースト間の関係が競争関係へと変化しつつあるといえる。ネパールの政治運動を捉える先行研究は、これまでのところ前記のように、エスニック・アイデンティティを起点としたアイデンティティ政治に焦点があてられている。つまり、一九九〇年および二〇〇六年の民主化運動以降におけるカーストや民族などの民族範疇とそれへの帰属意識を起点とした運動を分析したものが多い。それは、地域、カースト、民族など己の属性をアイデンティティ政治と結びつけて表象し、議席や開発援助など、さまざまな資源獲得に向け政府などと交渉する人びとの姿を捉えようとするアプローチである。ここにおいて「上から」の管理へのリアクションとしての戦略的な政治運動を描くものが中心となってきたことを指摘することができるだろう。

3-1、3-2で検討してきたようなグローバル市場によるローカルの再配置、国家による民族範疇の固定化のメカニズムは、3-3でみたようにネパールで生きている人びとにも作用している。つまり、カドギたちにとっても、カーストを実体化しようとする力を、生活を組み立てていくうえで、どこまで／どのように利用し、どのようにアイデンティティを操作していくのかが日常的に問われる問題になっている。これまでの研究においては、民族やカーストなど、自己が帰属するカテゴリーを起点として、よりよい位置取りを求めようとするアイデンティティ政治として、これらの動きが描かれることが多かった。しかしながら、ここで注目しておきたいことは、カドギ・カーストという範疇が肉売りという市場でのビジネス・チャンスをもたらしたことが示しているように、カーストという範疇は日常的に生活するなかで変動し、日々の実践の積み重ねでできていて、単に透明で均質な所与の枠組みとしてあるのではないという点である。カーストという範疇には、単に政治的な動態だけでなく、第2節で詳しく述べたようにサービスや金銭の交換や儀礼上の役割分担にかかわる日常的な実践が、大きな影響を与えている。日常生活と政治運動との相互作用を横断的に捉える視角が、生活の場の深層で生じる人びとの営みをより正確に理解するうえで、必要とされるといえるだろう。

4　あいだを生きる人びとによる接合

4-1　生活の場における民族範疇の認識と操作

では、第2節でみてきたようなカーストに基づく儀礼実践やモノの交換という地域に埋め込まれた文脈と、第3節でみてきたようなグローバル・スケールで生じる文脈とは、実際に人びとが日常生活を営む際に、どこが乖離し、どこが絡みあっているのだろうか。そして、その絡み合いの様相を捉えるには、具体的に視点をどのように据えたらよいのだろうか。

人びとが日常的に顔を合わせ、社会的相互作用がみられる生活の場[18]においては、民族範疇を実体化しようとする力と、生活の場の実感にともなう人の認識の仕方が交錯し、ぶつかりあっている。

カドギたちは本書の第Ⅰ部（第1～3章）で詳述するように、同カーストである父系親族で集住する傾向をもっている。つまり、日常生活のなかで、カーストという範疇が生活の単位となっており、主に儀礼的実践を通してカーストの区分とその役割がカースト間関係のなかで実感され、再生産されているといえる。

しかしながら、食肉市場の形成や、カトマンズの都市化を経て、市場取引や、地域外からの流入者など、これまで接触することがあまりなかった人びととの交流機会が増えている。そのなかで、生活の場における人びととの相互関係のあり方も、カーストとは関係のないものが増えてきている。たとえば、「はじめに」でも述べたが、第5章で詳しく論じる肉屋店頭での調査の際、私に対してカドギである店主は、ネワールのカーストと通常民族、外国人などと括られる範疇を並列して説明するなど、相手が望む肉の扱い方に関連させて人びとを認識しており、カーストをめぐる序列やネワールという民族かどうかを関連させることはなかった。

一方で、第9章で詳述するが、カドギのカースト団体であるネパール・カドギ・セワ・サミティ(NKSS)[19]は、「先住民」として国から優遇措置[20]を受けるようカドギに呼びかけており、この場面において「カドギ」という範疇は、「ネワールという先住民族のなかのひとつのカースト」と認識されている。ここにおいては「ネワール」という民族範疇が優遇措置の受け皿として立ち上がり、強調されている。

一四世紀、および一九世紀に大きく二度にわたって制度化されたカドギというカーストが、食肉が市場化するなかで、石井が指摘したように仕事の区分へとなりつつある。つまり、カーストを取り巻く文脈が、市場化を経てさらに重層化しつつあるといえるだろう。人びとの認識の仕方に関するうえで示した二つの例にみられるように、日常的実践において、実体化しようとする力と想像しようとする力のぶつかりあいのなかで、民族範疇は、その場その場で無意識にあるいは戦略をもって選び取られているのである。では、このような多様な文脈のなかで、「カースト」に特定の枠が与えられる具体的なメカニズムとは、どのようなものなのだろうか。

第2節で示した「民族」にせよ「共同体」にせよ、それらが実体をともなわず、ある語りや行為によって象徴的に顕在化される枠組みにすぎないという見方の背景には、そもそもその実体となるべき内部の諸要素が多様で不均質であり、外部のさまざまな変化にも開かれているという認識があるといえるだろう。小田亮は従来の「閉鎖的かつ等質かつ同一的な共同体」という見方が、「開かれた市民社会」の反対像としてオリエンタリズムの機制によって構築されてきたことを指摘した(小田　2004)。そのうえで、人びとが日常的に顔を合わせて相互行為を行う生活世界では、人びとが「共同体/市民社会」という二元論的な言説を受容しながらも、そこからはみだすようなかたちで諸関係を接合して「閉じていながら開かれている共同体」(小田　2004)を作り出しているとした。

では、二元論的な言説を表面的に受容しながらも、そこからはみ出すようなかたちで諸関係を接合している力とは何なのだろうか。松田は、有賀喜左衛門の生活論[21]を参考にしながら、生活世界においては、「他者とのあいだに相互補完的で相互肯定的なセルフ(tribal self)と、「近代の識字社会に特徴的な相互に排他的で否定的なセルフ」(scribal self）とが、相互に転換の可能性を帯びながら、範列的に選択されていくとしている（松田 2009a）。松田によれば、共同体に言及することで居場所を定める「部族的セルフ」と、共同体からの束縛を拒絶する「書生するセルフ」の双方は、生活の場においては、生活意識によって相互に転換させられる可能性をもちながら範列的に表出していることになる。つまり、二つのセルフとは実は、「相互に対立・否定するものではなく、ともに生活意識が操作する従属変数」だったのである（松田 2009a: 72-73）。しかしながら、それはただその場その場で変異するわけではない。それは、「いったん成立すると、その境界は社会的に意味を持ちはじめ、人びとの生活にリアリティを与えるという点で、たんなる『構築物』である以上に、『持続的』で『現実的』な性質を獲得する」からである（松田 2009a: 73）。こうして、一定の外延は維持されながら、その内実は範列的に組み換わるかたちで、二つの次元の接合がなされてきたのである。

カドギは、「（国家により枠取られた）カースト」「（特定の地域社会における）カースト役割」「職業の区分」など、カーストをめぐるさまざまな意味づけのあいだを生きている。本節の冒頭に示したように、カドギたちは日常的な生活実践の場面場面で、その場にもっともふさわしい枠を意識的・無意識的に用いている。これらの相互行為が繰り返されていくなかで、パターンが生まれ、これがカーストという、表象され制度化された括りに組み込まれる動きに至ることもあり得るのである。つまり、松田が示したように、まさに、「いったん成立すると、その境界が意味を持ちはじめ、人びとの生活にリアリティを与える」ようになるのである。

しかしながら、ここでみられるカドギのカーストをめぐる実践は、松田が指摘するような「範列的」で「自在」なものとはいいきれず、やはり、歴然とした影響力をもつ中心からの制約がかかるなかで繰り広げられていることが見逃されてはならない。そこにおいては、彼らにとって本意ではない、やむを得ない、あるいは強いられた選択さえもあり得るからだ。カーストという枠組みは、カドギたちにとって、政治的、経済的、文化的など、さまざまな文脈において彼らを一定の関係性のなかに収斂させてしまう強い力として圧しかかっているといえるだろう[22]。では具体的に、南アジア社会において、カーストをめぐる相互行為のなかから立ち現れるカテゴリーをめぐる動態を捉えた研究は、どのような示唆を与えてきたのだろうか。最後に、これらの先行研究を検討し、本書の分析枠組みを具体化したい。

4-2 「存在論的カースト」と「行為論的カースト」の相互相補的関係

カーストを浄／不浄の二項対立による統一的理解で説明するデュモン（Dumont 1966）の観念主義的アプローチを批判しつつ、サール＝チャタジーとシャルマは、その編書『カーストを文脈化する（原題：*Contextualizing Caste*）』の序文において、「カーストを集団間の体系として、もしくはイデオロギー的な思想の体系としてもみなすことができるが、おそらくより有用であるのは行為の体系として捉えることであろう」と提示している（Searle-Chatterjee and Sharma 1994: 9）。同時にサール＝チャタジーとシャルマは、カーストを人びとの存在（they 'are'）の体系とみなす視点と、人びとの行為（they 'do'）の体系と見なす視点とは、相互補完的であるとも訴える。

カーストを単純に行為論的体系とせず、存在論的体系と相互補完関係にあると見なすことが必要である理由は、『カーストを文脈化する』の最終章においてシュクラという仮名での投稿者の記述のなかで示される（Shukra 1994: 169-178）。シュクラは、自分が「不可触民」であり、インドで育った学童期には学校で差別を受けつづけ、イギリスに移住後にも現地のインド系移民社会の人びととのあいだで「不可触民」は家に呼ばれないなどの差別がされていることから、いまだに自分が「不可触民」であることがわかる苗字は名乗れないことを告白する。ディアスポラ社会にあってしても、カースト・アイデンティティは不可避のものであることの苦悩と怒りを綴ったのち、シュクラは次のように結ぶ。「機能論的、もしくは構造論的アプローチは、この問題（カースト差別）にアプローチするうえで、まったく効果的でない。紛糾している利害をもつ集団間のモデルが、カースト制度のすべての特質を説明することができる私の知り得る唯一のモデルである」（Shukra 1994: 176）。

「不可触民」であることは、シュクラを含む当事者たちが実践するのではなく、高カーストの人びとにより「不可触民」であるとみなされることから生じている。しかしながら、まさにこの抑圧が、抑圧されたものという意味をもつ「ダリット」という名乗りと主体を生み出しており、それに基づいてダリットたちが実際に編成され行為している。シュクラの告白は、「不可触民」という所与の枠としての「存在論的カースト」によって、その枠を打破し自分たちにとってより望ましいものに転換するための行為としての「行為論的カースト」が実践されており、まさに「存在論的カースト」と「行為論的カースト」の相互補完関係が、日々生成され変化しつづける「カースト」という動態をもたらしていることを強く訴えかける(23)。

南アジア社会において、人びとが用いることができる財としてのカーストや民族の重層性と、それを使い分ける動きも報告されている。金基淑は、インドの絵師・絵語り師「ポトゥワ」を対象とし、ポトゥワたちが、生計を立てるために絵を描くときにはヒンドゥーのカーストとして、親族関係や婚姻関係のなかにあるときにはムスリムとして、状況に応じて二つの文脈を使い分けて生きていることを報告している（金 1992）。同様に、鹿野勝彦は、ネパールの山岳民族シェルパが、民族名としてのシェルパと、山岳ガイドという職業名としての「シェルパ」を、状況に応じて使い分けている様相を指摘している（鹿野 2001）。鹿野は、シェルパが場面に応じて帰属する集団の範囲を限定、あるいは拡張、さらには複数の集団に帰属し、時によってそれらを使い分けることを、「集団のアイデンティティを維持するとともに、状況に柔軟に対応して有利な条件を獲得し、無用な摩擦や紛争を回避するために有効な操作の手段」（鹿野 2001: 206）と位置づけている。このように、複数の選択肢を場面に応じて巧みに使い分けながら、自分たちにとって生きやすい状況を創る人びとの姿が、これらの民族誌を通して捉えられている。

では、「低カースト」「不可触民」とされた人びとは、どのようにカーストを捉え返し、生活やアイデンティティを組み立ててきたのだろうか。外部からみたカースト認識を、生活を組み立てていくためにうまく利用している人びとの姿が報告されている。インド北部の都市ヴァラナシに生きる清掃人たちに寄り添い研究を続けてきたサール＝チャタジーは、「カーストは、近代の都市においては、近代の政治形態のなかでエスニシティとして経験される。それは、親族と国家とのあいだを仲介する自己同定の次元を提供している。そしてそれは時に、一般的な政治的動員の基盤や、より特定された目的のための公式な組織の設立のための基盤にもなる」とする(Searle-Chatterjee and Sharma 1994: 20)。都市化を経て、清掃人たちはこれまでの村のタイトなカースト間関係から解放され、カーストを自己同定の新たな拠点として国家やグローバル市場と直接的に交渉し、彼らの名誉について主張することができるようになった。その際、グローバルに流通する権利言説を、円滑に日常生活を送るために流用するなど、場面に応じて彼らが管理できる財を読み替え、組みあわせながら用いていく様相が捉えられる(Searle-Chatterjee 1979)。

では、ネワールの「低カースト」たちの動態をめぐっては、これまでの研究はどのような示唆を得てきたのだろうか。パリッシュは、ネワール社会でのフィールドワークからモファットの不可触民研究に異を唱えた。モファットは、南インドの村落の調査を通して、不可触民が高カーストの儀礼を「模倣(replication)」しており、デュモン(Dumont 1966)が指摘した浄/不浄の序列の観念が彼らの世界観も支配しているとした(Moffatt 1979)。これに対しパリッシュは、ネワールやインドの不可触民たちの調査を通して、彼らはモファットが示したような浄/不浄の序列の信奉者ではなく、それに対する「不満(discontent)」を示しながら、彼らのカウンター・アイデンティティを構築しているとした(Parish 1996)。そこにおいては、やはり覆しきれないヒエラルヒーの影響はあるものの、デュモンが示した「ホモ・ヒエラルキクス」を人びとは決して単純に生きているのではなく、彼らは「ヒエラルヒーに関する価値体系の影響から逃れようともしている」(Parish 1996: 8)と主張する。(24)

パリッシュのアプローチを参考にしながら、ネパールにおいて市場の自由化がローカルな社会構造と価値の文化体系にどのように接合しているのかについて、ランキンは、ネワールの農村を例に実証的に検討した(Rankin 2004)。具体的にグローバル・スケールで生じる価値の再編が、どのようにローカルな生活の場で共有されたカーストに基づく財とサービスの理財としての「名誉のエコノミー(economy of honor)」に還元されるのかを考察している。そのなかで、ランキンは「低カースト民」たちが、「制約された状況下（under conditions of constraint）」で、象徴的な資源の最大化を模索し、彼らの物質的な要請を満たすためにカーストのスティグマ化の局面と交渉している様相を分析している（Rankin 2004: 129-163）。たとえばカドギが自身を「王の末裔である」と語ることについて、ランキンは、「この語り手は、ヒエラルヒーを、支配的なイデオロギーにおいてではなく彼らの言葉で表現している」と解釈する（Rankin 2004: 147）。つまり、ランキンは、「低カースト」民たちが恣意的にシンボリックな操作をすることで、スティグマを社会的威信へと巧みに読み替えていると捉える。(25)

パリッシュやランキンの議論は、観念主義的アプローチからの単線的なカースト理解では捉えきれない人びとの解釈の多様性を丹念に描き出したものとして重要な意味をもつ。彼らは、エスノグラフィを通して、カーストは人びとにとってさまざまな日常的実践を優位に運ぶためのシンボリックな資源としてもみなされることを実証的に明らかにしている。しかしながら、パリッシュやランキンの議論においても、「低カースト」たちが社会的威信を上昇させようとシンボリックな操作をする際の抵抗するべき枠組みとして、カースト間で共有された固定的なカースト体系の存在が前提とされていることを、指摘することができるだろう。

ここまでサール＝チャタジーとシャルマ、そしてシュクラの議論を参照しつつ論じてきたように、カーストという枠組み自体が、市場や国家に固定化されたり、その固定化が人びととの実践を促したりする動態により日々変化している。パリッシュやランキンが示した固定的なカースト体系を前提とした解釈の次元での多様性を捉えるアプローチにおいては、シュクラが「存在論的カースト」と「行為論的カースト」との相互補完関係として論じたような、カーストという枠組み自体が、市場や国家に固定化され、その固定化が人びとの実践を促し新たな枠の創造に向かうという、解釈の次元だけに留まらない社会動態としてのカーストを見落としてしまうことになる。カーストという枠組みを前提と捉えるのではなく、また、人びとによる接合を解釈の次元でのシンボリックな操作として捉えるのでもなく、むしろカーストという枠組みの捉え方自体が揺らぎ、変動するメカニズムを捉える視座が必要となってくると言えるだろう。

以上を整理すると、これまでのネワールの「低カースト」研究は、社会を語る際の前提としてカーストを捉えており、また個々のカーストという範疇は、カースト社会全体を構成する一要素として捉えられがちであった。本書は、肉に焦点をあて、市場化による肉を取り巻く動態を通してカドギの生活の組み立てを示し、それを通してカーストをみるという、いわばカドギたちの視点から、カーストを変数として捉え返す試みとして位置づけることができるだろう。4-1で指摘したように、生活の場における人びとの認識の仕方は可変的であり、カーストという枠も決して固定的ではなく、そのつどそのつど、場面にふさわしいものが用いられており、変化しつづけている。「低カースト」民は、パリッシュが示したように首尾一貫したカウンター・アイデンティティに則った選択をしつづける人びとばかりではないであろうし、ランキンが示したような意識的かつ戦略的に自身の足場を客体化し資源化する動きだけが、カーストの読み替えをもたらしているとも言い切れない。さらに、無意識的でその場限りの日常的な実践であっても、それがカースト間のやりとりや、市場や国家などとの交渉などのなかでパターン化し、解釈の次元に留まらずに、現実の枠を獲得することも起こり得る。

よって、本書は、肉の市場化を大きな背景としながら、カドギたちが日常的な実践を通して、地域においてある程度共有されたいわば埋め込まれた役割としての「存在論的カースト」と、個々人が実践する断片化された行為としての「行為論的カースト」とが相互に補完しあうなかで生じる、具体的な社会配置の組み換えを下からのカーストの再創造の動態として捉えるという視座をもち、そこから民族誌を記述していきたい。

5　分析視角と本書の構成

5-1　本書の分析視角

以上の先行研究の整理をもとに本書の視角を改めて示すと次の通りである。

地域に埋め込まれたカースト間の相互依存関係において、カドギはカースト役割として供犠を行ってきた。その副産物として生成する肉は、定期市の形成や技術革新などをきっかけとして、グローバルな市場で流通される商品となってきている。カドギはその肉を独占的に扱える位置にいた。

本書はカースト間の財や金銭の交換、およびモノやカネの流れに注目しつつ、カーストを所与の前提とするのではなく、肉の市場化にともなう財とサービスの交換体系の変化とそれにともなう自己同定の単位の再解釈に関する動的なプロセスとして描く。その際には、一定の人びとのあいだで理解が共有された役割としての「存在論的カースト」と、人びとが対他的関係のなかで断片化した行為としての「行為論的カースト」との相互補完関係に注目しながら、カーストが下から再解釈されていく過程と、それが大きなネパールの社会変動に接続していくプロセスを時系列で捉えていきたい。そのために大きく次の三つの調査課題を設定する。

第一に、カドギたちが日常生活をおくる生活の場において、街や村などの一定範域においてカースト間で共有された「存在論的カースト」としてのカドギたちのカースト役割はどのようなものか、主にカースト間の財とサービスの交換の成り立ちから検討していくことである（第Ⅰ部）。

第二に、市場化にともない従来の地域の範域を超えて肉が流通することにともない、どのような社会関係の変化が生じ、カドギのカースト役割がどのように再編されていくのかを明らかにすることである（第Ⅱ部）。

第三に、民主化により民族やカーストをめぐる政治体制が大きく変化するなかで、国家的枠組みへの包摂を念頭に、カドギたちがカーストをどのように再解釈し、実践しなおしているのか、主に「行為論的カースト」の様相に焦点をあてながら、それがどのようにネパールの社会変動に接続しているのかを明らかにすることである（第Ⅲ部）。

以上の三点を通して、市場形成にともない逆に個々のカーストという枠組みや、カースト間の差異が強調されつつあるという、複雑で錯綜的なグローバリゼーション現象の水面下で起こっている、複数の価値観の狭間における生の肯定のあり方を探っていくこととしたい。

5-2 本書の構成

本書は、以下の三部構成による全九章の民族誌と、序章、終章による全一一章で構成されている。第Ⅰ部「肉売りカーストという役割」では、前述の一つ目の課題である日常的な生活の場において、カーストは、どのような役割として埋め込まれているのかについて検討していくことを大きな問いとする。

第1章「交わされる財とサービス」においては、まず、中央政府によるカーストの制度化の歴史的展開を検討していきながら、カドギ・カーストが上からどのように規定されてきたのかを明らかにする。つづいて、カドギをめぐるカースト間の財やサービスの交換のあり方について、支払いの手段や方法、そもそも無償なのか有償なのかなどを中心に検討する。これにより、カースト間のサービスのやりとりが、王権をめぐる中心／周縁関係、「浄／不浄」の序列、市場による新たな社会配置など位相の異なる原理を含み込んだものになっていることが明らかになる。

第2章「暮らしを支える共同性」では、カドギたちが日常的に顔を合わせ社会的な相互作用がみられる生活の場では、どのような生活形態が営まれているのかを検討する。カドギたちはプキ（phuki）と呼ばれる父系親族が集まって、トゥワ（twāh）と呼ばれる集住地を形成しており、水場やリネージ神の共有を通して日常的に顔を合わせる関係性を築いている。世襲的な生業としては、肉売り、タクシー運転手、ミルク売りなどが中心であり、なかでも食肉業に従事するカドギたちがもっとも多い。食肉業は、職住一体型で、プキで共同経営することが多い。近年はオフィスワークに従事するものも増加しつつある。

第3章「カースト役割と個人の信仰世界の交差」においては、カドギたちの儀礼面でのカースト役割について検討するとともに、カドギ自身はどのような信仰空間に生きているのかについても考察する。前半部分においては、カドギの儀礼的役割について記述していく。カドギの儀礼面でのカースト役割は、家畜の供犠、太鼓の演奏、出生と死の清め（胞衣の処理、死の床の清め）、花嫁の運搬などである。これらの儀礼的役割を、ネワール社会における年間儀礼と人生儀礼のサイクルなどと関連させながら詳述する。つづいて後半部分では、カドギの信仰空間を、カドギたちが日常的にかかわりをもつ居住地内のガネーシャや街のはずれにある地域の主神とリネージ神、街の中心にある王宮内のタレジュ女神の信仰のあり方から捉えるとともに、そのなかでカドギの人生儀礼がどのように実施されているのかについて記述する。最後に、カドギの儀礼的カースト役割と信仰空間がどのように交差・接続しているのかについて、彼ら自身の神々の捉え方をもとに考察を加える。

第Ⅱ部「食肉市場の形成とカースト役割の組み換え」においては、食肉の市場化に焦点をあてながら、日常的実践を介してカーストに関する社会配置や価値規範が、再編されていく過程を実証的に示す。

第4章「生活の場の重層性」においては、複雑で錯綜したグローバリゼーションや市場経済の浸透の結果として、生活の場が重層化しつつあるという今日的な状況の形成過程と、その現れ方について言及する。特に、食肉の市場化に関しては、インドとの国境沿いに家畜定期市が形成されたことが大きなきっかけとなっている。これにより、肉を取り巻く社会関係が、儀礼的なものと市場のものが入り混じったかたちになったのである。以降、市場が拡大した後も、カドギはカースト役割から離れずに生業を通して重層的に生きていくこととなる。

第5章「食肉市場の形成とカースト間関係の変容」においては、もともとカドギが中心的に扱っていた水牛に加えて、鶏、ヤギ、豚などの品目が、他カースト、他民族により持ち込まれ、食肉市場がさまざまな民族、カーストの価値観が混交したかたちで形成されている様相を明らかにする。さらに、市場がこれまで出会わなかった人びとを結びつけているなかで、さまざまな規範が創りなおされるプロセスを、屠場や家畜市、肉屋店頭での日常的な商実践、なかでもムスリムとカドギとのやりとりから捉える。また、他カーストによる食肉市場への進出が進むなか、カドギが現在のところは占有している水牛市場での優位性を維持するべく、カースト団体NKSSがその役割を拡大し、カドギ・カーストという範疇を再解釈していることも示す。

第6章「食肉のカースト社会からの離床」においては、行政による衛生指導や、冷蔵庫や屠場の改良などを経て、顧客たちの食肉観や仕事観が変化している様相を明らかにする。そのなかで、もともとトゥワの軒先で職住一体型で営まれていた肉屋が、冷蔵庫が設置可能な市営のバザールに移籍し、スーパーマーケットへと移行していく様相を捉える。つまり肉は、グローバルな市場のなかに、「離床」しつつあるといえる。こうして、ナショナル、インターナショナルな流通体系が整備されつつあることが、職業や食肉、屠畜に関する価値観に変化を与えている。

第7章「供物としての肉から商品としての肉へ」においては、第5章や第6章で示したような市場化にともなう価値観の変化が、ローカルな価値体系のなかにどのように接合しているのか、儀礼面においてはどのような影響が生じているのかを検討することで明らかにしていく。その際、供犠のプラサーダ（prasāda：神々への供物のお下がり）である供犠獣の肉をどう分配するのか、その方法の変化から、市場とカースト役割の変化の連関を読み解いていくこととしたい。そうすることで、カースト役割が状況に応じて組み換えられていくプロセスと、そこにみられるカドギたちの意図が浮き彫りになる。

第Ⅲ部「国家的変動への下からの接続」では、一九五一年以降何度も繰り返される民主化運動と、それにともなう制度の変化に対応し、ナショナルな変動にうまく接続するべく、カーストがどのように再解釈、再創造されているのかを大きな問いとする。

第8章「カースト・イメージの読み替え」においては、王権廃止後、共和制へと移行するなか、民族自治やカーストや民族の包摂をめぐって人びとの関心が高まるネパールにおいて、日常的な交渉のなかでカドギ自身がカーストをどのような文化資源として読み替えているのか、カドギによる名乗りのポリティクスの様相を検討していきたい。近年、カドギたちは、先住民ネワールの一員として、みずからをダリットではないと主張するに至っている。本章では、民族活動家と活動家でない「ふつうの人びと」の双方に眼を配りつつ、カドギの表象が、ネパール全体のアイデンティティ政治の展開と呼応して一枚岩的に実体化していくように見えつつも、たとえばネワール内部での交渉や仏教徒としての再定位といった多様な解釈と運動にふたたび開かれていく様子が明らかになる。

第9章「交錯する関係性とその操作」では、「民主化」の過渡期が続くネパールのナショナルな変動のなかに、カドギたちの日常的実践がどのように接続しているのかについて、特にカースト団体NKSSに注目しながら検討していく。ネパールの民主化過程を一九五一〜一九九〇年の「パンチャーヤット体制」期を第I期、一九九〇〜二〇〇六年の「民主化と市場開放の時代」を第II期、二〇〇六年以降の「カースト間・民族間の差異の強調」の時代を第III期とする。第I期には、NKSSは「低カースト民」「不可触民」と差別への異議申し立てをすることが活動の中心となってきた。第II期においては、個々人の利益の追求が中心となっており、NKSSの活動は一時停滞を迎える。第III期には、「先住民」ネワールとしての表象が盛んになり、改名運動とダリット・リストからの離脱がみられるようになる。繰り返される民主化運動や食肉の市場化を経て、カーストと関係のない世界に直接つながるカドギたちが増加するなか、NKSSはこれらのつながりと住み分けるように、カトマンズ盆地外のカドギへの啓発活動や貧困層の底上げへと特化しつつある。ここに見出せるのは、カーストという枠を部分的に強く打ち出し、また別の部分ではカーストが関係ない社会のなかにまぎれ込ませるという、ねじれをともない錯綜したカーストの再解釈と、それにともなう再創造である。

終章では、全体の総括をしたのちに、カドギによるカーストの再解釈から得られたネパール・南アジア地域研究史、およびスティグマをめぐる人類学的研究史上の示唆を明らかにする。さまざまな民族範疇の同定と、それへの帰属意識を起点としたアイデンティティ先行の運動は、政府や市場の動向次第で左右されてしまう移ろいやすいものでもある。本書が示した、市場取引とカースト役割を往復しながら重層的に生きるなかでの日常的な商実践・儀礼実践に基づく下からのカーストの再創造は、中央や上からのお仕着せの社会状況や差別構造、生活を営むうえでの価値観を日常的な生活のなかで解体し紡ぎなおす試みとなっている。たとえば、ヒンドゥーとムスリムのあいだでの対立がメディアのなかで大きく報じられているが、ヒンドゥーであるカドギは、市場でのローカル・ルール（屠場でハラールを行うなど）を適用することで、市場でムスリムと協調体制をとることを可能にしている。そして、これらの試みは、実際にカースト間関係の変化など、社会配置の組み換えをもたらしている。こうした実践は日常的で微細なものではあるが、表象された差異に溢れた現代を生きている私たちにも、生を肯定するための拠点をいかにして創出することができるのかについて、多くの示唆を与えてくれるものと考えている。

6　調査方法と対象社会の概要

6-1　フィールドワーク

本書を構成するフィールドワークは、二〇〇五年八月〜二〇〇六年一〇月、二〇〇七年二月〜二〇一〇年二月、二〇一〇年七月〜九月、二〇一一年二月〜三月、二〇一一年七月〜九月、二〇一二年三月、二〇一二年八月、二〇一三年七月の通算約五年の滞在期間をかけて実施した。

調査では主にネパール語を用い、補助的にネワール語を用いている。本書を構成するデータの大半が二〇一〇年以降のものであるのは、調査の前半は統計資料などの基本情報の収集に加えて、言語の習得と現地の人びととの信頼関係を築くことが中心となっていたからである。調査はカトマンズ盆地のネワール家庭に住み込み、カドギの居住地区や儀礼、彼ら自身が主催するプログラムなどに通いながら、聞き取りや参与観察を中心に行った。

カドギたちは、調査開始当初は、調査されることに対し警戒心を抱いていた。踏み込んだ話を聞こうとしたとき、「何のために聞いてくるのか」「それは何の意味があるのか」と問い返され、答えに窮して、それ以上何も聞けなくなるようなことも何度も経験している。こうした状況が変わったことの背景には、私が長期的に滞在し、何度もカドギたちと顔を合わせるなかで信頼関係が生まれ緊張がとけてきたということもあるだろうが、「はじめに」で記したように、調査期間が二〇〇六年の民主化運動や二〇〇八年の王制廃止など歴史の節目に期せずして重なったことが大きい。カーストについて自分たちで発信する機会が増え、自分たちについて誰かが調査し書くことによって、少しは役立つことがあるかもしれないと考えるカドギたちが増えてきたのである。

カドギのカースト団体であるNKSSに最初にコンタクトをとった際には、調査目的の説明を求められると同時に、研究成果をNKSSと随時共有することを約束する書面にサインをするように言われた。この約束を交わした後、NKSSが実行しているさまざまなプログラムに同行させてもらえるようになった。プログラムに顔を出し、時には短いスピーチをするなかで少しずつ知り合いを増やし、人生儀礼、年中行事に招待を受け、そこでもまた新たに知り合いを増やす、というかたちで雪だるま式にカドギたちとの出会いを増やしていった。こうしてたくさんのカドギたちと出会うことができたことの根底には、繰り返しになるが、時勢の変化もあってカドギたち自身が私のフィールドワークに十分な理解を示してくれたことがとても大きい。こうして、本書は、冒頭に示したように、カドギたちの運動やさまざまな試みに巻き込まれながら、なおかつ、私自身もカドギたちの運動に向けてなんらかの示唆を得られることをめざして実施したフィールドワークにより構成されている。

6-2　対象社会の概要

ネパールの人口は約二六四九万人である。全人口に占めるネワール人口の割合は、二〇一一年の国勢調査では約五%である。これまで述べたとおり、ネワール社会は、本書で対象とするカドギを含む三六のカーストにより構成されている。

ネワールの故地であるカトマンズ盆地（直径約二五キロメートル）は、バグマティ川などガンジス川の支流が流れ、農業に適した大地が広がっている。カトマンズ（Kathmandu）、ラリトプル（Lalitpur）、バクタプル（Bhaktapur）にそれぞれ王朝があった都市部と、その周辺の約三十数カ所の村落集落があるとされる。これらのネワールの集落においては、第2節で述べたゲルナーの図式においてブロックII、IIIに位置する中位カーストが、全体の人口の約七〇%を占めている。また、表0-2に示すように一年間の生活のサイクルにかなり多くの年中行事が組み込まれており、このことがカーストを超えて街や村単位で儀礼を遂行する機会を人びとにもたらしている。

カトマンズ盆地では、大規模な民主化運動を経て、市場経済が国内に浸透しつつあり、地方から現金収入を求めてカトマンズを中心とした都市部に移住するものが急増している[26]。さらに、一九九〇年代後半のマオイスト武装蜂起以後、地方の治安が悪化したことも追い打ちをかけ、多くの地方農村からの避難民が首都カトマンズに移住した。新規住民を飲み込みながら街は急速に拡大しつつある。他方で、旧来からネワールが住む地区における住民の構成は、変わらずネワールが中心である（マハラジャン 2005）。

カドギはネワール社会では比較的人口の多いカーストである。カドギのコミュニティは、都市部においても村落部においても、街や村の境界線上に点在している。カドギの人口はネパール全土で一七・五万人程度、うち、カトマンズ盆地が一二・五万人程度、盆地外が五万人程度とされている[27]。盆地外に居住するカドギは、ネワールの旧居住地（ヘトウダ、トリスリ、ドラカ、ボジュプルなど）に古くから住んでいるものと、数世代前からビジネス機会を求めて、新

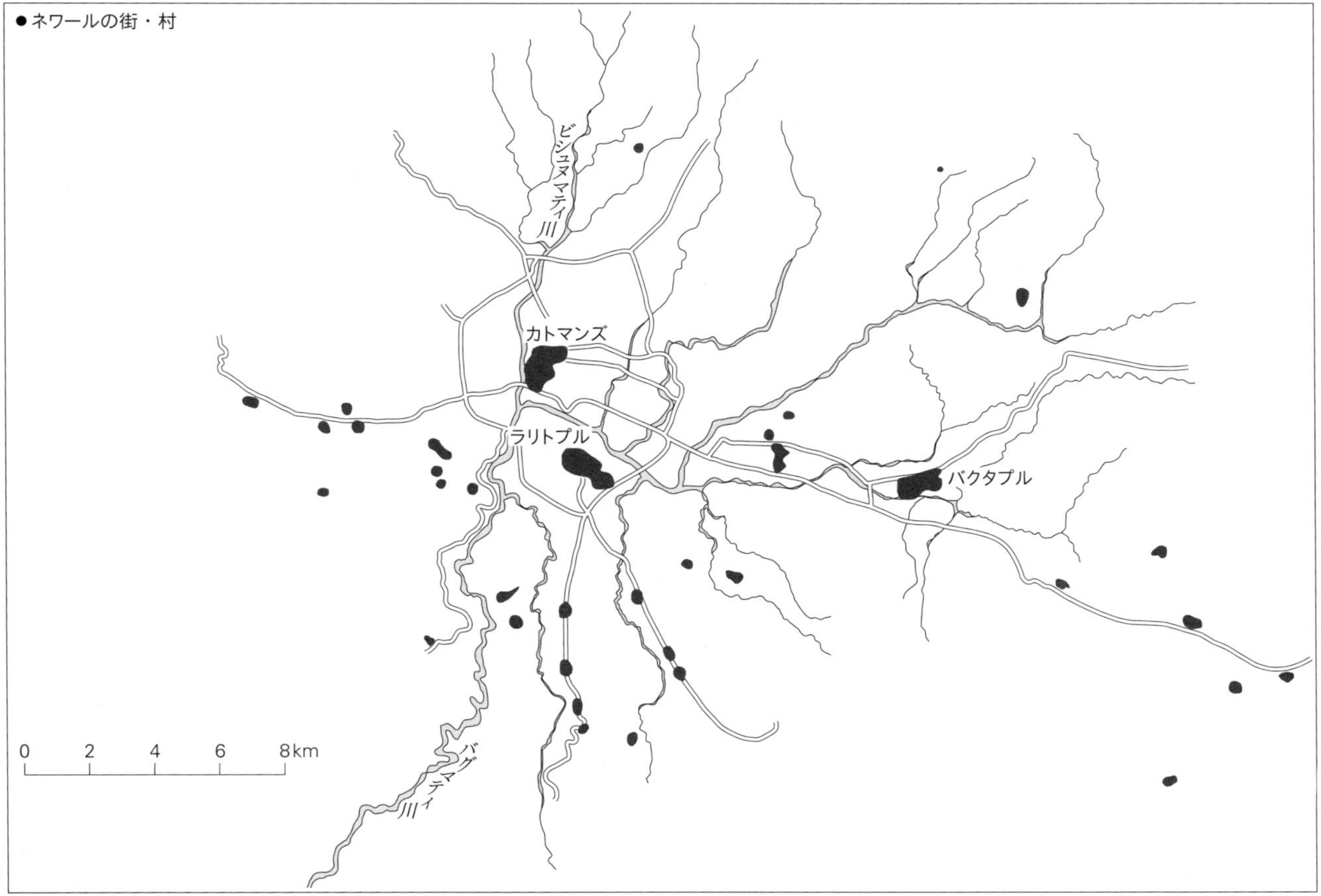

図0-2　カトマンズ盆地とネワールの街・村

Gellner（1999：15）をもとに作成。

表0－2　ネパール・ネワールの暦と主な年中行事

ネパール暦	陰暦	主な年中行事
バイサーク (Baisakh) 4－5月	白分2	新年の日
	白分8	カトマンズ市街地において、「セトマチェンドラナート」の山車曳き
	任意の時期	「ディグデヨ（リネージ神）」の礼拝。親族ごとに街はずれのディグデヨのところに赴き儀礼を行い宴会
ジェト (Jeṭh) 5－6月	占星術師の定める時期	ラリトプル市街地において、「ラトマチェンドラナート」の山車曳き
アサール (Asāḍh) 6－7月	白文6	井戸掃除の儀礼
サウン (Sāun) 7－8月	黒分14	「ガタームガ」と呼ばれる虫追い儀礼
	白分1	ブッダの月とされ、この日より1カ月間、毎朝、主に仏に対し礼拝が行われ、音楽が演奏される
	白分5	蛇神の儀礼
バダウ (Bhadau) 8－9月	黒分1	「ガイジャットラ」と呼ばれる死者の魂を冥界に送るための儀礼。年のあいだに近親を亡くした人びとが、牛、牛追い、修道士に仮装して行列
	黒分7	「クリシュナ」生誕祭
アソズ (Asoj) 9－10月	白分12	カトマンズ市街地全体において、「クマリ」の市街地巡行を含む8日間の「インドラジャトラ」開始
	白分1	10日間の祭り、「ダサイン」開始。各家庭で儀礼的な苗床をつくり、大麦を植える
	白分5	カトマンズ市街地南部において、「パチャリバイラヴァ」祭り
	白分9	ダサイン9日目、乗用車などに鶏、アヒル、ヤギの血の供犠
	白分10	ダサイン10日目、近親者が集まり、育った大麦の苗を引き抜き髪にかざり、ティカをつけ宴会
カルティク (Kārtik) 10－11月	黒分12	「ティハール」開始。1日目はカラスの礼拝、2日目は犬に花輪をかけ、米、花などを捧げる、3日目に「ラクシュミ」女神への儀礼、5日目に弟が婚出した姉を訪ねる儀礼
	白分1	ネワールの新年。親族が集まり、身体に礼拝をし、家人の健康と長寿を祈る
マンシル (Mansir) 11－12月	黒分10	「グヘシュワリ」女神の儀礼
プース (Puṣ) 12－1月	白分15	「ヨーマリプルニ」とし、婚出した女性が実家に戻り、各家庭でヨーマリ（黒糖などを餅で包んだもの）を食べる
マーグ (Māgh) 1－2月	白分15	マーグ月、もしくはファグン月の満月の前後、各カーストのサナグティ（葬送を担う親族組織）がそれぞれ村の主神の寺にて儀礼、および数日がかりの大きな宴会
ファグン (Phāgun) 2－3月	黒分13	「シヴァ神の夜」とし、シヴァ神のために家々でトウモロコシ、水、豆、ニンニクなどを火鉢にくべ、酒を飲み小宴会
チャイト (Cait) 3－4月	黒分14	「パハーチャレ」とし、楽器を演奏し、友人や婚出女性を各家に招待する
	白分1	カトマンズ市街地において、八母神の神輿の練り歩き

石井（1980a）および聞き取りをもとに作成。

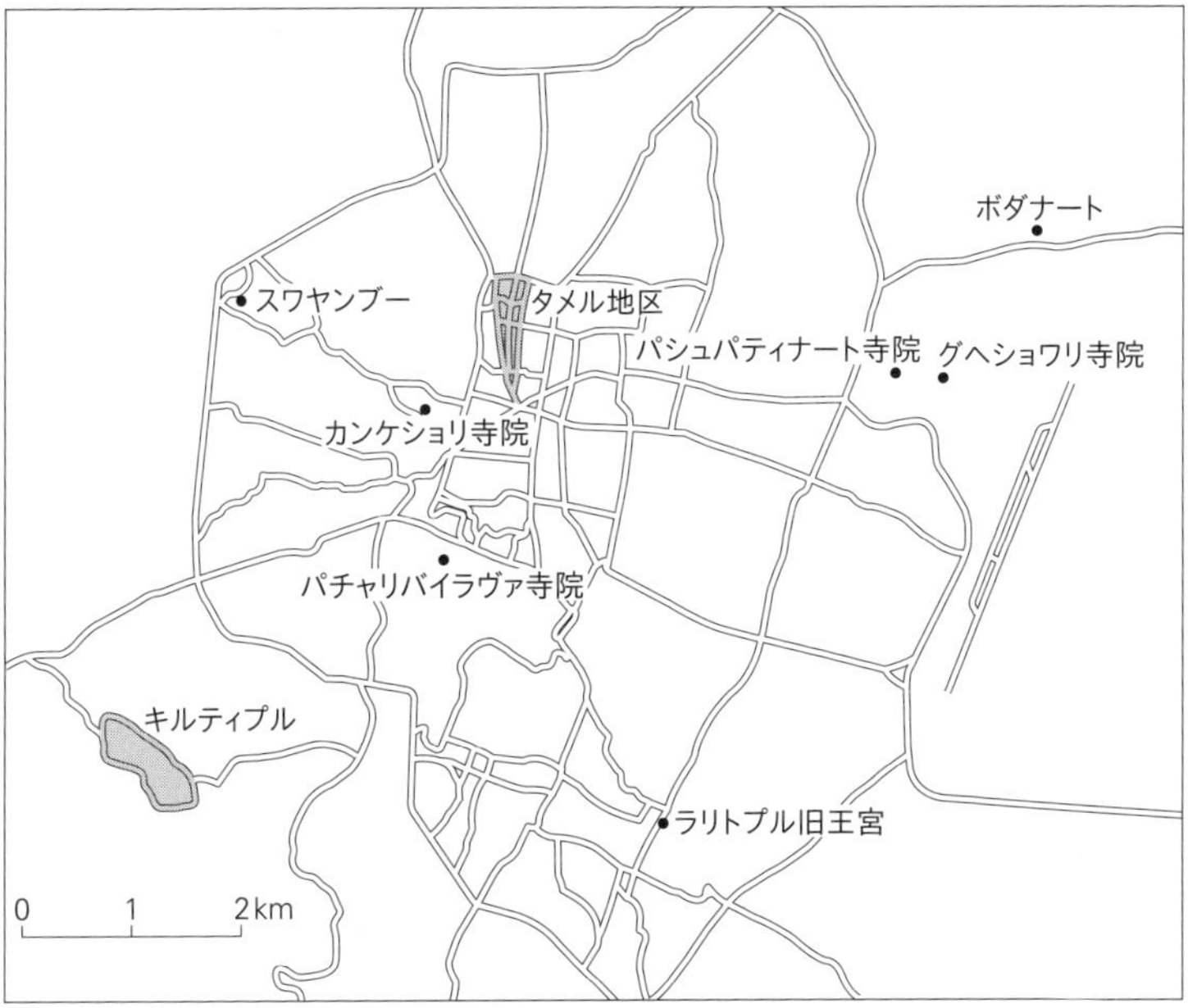

図０－３　カトマンズ中心部

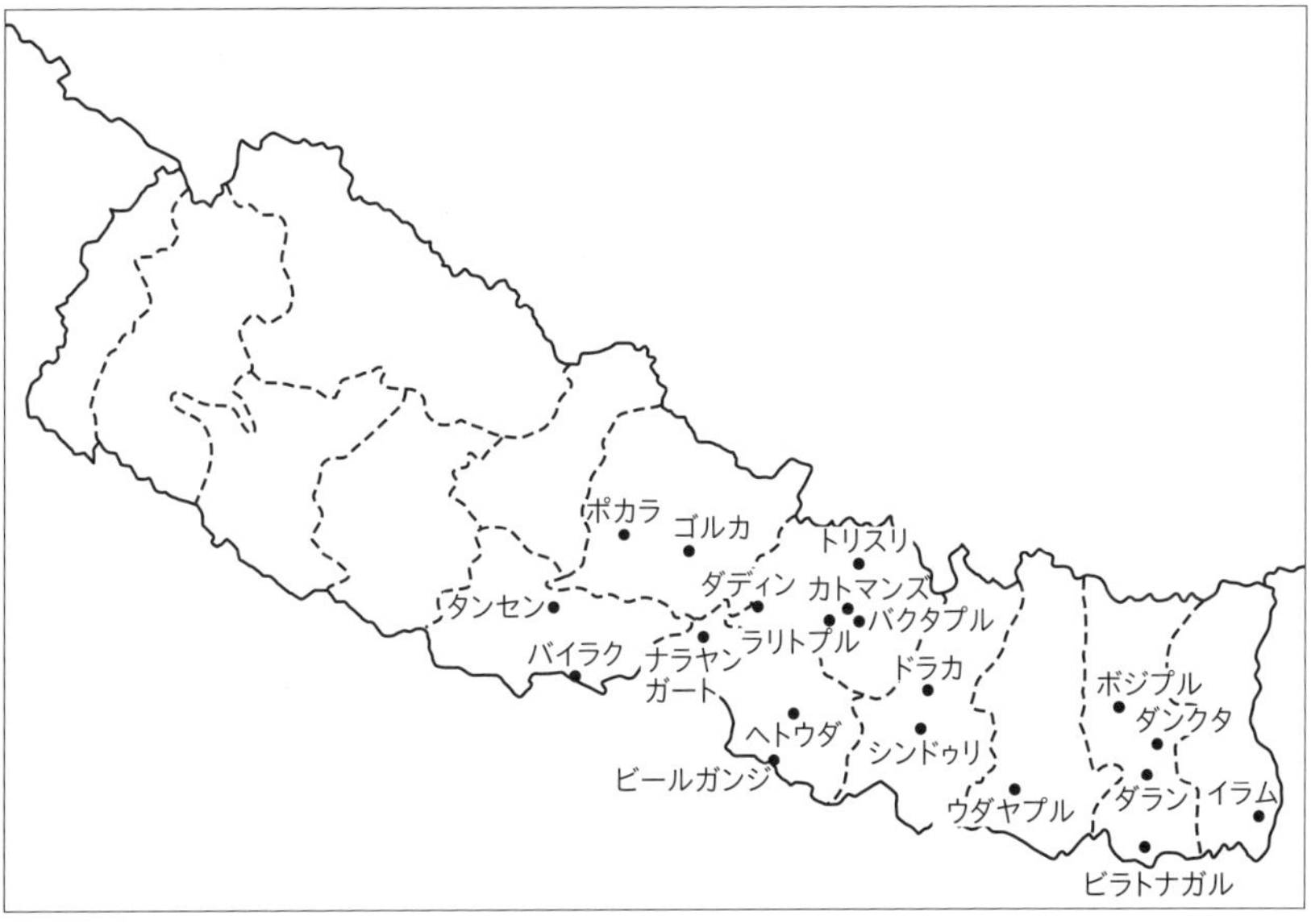

図０－４　ネパール国地図と NKSS の支部がある郡・市

興の都市、交通の要所（ポカラ、ビールガンジ、ビラトナガルなど）に移住しているものがいる。

カドギたちの最大の集住地は、ビシュヌマティ川の河岸に位置しているカンケショリ寺院周辺にある。この周辺地域だけで一万人程度のカドギが住んでいるとされている。一九九〇年代以降、新興住宅地であるボダナートや、スワヤンブー周辺などの、旧市街地の外側にも、カドギたちの移住コミュニティが形成されつつある。これらの新興住宅地は人口が多いだけでなく、肉をよく食べる習慣をもつチベット系民族の集住地でもある。

カドギのカースト団体であるＮＫＳＳは、一九七三年にネワールの他のカーストに先駆けてカンケショリ地区に結成された。盆地外のカドギたちを取り込みながら、ＮＫＳＳは、国内のカドギ居住地区全般にその支部を増やしており、二〇一二年現在、支部は五八カ所に点在している（図0-4参照）。

なお、本書に登場する人物は、本人に了承を得られている場合は本名で、そうでない場合は、仮名での記述となっている。

第I部
肉売りカーストという役割

第1章 交わされる財とサービス——ネワールのカースト間関係

ネワールの友人宅を訪ねると、家の一階部分で洗濯をしている若い女性がいた。挨拶を交わして階段を上り、二階の居間に家主を訪ねる。家主と話している私に家主の妻はお茶を持ってきてくれた。彼女はそのまま一階に降り、また居間に戻ってきた。洗濯をしていた女性はドビという洗濯カーストであり、家主の妻は一階で代金の支払いを済ませてきたのだという。ドビの女性が居間まで上がってくることはなかった。

街を歩いていると、辻に日干しレンガと、服と、藁が置いてあることがある。これは直前に葬送行列が通ったことを示している。しばらくすると、服が辻から消えている。服は、カパリというカーストが持ち去ったのであり、彼らは葬送を担うカーストであり、死者の服を持っていくのは彼らのカーストに基づく役割であるという。

このようなカーストに基づく役割がより鮮明かつ綿密になるのは儀礼においてである。詳しくは第3章で述べるが、たとえば王の守護神だったタレジュ女神の儀礼は一四ものカーストによって担われていて、儀礼の日取りを決めるカースト、女神に日々お世話をするカースト、女神に供える食事を作るカースト、太鼓を演奏するカーストなど、実に細かい分業体制ができている。これらカーストの役割分担はどのようにできたのだろうか。市場経済が浸透するなかで、カーストの役割や序列に変化はないだろうか。

第1章では、ネワールのカーストがどのように制度化されてきたか、現代のカーストの役割分担がどうなっているかを、カドギを取り巻く財やサービスの交換のあり方から検討する。第1節で、カトマンズ盆地における王権によるカーストの制度化を概観する。つづいて第2節で、ネワール社会全体におけるカースト間関係を、個々のカーストの空間配置と儀礼面の役割分担を中心に俯瞰する。第3節ではカドギというカーストをめぐる社会慣行を検討する。第4節でカドギがカースト役割として他カーストに対して行うサービス提供について、その報酬の支払い形態や手段などに注目しながら整理する。

1 カトマンズの王権の推移とカーストの制度化過程

1-1 カトマンズの王朝の推移

カトマンズ盆地には、古代期より王朝が存在した。具体的な時期は記録書により異なるものの、その名称と期間は古い順に、ゴーパーラ王朝（約五〇〇年間）、マヒシャパーラ王朝（約一〇〇年間）、キラーティ王朝（約一六〇〇年間）とされる（佐伯 2003: 41–55）[1]。

四〜九世紀にかけて、リッチャヴィ王朝が存在し、以後、弱小政権が頻繁に交代するタクリ時代があった。またこの時期、北部、東部から北チベット・ビルマ語系である今のネワール語のもとになる言葉を話す人びとや、南部のタライ平原に住んでいた人びとなど、さまざまな出自をもつ人びとがカトマンズ盆地に移住してきた（石井 1993: 136–137）。

表1-1　カトマンズ盆地における王朝の推移と主な政治的出来事

王朝	主な政治的出来事
ゴーパーラ、マヒシャパーラ、キラーティ	—
リッチャヴィ（4-9世紀）	—
タクリ（9世紀-1200年ごろ）	—
マッラ（1200年ごろ-1768年）	ジャヤスティティ・マッラ王によるカーストの制度化（14世紀前半）
シャハ（1769年-2008年）	プリトビ・ナラヤン・シャハによるネパール「統一」（1769年）
	ラナ専制時代（1849-1951年）
	ムルキアイン制定（ネパール初の国定カースト序列を記した法）（1854年）
	マヘンドラ王による全権掌握（1960年）
	パンチャーヤット制導入憲法発布（1962年）
	ムルキアイン改定（1963年）
	第一次民主化運動（1990年）
	第二次民主化運動（2006年）
	王制廃止と共和制宣言（2008年5月）

佐伯（2003）をもとに作成。

一三世紀初頭から一八世紀まではマッラ王朝の時代とされる。一四世紀前半、ジャヤスティティ・マッラ王の統治下においてカーストは法制化され、この時点でカトマンズ盆地に住んでいた人びとはカースト制度のなかに組み込まれた。マッラ王朝は一時、盆地外にも勢力を拡大したが、一五世紀末以降は、カトマンズ、ラリトプル、バクタプルの三つの王国に分かれるなど流動的でもあった。三王国時代は、山地部に多くの政治勢力が割拠し、近世ネパールの形成につながる動きが始まった時期である。石井は、「『ネワール』という用語が文献上に現れるのは、ネワールにとっての他者の政治的、軍事的な動きが活発になった一六世紀であり、一八世紀以降、征服者との関係において彼らの『ネワール』という民族範疇への帰属意識が強まることになった」（石井 1993: 139）としている。

一七六九年に、ネパール西部のゴルカ地方出身のプリトビ・ナラヤン・シャハ王によりネパールが「統一」され、マッラ王朝は滅亡し、シャハ王朝が打ち立てられた。この時点でカトマンズ盆地に居住し、ネワール語を話す人びとは、みな「ネワール」とされることになった。つまり、ネワールという民族は、「基層のネワール語を持ってきた部分に小規模な人口の付け足しが頻繁に行われ、そこにある種のまとまりが生じてできた」（石井　1993: 137）のである。

1-2　中世マッラ王朝におけるカースト制度

ネパールの王朝の歴史は、いくつかのバンサバリ（王朝王統譜）からたどることができる。シャハ王朝時代にネパール語で編纂されたバサ・バンサバリ(2)によると、一四世紀、マッラ王朝のジャヤスティティ・マッラ王は、五人のヒンドゥー教司祭を顧問として、ヒンドゥー教の教義に従って、当時カトマンズ盆地内に住んでいた人びとを三六カーストに分類する規定を定めたとされる。さらにカーストそれぞれに、服飾、食事、住居などの生活様式に関する規制も設けた。具体的な特徴としては、①土地、牧草地、家の売買という習慣の策定、②自身のカーストの仕事ではなく、別のカーストの職業についたものに対する罰金の制度化などが挙げられる。ここには各カーストがかかわる職業を定着化させて社会秩序の維持を図るという意図がこめられている。

なお、バサ・バンサバリに対しては、シャハ王朝時代に、マッラ王朝時代の記録書として編纂されたことから、タイムラグがあることや政治的な思惑が反映されている可能性があることなどにより、史実としての信憑性については疑問視する声がある。特にゲルナーは、ここで記されている内容は、人びとの行動規定など具体的なものが多く、実際には一四世紀ではなく、これが編纂された一八世紀ごろのネワールのカースト社会の動向を反映しながら描かれたのではないかという見解を示している（Gellner 1999b: 266)。

しかしながら、ゲルナー自身も、「口頭伝承や文書化されたクロニクルにおいても、カーストをめぐる習慣や規制は、ジャヤスティティ・マッラ王が創ったと論じられている」（Gellner 1999b: 266）と述べている。実際に、私が観察しているなかでも、カドギたちが、のちに第Ⅲ部で詳述するようなアイデンティティ政治において、一四世紀にジャヤスティティ・マッラ王が政治的にカーストを持ち込んだという言説を展開している。当事者たちにとって、バサ・バンサバリに示されたカースト制度が、中世ネワールのカースト社会を示す史実とみなされている、もしくは運動を起こす際の重要な典拠となっていることを指摘することができるだろう。

1-3 近世シャハ王朝とムルキアインの制定

マッラ王朝は、一七六九年に西の中山間地から興ったシャハ王に滅ぼされ、以降、二〇〇八年まで続くシャハ王朝が成立する。ネワールは、カースト制度を社会制度としてもっていたシャハ王朝に従属を余儀なくされ、これにより、ネワールのカースト制度は以前よりも厳密になったとされる（Gellner 1999a: 12）。

一八五四年、当時政権を牛耳っていたジャンガ・バハドゥール・ラナ宰相は、カーストの地位や行動、違反に対する罰則などを細かく定めたムルキアインを制定した。ラナ宰相の統治期間は三一年にわたるが、そのあいだ、彼はイギリス旅行を繰り返し、近代文明に接して、社会、政治をつぶさに観察し、この経験を生かして東西の大道路の建設などの事業も実施した（佐伯 2003: 562-563）。近代文明との接触経験を反映してか、ムルキアインでは迷信や悪習を払拭する一定の努力もされており、子どもをもつ寡婦の殉死を禁止するなど人権への配慮も確認できる。しかしながら、ムルキアインはシャハ王朝の主流の人びとである山地ヒンドゥー教徒の、そのまた中核をなすラナ一族、王、ブラーマンを中心として作られ、他の人びとは皆その下位に位置づけられた(3)。ムルキアインはカースト序列の定着と囲い込みを狙ったものと言えるだろう。また、ムルキアインは、すべての人びとをカーストとして位置づけることをめざしており、ムスリムや外国人が、不可触民より上の「水不浄」カースト（不可触ではないが、それより上位のカーストが水を受け取ると汚れるとされたカースト）に位置づけられており、国内のあらゆる人びとを包含している。

1-4 カドギの制度化過程

カドギの起源譚として、ネワール社会に流布し、また、カドギ自身も語っている伝承がある。これによると、マッラ王朝時代にあたる一四世紀前半に、北インドよりカトマンズ盆地に遠征し、タレジュ信仰[4]をカトマンズ盆地に持ち込み、強大な政治的影響力をおよぼしたハラシンハ・デーヴァ王の一行が、カトマンズへの道程で餓えに苦しんだ際、一行のために一頭の水牛を屠畜した男がカドギと呼ばれ、以後その男の子孫がカドギ・カーストになり屠畜を請け負うようになったとされる。

しかしながら、第8章で詳述するが、カドギはハラシンハ王遠征のはるか前から、水牛や豚を放牧していた先住民であったという伝承も、近年カドギ自身により語られている[5]。ネワールの民族団体であるネワデダブ（Newā Dey Dabu）が出版した『ネワーサマージュ（newā samāj）』においては、カドギは、キラーティの末裔とハラシンハ・デーヴァ王の末裔との双方が混じったかたちで形成されたのであろうと記されている。

カドギは大きくは二回、王権により、カースト社会のなかに制度化された。第一に、バサ・バンサバリの記述によれば、一四世紀のジャヤスティティ・マッラ王の時代に、カドギはカサイ（Kasāī：屠畜人）という職種を割り当てられ、袖つきの服を着てはいけない、瓦のついた家に住んではいけない、自身よりも高いカーストに対して適切な敬意を払わなければいけないなどの制限が課された。また、ネワール社会で誰かが亡くなったときは、カドギは音楽を演奏する義務があるという規定も設けられた。カドギのカースト役割をめぐる報酬について、バサ・バンサバリでは次のように示している。

> 太鼓を演奏するカサイはそれぞれ三ダーム（dām）[6]の支払いを受け、サティ[7]で演奏する場合は、一人あたり一ルピーを追加で与えられるべきである。

人びとの儀礼において彼らが屠畜をする際には、一パイサの支払いを受けたあと、ただちに実行しなければならない。河岸でティカ(8)を受けた水牛は屠畜してはいけない。

肉は、高貴な人には売ってはいけない。野外で人びとのために水牛を屠畜する場合は、王に対して一ルピーの税金を（人びとが）支払うまでは実行してはいけない。肉を売るために水牛を屠畜する場合は、国王への税金は二倍になる。人びとが、猪を殺した場合は、頭は王に捧げられなければならず、屠夫は税金として一ルピー八アナを支払わなければならない。屠夫は、人びとのために肉を切らなければならない。彼らは、ミルクやヨーグルトを自身よりも高い他のカーストに売ってはならず、バターをあげてもいけない（Gellner 1999b: 268–269; Lamshal 1966: 45–46）。

この記述によると、カーストの高低を問わず一律の金銭報償により、太鼓の演奏と家畜の屠畜が行われていたことになる。屠畜は、儀礼のための屠畜、および売買のための屠畜のどちらにおいても、金銭報償によりなされていたが、売買のための屠畜においては王への税金が二倍になることが示されている。つまり、王に税金を支払えば、貨幣を用いての庶民のあいだでの肉のやりとりはこのときにすでに可能になっていたことになる。とはいえ、肉とミルク、ヨーグルトの売買の対象については一定の制限が課されている。肉の売買については高貴な人（高カースト）に売ってはならず、ミルクやヨーグルトに関してはこの制限はより厳しくなり、自身よりも上位のカーストに対して売ってはいけないとされている。

第二の制度化となった一八五四年のジャンガ・バハドゥール・ラナ宰相によるムルキアインにおいて、カドギは、「上位のカーストが水を受け取れない」カーストとされるも、ネワールの屠夫、ミルク売りとされた。バサ・バンサバリでは禁じられているとされたミルク売りが、ムルキアインではカドギのカースト役割とされているのである。

さらに、近年、カドギたちは第三の制度化ともいえる、歴史的な転機を迎えている。王制が廃止された二〇〇八年以降、民族自治やさまざまな優遇政策を通して、ふたたびカースト、民族という範疇が焦点化されているのである。

みずからが帰属するカースト、民族を単位として、国家に包摂されるべく、個々のカーストや民族が声を上げる時代となってきているのである。カドギも、時にカドギ・カーストとして、時にネワール族として、カースト団体NKSやネワールの民族団体ネワデダブを介して、さまざまな政治運動に参加する機会が増えてきている。

2　ネワール社会におけるカースト間関係

2-1　空間的配置

カトマンズ、ラリトプル、バクタプルといったネワールの王朝があった旧市街地域は、それぞれヒンドゥー教あるいは仏教的な聖空間とされ、四方あるいは八方に神仏が配されている。カドギたちをめぐる宗教空間については第3章で詳述するが、中心に王の神であるタレジュ女神、中間に地域の神、郊外に母神が祀られており、宗教的な同心円構造をなしている。この同心円構造に沿って、図1-1にみられるように高カーストを中心とするカーストごとの住み分けがなされている。街の境界は物理的にも防御壁で囲われ、外部からの侵略者から保護されていた。「低カースト」であるが「不可触民」ではないとされたカドギの居住地は、ちょうど街の境界をしめす市壁のぎりぎり内側に位置しており、街の内外を隔てる門の前に位置している。「不可

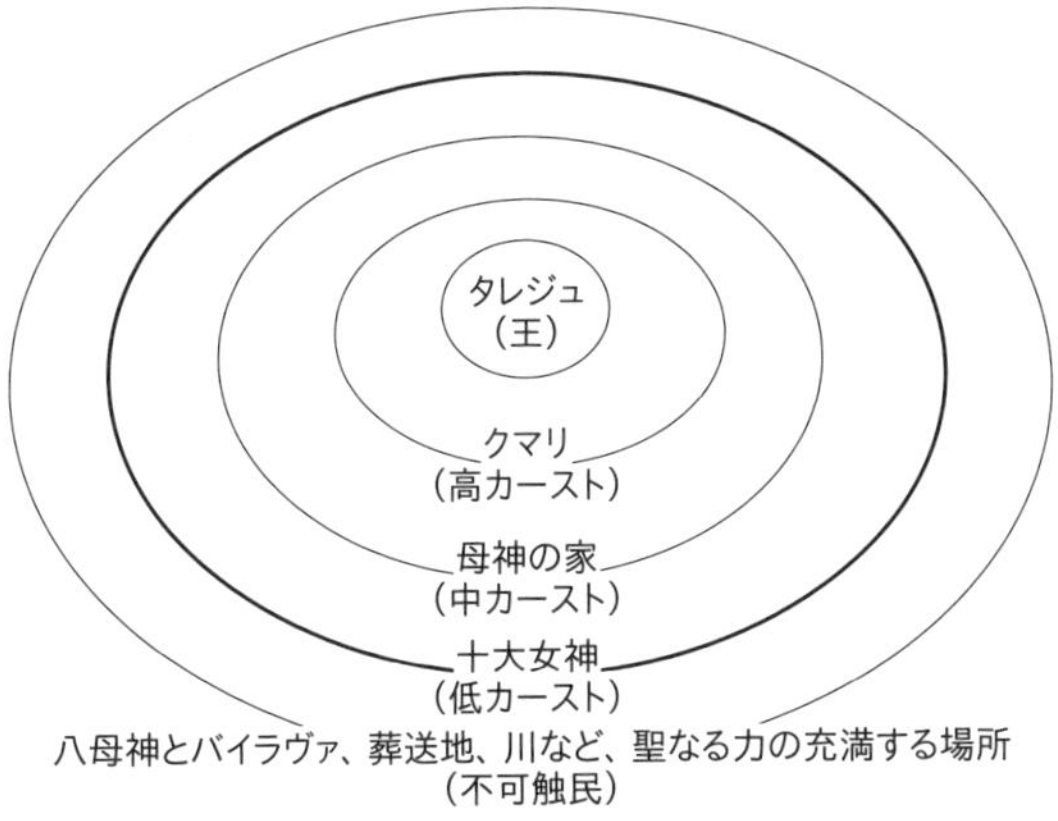

図1-1　ネワール市街の理念的空間図（Pradhan, 1986: 381）

触民」とされたデヨラたちは、壁の外側に居住していた。このような居住空間の区分は、2-2で述べるような社会慣行を維持するための一つの仕掛けとなっている。

カーストの区別は儀礼によって再生産され、浸透していく。なかでも王が関与する儀礼は、多くの場合年中行事として行われる。その際には、一定の居住地域内の住民が、ヒンドゥー教、仏教を問わずカーストを超えて動員される。よって、儀礼面においては司祭を上位とした儀礼的浄／不浄の階層と、王を中心としたカースト間の役割分担という原理が混在する状況になっている。カドギの儀礼についても王の守護神である女神タレジュへの血の供犠はカドギが行う一方、カドギの人生儀礼は仏教司祭が行っており、双方が渾然一体となった状況がある。

2-2 カドギをめぐる社会慣行

では、実際に日常生活において、カドギというカーストをめぐってどのような社会慣行があるのだろうか。ネワール社会でも食事、食物、対人接近、婚姻などに関する社会慣行は、カーストの存在と不可分なものとなっている。以下、カドギをめぐる食事、接近をめぐる制限について検討していきたい。

2-2-1 食べ物授受の制限

それぞれのカーストの人びとは自分よりも低いカーストの人びとから特定の食べ物を受け取って食べることができない。この食べ物授受規制に関し、石井は、次の三つの段階を指摘している。すなわち、①水で炊いたご飯、水牛の煮こごり（トカー）[9]、②それ以外の肉、野菜料理、炒り米（バジ）[10]、小麦の揚げ菓子（マリ）[11]、および水、③料理していない生もの、フルーツ、生の肉、ミルクである。このなかで、①がもっとも極端で自分以下のカーストからはまったく受け取って食べられない。また逆に③では規制がないに等しい。②で代表的なのは、生ものにもかかわらずこのグループに入っている水である。そして、これを受け取れるか否かは、「浄カースト」「不浄カースト」の区分の重要な基準となっている、とする（石井　1980a: 165）。カドギは、「水を受け取れない」とされるカーストである。よって、③の生の肉やミルクを上位カーストにも売ることはできるが、②水や野菜料理などを上位カーストに渡すことはできない。

このように、食物授受の関係が序列づけの目安となり得るのは、食物を食べている状態は特に不浄をうつしやすく受けやすい状態とされていることから、共食の可否にもかかわることによる。石井は、一九八〇年に公表したエスノグラフィのなかで、いくつかのカーストが並んで食事をする宴会や、農作業の合間のおやつにおいては、まず②の食べ物しか出されず、各カーストは別々に固まって座を占め、互いに離れる傾向にあると指摘している。このことにより、いくつかのカーストが共同で行う宴会や軽食にカドギは呼ばれない、カドギの宴会に上位カーストは参加しないという状況が生じている。

これは、一九九〇年と二〇〇六年の民主化や市場経済の浸透を通して、カースト間関係が幾分かルーズになった今日でもみられる。近年は、結婚式はパーティ会場やレストランで開催される。しかしながら、次のような例もある。あるカドギの結婚披露パーティに、上位カーストであるアマティヤの一家が、近所に住んでいるということで招待され、炊いた米やダルスープ、肉などを提供された。パーティに参加した七〇代のアマティヤの男性は、後に私に「料理にはあまり手をつけなかった」と語った。理由を聞くと「パーティ会場が準備したということは十分にわかっているのだけど、カドギのパーティだと聞くと、どうも料理が血や生肉の味がするような気がして、食欲が湧かなかった」と答えた。教育の普及なども相まって、彼らは表立って拒否するようなことはなくなったが、感覚としての差別、食べ物を受け取りたくないという意識は現状としてこのように散見されている。

2-2-2　接近の制限

また、接近の制限もみられる。これは、水を受け取ることができるかどうかの問題に、大きくかかわっている。たとえば一九七〇年代、ラリトプル市のカドギのなかで最初にSLC(12)に合格したハリ氏は、家庭教師から学ぶことによって二三歳という高い年齢で合格した。ハリ氏が家庭教師をつけなければならなかった理由は、一九六〇年代の彼が学童のころ、学校の水場で彼が水を飲むと、同じ水場で上位カーストが水を飲めなくなることを理由とされ、通学を拒否されてしまったからである。

特に「不浄」カーストとされた人びとには、集住の傾向がある。日ごろ交わされる無償の軽労働の交換はほとんど同カーストで近くに集住している人びとのあいだで行われる。石井は、カドギ以下のカーストでは上位カーストにことさらにかかわらないよう自己規制している面があるとしている（石井　1980a）。石井の民族誌のなかには、カドギの老人が演奏している太鼓を、周りで見ていた子どもが叩こうとした際、その老人が「触るんじゃない」と注意したところ、子どもが老人を罵倒したという場面が描かれている（石井　1980a: 168）。年長者を敬う慣習がネワール社会全体にあるなかで、人びとの面前でこのようなことを言われても、この男性は黙っていて反論はしなかったという。同様に、聖紐をつけてもらおうとしたカドギが司祭に「何を考えている」と一蹴されてしまった場面も描写されている（石井　1980a: 168）。ここに描かれているような不快で屈辱的な経験をできるだけしなくてすむように、カドギはことさら他のカーストとかかわらないように自己規制をしているのかもしれない。

石井の調査から約三〇年後、また、混住が進んで社会関係がよりルーズになっていることが推測できる都市部で実施した私のフィールドワークにおいても、接近をめぐるカドギと上位カーストとの衝突は見られた。上位カーストであるバジュラチャリアの居住地区をカドギが歩いていると、バジュラチャリアから「水場に近づくんじゃない」と言われることがあるという。逆に、この差別を利用しているケースもある。二〇一〇年の春、水不足に陥った際、シェレスタたちの井戸が枯れてしまった。潤沢に水を出していたカドギのヒティ（共同の水場）でシェレスタたちが水を分けてもらおうとすると、その場にいたカドギたちはベタベタと水場を触って、「ほら、もうあなたたちには触れないでしょ。あっちに行きなさい」と追い払ったという。このように水場をめぐる、上位カーストからの排除や嫌がらせなど、カドギたちにとっての屈辱的な経験に対して、「水不浄」とされたことを逆手にとって仕返しをしている場面も見出せるのである。とはいえ、このような日常的で小さな衝突が、カーストを浮き彫りにし、カースト間の融合を阻んでいることも否定できない。

3　カースト間のサービス授受

前節で検討してきたように、ネワール社会では、日常生活においてはそれほど明確化されていないカースト間関係とカーストごとの役割分担は、主に儀礼を通して明確化し再生産されていくこととなる。ここでは、複雑な原理、力関係によって重層してみられるカースト間関係を、石井によるカースト間の交換の分析を引用しつつ統合的に把握してみたい。

石井は、ネワール社会でのサービスの授受において、支払い側の条件にはまったく関係なくカーストによって一定の定期、定量、現物払いという方式がみられることを取り上げている（石井 1980a）。石井は、ネワールにおけるカースト間のサービスの授受関係を、報酬形態、支払い手段、支払い主体に分けて整理分類した（石井 1980a: 174）。その結果、カースト間のサービスの授受は、永続的な関係となる土地の貸与関係や家単位での固定的関係、流動的な関係となる定期的現物払い、そのつどの現金、ご馳走、残り物の受け渡し、任意払い、支払いなしの無償のものなどの報酬手段の種類があることを指摘している。また、儀礼的な交換関係が圧倒的に多く、世俗的な交換関係はそれほど多くないことも指摘している。

これらをもとに、石井は、ネワールのカースト間の交換体系は、市場交換体系ではなく、さらに互酬の観念にも、また、「中央に向かい、またそこから出る占有の移動」としての再分配にもそのまま該当するとはいえないとしている。つまり、カースト間における財の配置は序列に沿った片寄りを示しており、また配分においても多様であり低カーストに対する報酬が薄くなるという事実がみられる。ドミナント・カーストからみた場合、再分配の形態に近い[13]が、カースト間の分業関係は決してドミナント・カーストと他カーストのあいだの交換体系に留まるのではなく、ドミナント・カースト以外の諸カーストとのあいだにもさまざまなサービス・財の交換が成立している。よって、石井はこの関係を「層序的配分」としている。その特徴を列記すれば以下のように表される（石井 1980a: 264）。

① これは、明確に序列づけられた階層の存在を（社会配置として）必要とする。
② 労働・社会的役割は、その配置された位置によって異なる。
③ 配分形態においては、生産財の不平等な配分が所与の事実となっている。その配分、交換のあり方は序列と平行性を示す。
④ 交換は、序列化された各部分相互のあいだで行われる。中心性が現れても、それは全交換をそこに収束するかたちには至らない。

4　カドギによるカースト間のサービス提供

では、儀礼や生活面におけるカースト間の相互依存関係において、カドギはどのような役割を担ってきたのだろうか。カドギのカーストに基づく役割として、石井（1999）が示したものと私が確認した範囲では、①肉を提供する、②ミルクを提供する、③輿担ぎ、④家畜の供犠を行う、⑤音楽で葬式を先導する、⑥音楽で祭りを先導する、⑦結婚

表1－2　カドギによるサービスの提供

	仕事	仕事の授受関係	報酬形態	支払い手段	支払い主体（役割受益者）
①	肉の提供	流動的関係	そのつど払い	現金	個々の世帯
②	ミルクの提供	流動的関係	定期払い	現金	個々の世帯
③	輿担ぎ	流動的関係	そのつど払い	現金	個々人
④	家畜の供犠	永続的関係（ジニマナヤ）	定期払い	現金 プラサーダ利用	グティサンスタン
		永続的関係	そのつど払い	現金 プラサーダ利用	個々の世帯
⑤	葬式の先導	永続的関係	そのつど払い	現金	個々の世帯
⑥	祭りの先導	永続的関係	無償		村・街全体
⑦	結婚式における花嫁の運搬・人の運搬	永続的関係	そのつど払い	現金	個々の世帯
⑧	へその緒を切る	永続的関係	無償（任意で残り物（食物）利用）		個々の世帯
⑨	出産と臨終にともなう廃棄物の処理	永続的関係	無償		個々の世帯
⑩	村のメッセンジャー	永続的関係	無償		村・街全体

式において花嫁を運ぶ、⑧へその緒を切る（女性の役割）、⑨出産と臨終にともなう廃棄物を処理する、⑩村のメッセンジャーが挙げられる。カドギがサービスに出向くのは自身より上位のカーストに対してである。これらの役割の受益者や、報酬形態、支払い手段を石井の分類に倣って整理したものが表1-2である。

①肉の提供は、本書第Ⅱ部で詳述する家畜定期市の形成にともない、広域流通網ができたことから、調査時現在、地域内に限定されず広い範囲で行われている。また、カドギ以外のカーストも新たにこれに参入しつつあり、肉売りをしていなかったカドギが新たに肉売りを始める傾向もみられる。

②ミルクの提供は、一月単位で定期払いがなされ、家々に毎朝届ける量り売りがされていたが、肉と同様に集約化や市場化がみられ、カドギ以外にも参入機会は開かれている。

③輿担ぎについては、街のなかや、徒歩数時間程度の遠出をする際の移動手段として、二人がかりで輿を担ぐ役割があり、報償は現金のそのつど払いで支給されていた。一九八〇年ごろからのカトマンズにおける

マハルジャン・カーストの成人儀礼でヤギの供犠を行うカドギ

自動車やバイクの増加により、現在、自然消滅している。

④家畜の供犠に関して、第一に挙げられるのはジニマナヤ（jhiṃnimha-nāyaḥ）と呼ばれる一二名のカドギの代表たちによる、王の守護神タレジュへの血の供犠である。この供犠は、王宮内や市街地に点在するタレジュの廟で実践されている。この際の供犠獣は、「グティサンスタン」により提供される。グティサンスタンとは、半政府組織とされ、人びとにより寄進された私財（土地、金銭、学校、病院、芸術団体なども含む）を管理している団体である。グティサンスタンより、ジニマナヤに対して定額の給料が支給されている。また、マハルジャンやシェレスタなどカドギより上位とされるカーストたちの人生儀礼や、上位カーストが主催する祭りの際、カドギが呼び出されて血の供犠を行うこととされている。これについては、カドギは主催者から屠場での一日分の報償程度の金銭[14]を受け取って供犠をし、供犠が終わった後は、自宅の裏もしくは河原などで解体して肉にして儀礼の主催者に返す、というやりとりがある。その際、プラサーダとして、儀礼の主催者が肉の一部をカドギに提供することもある。

⑤葬式と⑥祭りの先導については、ナェキバジャ（nāykhībājā）という太鼓の演奏がある。これについては、葬式があったときには、カドギに演奏の依頼があり、カドギたちは個々の世帯から、そのつど二〇〇〇～四〇〇〇ルピー程度の報酬を受け取って演奏する。他方で祭りの先導の場合には特に金銭は受け取らず、無報酬で実施していることが多い。

⑦結婚式においては、人を運搬するときの輿を担ぐ。この際にも金銭によるつど払いで、一人前の運搬役が一日労働して支給される手当を受け取っていたという。この役割も、一九八〇年代ごろより、タクシーなど乗用車を用いて

なされるようになり、自然消滅している。

⑧へその緒を切る役割については、出産が家の一階部分で行われていたころには、ディディアジと呼ばれるマハルジャン・カーストの女性が、赤ん坊を取りあげた。赤ん坊はへその緒で母親につながれたまま六日間を過ごし、六日目にカドギの女性が家を訪れて、へその緒を切るのである。また、これに関連して出産時の廃棄物については、へその緒や後産を、チュワサと呼ばれる四辻にある穴に、土器に入れて捨てるのもカドギの女性の役割である。また、⑨死者が出たときは、死の床を赤土などで清め亡くなったときに着ていた服をチュワサに捨てにいくのもカドギの役割であった。へその緒切りと死の床を清める役割については、無償であった。出産や死が病院で迎えられることが多くなってきた近年、これらの役割も自然消滅の傾向にある。

⑩村のメッセンジャーについては、農作業の時期規制、祭り、重要儀礼催行の期日、村全体にかかわる工事への人集め、行政関係の行事予定などを、ナェキバジャの演奏で伝える役割をしていた。それぞれの目的ごとに演奏のリズムを変えており、住民は家の中に居ながらにして、そのリズムを通じて知らせの内容を察していたのである。なお、この役割は無償で行われており、現在においても一部農村においては継続されている。

以上のように、カドギのカースト役割は大きく一〇に分けて捉えることができる。多くの場合、上位カーストに向けてサービスが提供されていたが、タレジュへの供犠については、王権と直接関係している。また、現在、もっとも大きな変化として、カドギの生業としての肉売りが市場に取り込まれつつあることを指摘することができる[15]。

最後に、カドギによる財とサービスの交換をめぐるさまざまなルールや原理の「混線」具合を再度まとめなおしておきたい。カースト間の役割分担について整理検討をしてみると、マッラ王朝時代に構成されたネワールの街の空間構造は、王を中心として、カーストごとの同心円構造が形成されている。これは、食事や接近などがカースト内で完結することをもたらしている。特に、「不浄」カーストとされた人びとは、それ以外の人びとと必要以上に接触しないようにしている面がみられる。近年、この「不浄」カーストとされた人びとを避けようとすることは、行動のレベルでは見られなくなりつつあるが、まだ観念や意識のレベルでは根強く残っている。

基本的には日常生活上ではカースト内で完結している状態にありながらも、カースト間関係が顕在化するのが、儀礼においてである。ネワールのカースト制度においては、世俗面での役割分担は粗である一方、儀礼面での役割分担は密に編成されてきた。さらに、近年は、後に第Ⅱ部で詳述する食肉の市場化を経て、カドギたちがカースト役割の一つであった肉売りに市場経済を介したかたちで従事するという現象も生じつつある。こうして、今日、カースト間の財とサービスのやりとりは、王権、「浄／不浄」の序列、市場原理などを含み、重層的かつ混線した状況になっているといえるだろう。

第2章 暮らしを支える共同性——親族関係と生活組織

「彼女は私の妹よ」「彼は僕のお兄さんなんだ」

ネワールは、トゥワ（twāḥ）と呼ばれるコミュニティに集住している。トゥワに暮らす年の近い人は、みんな「兄さん」「弟」「姉さん」「妹」と呼びあう。この「兄弟姉妹」と呼びあう関係の人が二〇人近くいることもある。しかしながら、この関係は本当に兄弟姉妹というわけではなく、実際は従兄弟など父兄でつながる親族である。トゥワは、父兄親族で構成されているのだ。

トゥワでは、水場や広場を囲むように家が建ち並んでいる。お堂や休憩所で老人がひなたぼっこをしている。水場では女性たちが髪を洗い、水汲みをし、そのついでに世間話をしている。女性や老人たちが、家の前で子や孫をあやしている。冬は暖かい日差しを求めて、夏は風にあたるため、家の中より外で過ごす時間が長い。

第2章では、日常的に顔を合わせる生活の場でカドギたちはどのような社会関係を築いているのかを検討する。まず、第1節においてカドギのトゥワがどのような場所にあるのかをみていく。第2節では、トゥワで生活を共にする親族の関係性を検討し、第3節で生業の様態を検討する。

1　カドギの人口と居住地

　カトマンズ盆地におけるネワールの市街地では、カドギたちは、トゥワと呼ばれる集住地(1)を形成している。トゥワは、父系親族プキ（phuki）が複数集まって構成されており、多くの場合数十世帯の規模である。カドギのトゥワは、カドギだけで構成されていることが多い。カドギの主要なトゥワは、カトマンズでは九カ所(2)、ラリトプルでは九カ所(3)、バクタプルでは一一カ所(4)に点在しており、いずれも、旧市壁に設置された門の少し内側に位置している。それぞれ中心部が小高くなっている小さな丘に立地しており、平地から坂道を上ったところに街に入るための門が設置されている。

　ネワールの市街地の構造としては、中心に王宮があり、周縁に近づくほどに低位のカーストの居住地となっている。図2-1

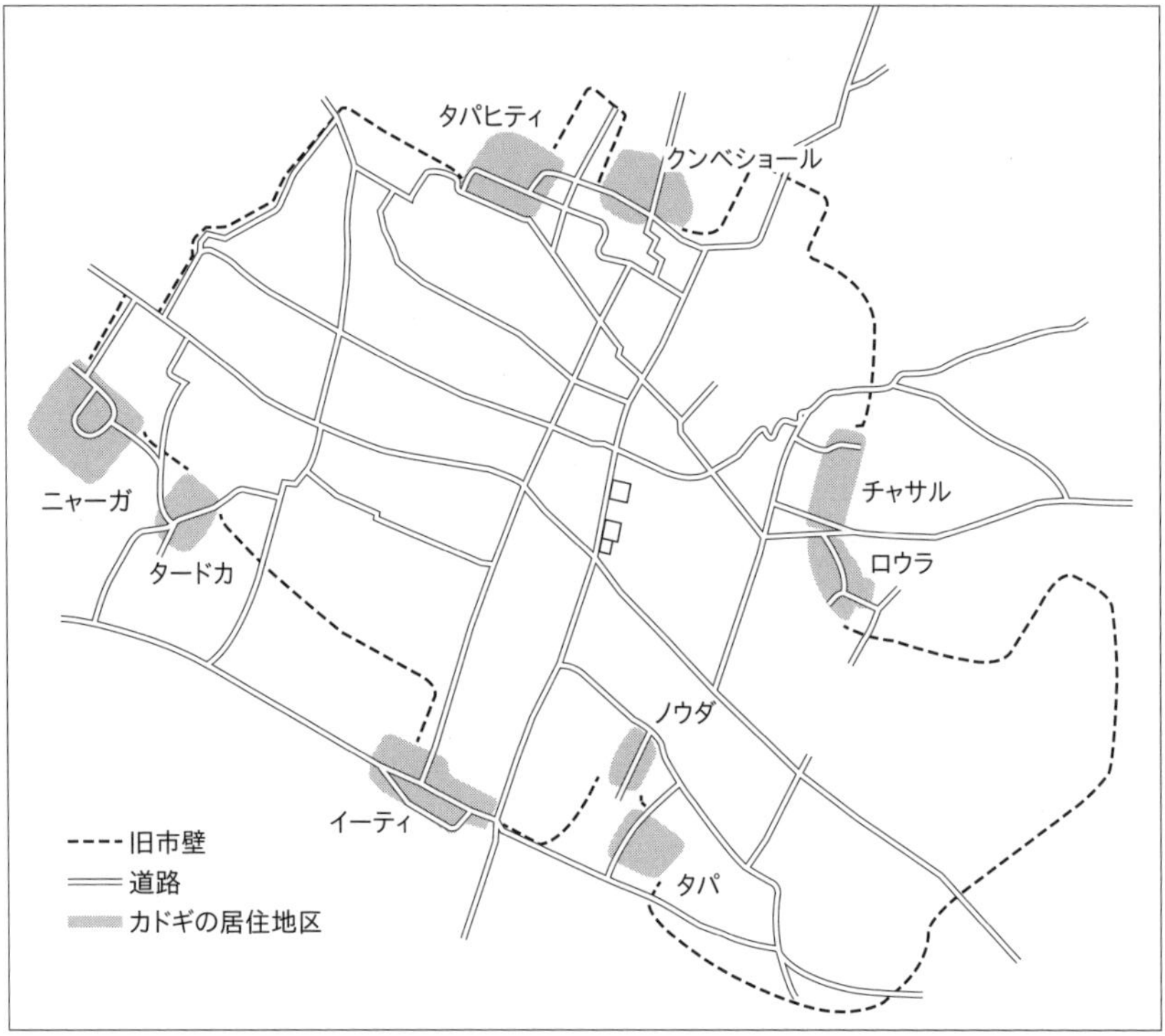

図2-1　ラリトプル市街地におけるカドギの居住地区

Gellner（1999b: 275）をもとに作成

に示されるように、カドギたちは門のぎりぎり内側に居住し、門の外側には旧「不可触民」とされたデヨラたちの居住地区が隣接している。旧王宮周辺を中心とする「浄」カーストの居住地付近にはレンガが敷き詰められているが、「不浄」カーストとされたカドギの居住地付近より壁の外は、雨が降ったときには水たまりができる未舗装のぬかるんだ道であり、一見して「浄」カーストの居住地区と区別されていることがわかる。(5)

2 親族関係

2-1 家族

カドギの家は、レンガ造りの二~三階建てであることが多く、複数の既婚夫婦により構成される。互いに台所を共有し、共住、共食の単位となっている。家の構造としては、一階部分にトイレ、物置があり、二階以上に寝室や居間があり、台所は最上階に位置する。家族が増えると、上に家を建て増していくことが多い。

新興住宅地に移住したカドギたちのなかには、五~六階建ての西洋風の家を建てるものもいる。たとえば、ボダナートで肉の小売と卸売を営む世帯では多くの場合、一階部分が屠場と、水牛をつないでおくための場所になっている。しかしながら、その場合においても、最上階にキッチンがある構造は変わらず引き継いでいることが多い。

2-2 婚姻関係

配偶者選択の基準は、カースト内婚制と親族外婚制の双方の存在によって特徴づけられる。親族外婚制については、父方、母方（の父系親族）に関し、七世帯内を禁婚範囲としている。基本的に配偶者選択はカースト内かつ親族外からなされるが、カースト内にもカラ（khalah）と呼ばれる「系」のようなものが存在し、そのあいだにゆるやかな序列があり、結婚相手を選ぶ際に参考にされることが多い。

上位のカラのなかには、広大な土地や財産を有し、カドギ・カーストを代表して国内のカドギを招待して共同宴会を主催するなど、彼ら自身の言葉によると「カドギのなかの王のような」役割を担っていたものもいる。カドギから初の国会議員となったシッディ・バハドゥールさん（八〇代男性）は、一九三〇年代に開催された曾祖父の七七歳を祝う老年式の際、近隣住民に貸していたローンの多額の債務免除を施したと語る。同格のカラが、ネワールの都市、村々にもあり、これらの家のあいだで婚姻関係が交わされている。

ゲルナーは、マハルジャンやシャキャなど、ネワールのなかでも人数の多いカーストたちが比較的同都市、同村内で婚姻関係を結ぶことが多いのに対して、カドギは街や村を超えての婚姻が多いことを指摘している（Gellner 1999b: 274）。遠隔地間の姻戚関係は、後に第Ⅱ部で述べるように、ビジネスのためのネットワークとして活用されることもある。

2-3 父系親族とサナグティ

人びとが、「兄」「弟」と互いに呼びあう関係をプキという。プキは実際の兄弟ではなく父系でつながる男性である。プキは、リネージ神の儀礼を共に行う単位であり、成人式、結婚式、老年式などの重要な儀礼で集まり共に祝い、また家族ぐるみの宴会に招きあう間柄である。多くの場合、同じトゥワに住み、日常的に顔を合わせる機会が多い。

同じトゥワに住み、いくつかのプキを超えて父系でつながると認識される限りの世帯の単位は、葬いの執行を目的とした組織サナグティ（sanā guṭh）を構成している。サナグティは、誰もがどれかに属さなければならないものである。石井によると、これにはさらに大きな社会的重要性が付随している。つまり、サナグティ所属は、特定のカースト、特定の地域の社会成員としての身元保証の役割を果たすのである。どこかのサナグティに入っていなければ、その家族は最小の社会的必要を満足させる仲間のない孤立した存在であることになる。一方、サナグティに入っていれば、葬式の際の行き来だけでなく、年一回の共同宴会への参加などで紐帯は再生産されていく（石井 1980a: 209–211）。

サナグティのメンバーはリネージ神であるアガンデヨ（agãn deo）を共有している。近郊の新興住宅地に転出したもののなかにも、もともと入っていたサナグティに所属し共同宴会に顔を出しつづけるものが多い。共同宴会は、家単位で招待され、各家から一人ずつの参加とされている。多くの場合、家長である男性が参加し、これは長男に引き継がれる。共同宴会は、マーグ月、ファグン月のどちらかの満月の日に開催される。後に第3章で詳述するように、それぞれの火葬地付近のピート（pĩṭh：聖地）で実施される。

第1章において、ネワールのカースト制度は、儀礼的役割分担としての側面が強いことを記したが、本節で示したように、親族関係までもが、サナグティなど儀礼執行の単位となっている。

3 生業

カドギは親族で集住し、日常生活は顔の見える親族関係のなかで営まれることが多い。彼らの生活はどのように組み立てられているのだろうか。生業のあり方は、トゥワごとに傾向が異なることから、以下、カトマンズとラリトプルのいくつかのトゥワを例に、カドギの生業の傾向を整理する。

カドギの最大の集住地であるカトマンズのカンケショリ地区には、屠場が点在している。カトマンズ盆地全体では一日あたり、八〇〇～九〇〇頭前後の水牛が解体されているが、(6)うち二五〇～三〇〇頭前後がカンケショリ地区で解体されているといわれる。NKSSの試算によると、カンケショリ地区に住んでいるカドギの七割程度が、家畜仲買、屠畜解体、肉売りなどの一連の食肉産業で生計を立てているという。カンケショリに住むロケンさんは、自身が幼少期であった一九五〇年代、トゥワでカドギたちがしていた仕事は、レンガを運び、レンガを敷くことが中心であったと語る。カースト役割であった葬式のときの太鼓の演奏も、カドギたちの重要な現金収入になっていた。また、農業小作にも出ていた。女性たちはレンガを砕く仕事をしていた。水牛、ヤギ、羊の仲買、肉屋をしていた人も、わずかだがいたという。このころと比べると、多くのカドギが食肉業へと移行していったという。

カンケショリ地区からビシュヌマティ川に沿って南下し、カトマンズの旧市壁の南西端にあるヒューマット・トゥワには二つのサナグティがあり、うち、旧住民で構成され規模が大きなサナグティには七九世帯が所属している。そのうち、食肉業にかかわっている世帯が四〇世帯前後、ほかにタクシーやバス、トラックの運転手が一〇世帯程度、ほかは果物売り、日用品などの小売、バイクや自転車の部品販売などをしている。

カトマンズの旧市壁から見ると東端にあたり、放射状に道が交差する交通の要所であるアサンには、市街最大のバザールが設置されていた。市街の外からアサンに入るための門の前にあるカドギのトゥワは、カマラチと呼ばれる。カマラチ・トゥワのサナグティには、あわせて七五世帯が所属している。ここでは、食肉業に従事している世帯は少なく、三世帯のみである。服や日用品、自転車、レストランなどの自営店舗を家の一階部分で出店している世帯が二〇～三〇世帯程度である。また、二〇世帯は世帯構成員の海外出稼ぎ労働からの送金により生計を立てている。二～三世帯が、五つ星ホテルの調理人になっている。一人がエンジニアであり、一人が銀行員になるなど、オフィスワークに従事するものもいる。

ラリトプルのタパヒティは、旧市壁の北端の門の前に広がる。タパヒティ・トゥワのサナグティには、六二世帯が所属している。うち、食肉業に従事しているものが三〇世帯程度、日用品売りやそれ以外の自営業に従事しているものが二〇世帯程度、語学教師が一世帯、二〜三世帯程度がバス、タクシー業に従事している。

なお、聞き取り調査は、「ここではどのような仕事をする人びとがおられますか」、と、それぞれのサナグティの連絡役であり事情通の人物に口頭で尋ねる方法をとった。その際、食肉業が＊＊軒（世帯）だと答える際には、直接そう言わずに「私たちのカーストの仕事をしている家が＊＊軒（世帯）だ」という表現で答える人びとが多かった。彼ら自身のあいだで、「カドギの『カーストの仕事』は肉屋である」という認識がみられるのである。

カトマンズ盆地の中心部に住んでいるカドギたちは、トゥワごとに多少の差異はあるものの、おしなべて半数程度の割合の世帯が食肉業で生計を立てている。農村部、盆地外では、中心部のカドギたちと比較すると食肉業に従事しているものの割合がより高い。

近年、教育投資し、銀行員、医師、教師などとして、「カーストの仕事」以外に従事するものも出てきている。とはいえ、大半のカドギたちは、親から世襲的にその稼業を引き継いでいる。カドギたちが世襲的に行う機会が多い生業として、第一に水牛の仲買・卸売、第二に食肉の小売、第三に運転手が挙げられる。以下、その概要を紹介する。

3-1 水牛の仲買・屠畜・卸売

カトマンズ市役所の試算と個別訪問調査では、カトマンズ盆地全体に実に約三〇〇〇軒の肉屋があり、そのオーナーの約七割がカドギである。食肉市場の形成については、後に第Ⅱ部で詳述するが、ヤギ肉、鶏肉に関しては、カドギ以外のカーストや民族の参入も進んできているが、水牛肉に関してはほぼカドギで占められている。これは、ヤギ、鶏は店頭で屠畜が可能であるが、水牛は大型で屠畜に場所をとり、かつ解体にある程度の技術が必要であることによる。

カトマンズ盆地内には、一〇〇カ所程度の屠場があるとされている。経営形態としてトラックを出して、約一〇〇

屠場で働く人びと

キロメートル離れたインド・ネパール国境沿いの家畜定期市か、カトマンズ盆地への入り口にあたる家畜中継市場に家畜を買い出しに行く。各仲買、卸売業者に購入された水牛は、河岸や広場につないでおき、翌朝屠畜解体して食用化する。

屠場は多くの場合、世帯単位で経営される。その場合、プキ単位でトラックを出して家畜を買いつけ、数日ごとに一頭のみ、道端、河原、もしくは家の裏などで屠畜解体する。プキに限らず、外部から従業員を雇う屠場もある。ビシュヌマティ川の河岸に、カトマンズ最大の屠場がある。この屠場は、トタンで囲った二五メートル四方程度の空間であり、一日あたり二五～三五頭程度が解体されている。経営者はカドギであるが、従業員はカドギに限らず、ムスリムなどの異教徒や、チェットリなど高カーストも含む三〇人ほどが雇用されている。

3-2　食肉の小売

肉の小売は、量り売りが中心である。カトマンズやラリトプルの市街地では、カドギの家々の一階部分で売る場合が中心的であった。後に第Ⅱ部において詳述するが、一九九〇年代より政府支援で市営バザールが形成され、これらの市営バザールにテナント料を払って店を構えるカドギが増えてきた。また、ボダナートやスワヤンブー、バネショールなどの新興住宅街にテナント料を払って店を構えるもの、繁華街に家を建てて移り住み店を構えるものなどもみられるようになる。

扱う商品は、水牛肉、ヤギ肉、鶏肉など、一つの品種に特化した肉屋を経営していることが多い。一方で、「ミートセンター」などの店名を称して、郊外に立派な店構えの大規模な小売店を建て、冷蔵庫を設置して、肉屋を経営している人びともみられる。そこでは、さまざまな品種を一つの店舗で売る形態もみられはじめている。

3-3 輿担ぎと運転手

インドと首都カトマンズをつなぐネパール国内の主要幹線道路であるプリトビ・ナラヤン・ハイウェイは、一九六七年に建設が開始され一九七四年に完成した。以降、ネパールでは自動車での移動が中心となった。第1章で論じたように一九六〇年代まで、カドギのなかには輿を担ぐ仕事をして現金収入を得ているものがいた。二人で担ぐための輿がカドギの家に置いてあり、役人ら地域の有力者が移動するときに呼び出されて、輿に乗せて移動を手伝っていたという。この役割は、徐々にバスやタクシーにとって代わられ、このカースト役割は自然消滅していった。

カドギのトゥワは、先述の通り門の内側に位置しており、人びとの出入りが多いところにある。また、運転手という職業は、比較的新規に参入しやすいことも影響してか、輿がバスやトラック、タクシーにとって代わられた現在も、カドギのなかでは、食肉業に次いで運搬にかかわる仕事をするものが多い。

運転手としての仕事において、もっとも高給と社会的承認が得られるのが、外交団や国際NGOなど、海外機関の専属運転手である。これらの仕事は、プキ、友人関係などを伝って紹介される。国連の常勤ドライバーは、月収一〇〇〇～三〇〇〇ドル程度の報酬を受け取る。タクシー運転手、トラックの運転手などの仕事をしながら、つてを頼りに海外機関の専属運転手となるカドギも多い。

また、バスのビジネスに関しては、個々のバスのオーナーと、それを束ねるバス協会という体制が形成されている。

仕組みとしては、協会が個々のバスのオーナーを管理し、バスのオーナーが運転手を雇い、運転手が呼び込み兼乗車賃金の収集係を雇う、という体制になっている。呼び込み兼集金係にとっては、運転手のもとで運転を習い、いずれは運転手になることがサクセスモデルである。同郷だったり、親戚だったりのつてで呼び込みになることもあれば、自分で志願してなることもある。カドギは、バスのオーナーや運転手をしていることが多い。バスやレンタカー会社の経営に関しても、カドギたちがその創立時に活躍したことから、現在も影響力を有していることが多い。

4 仕事の単位としての親族関係へ

第2章においては、カドギをめぐる家族・親族関係、生業について検討してきた。カドギのトゥワにおいては、親族関係が日常生活を営むうえで大きな要素を占めている。また、生業についても、日常的に顔を合わせる範囲内で、世襲的に肉売りに従事したり、タクシー運転手になったりするものなどが多い。つまり、親族関係がそのまま生活や生業を支えているといえるだろう。

カドギたちが、「私たちのカーストの仕事だ」と語る食肉業は、現在、カドギのなかで従事している人びとの割合がもっとも多い仕事である。カドギが集住しているトゥワに数カ所ずつ設置されている屠場は、プキを単位として営まれており、精肉後の水牛肉の卸売も同様に親族単位となっている。

一九七〇年代ごろより輿を担ぐ仕事が車にとって代わられるなど、さまざまな技術革新が暮らしの変化に影響を与えているが、もっとも重要な変化は一九九〇年の民主化である。この民主化以降、多くの人びとがカトマンズに流入し、ネワールの人びとの農地は宅地化が進んだ。また、第II部で詳述するように、肉を食べる機会の多い人びとの流入などにともない、食肉需要が急増した。こうして、輿担ぎや、水牛の糞を乾かして作った燃料売り、レンガ運び、ミルク売りなど、以前は多様であった職業が、徐々に肉売りに集約されていったといえる。そのなかで親族関係は、もともとは儀礼の執行単位として経験されることが多かったが、カドギたちの生活の場においては、肉売りという生業を営む世俗的な仕事の単位として経験される機会が増えてきたことが見て取れる。

第3章　カースト役割と個人の信仰世界の交差

「ナェキバジャには、神様を喜ばせる特別な力があるんだ。どのお祭りも、自分たちがナェキバジャを演奏しないと始まらない」

私は、カドギたちが自主的に開いたナェキバジャの教室に通っていた。この教室に通うのは若者が中心だが、年配者も目立つ。練習には毎日夜七時から一時間ほどをかける。あたりが暗くなったころ、肉屋での仕事を終えたメンバーが「グティの家」と呼ぶ集会所にやってくる。グティの家には、踊っているシヴァ神の姿をとる芸術の神ナサデヨ（Nāsadyo）の像を迎えている。神様を一人にするわけにはいかないということで、毎晩順番に誰かが泊まり込みで神像の傍に眠る。毎週火曜日のシヴァの日には、神様を喜ばせるためにご馳走をお供えし、みんなで共食する。譜面などはなく口伝である。練習は厳しく、先生は一人ずつ、太鼓のリズムを口頭で唱えるように当てていき、当てられたメンバーはすらすらと口頭で答えなければいけない。私は暗譜に手こずったが、メンバーたちも昼間肉屋の店頭で客が引けたわずかな時間を使って、膝を叩きながら懸命に暗譜していた。忙しい仕事の合間をぬって、神様をお世話しつつ太鼓を習うことは労力を要する。それでもナェキバジャを習うのは、彼らがナェキバジャを演奏するという役割にやりがいや誇りを見出しているからだ。

カースト役割といっても、一見同じものをひたすら踏襲しているかに見えつつ、実際にはただ漫然とそれをなぞるのではなく、日々担っているなかでやりがいをもって取り組み、積極的に働きかけている。本章では、カドギの儀礼面でのカースト役割がどのように営まれているのか、また、実際にカドギたちはどのような信仰世界を生きているのかについても描写していきたい。そのうえで、儀礼的カースト間関係の背後にみられるカースト横断的な信仰世界と、カドギたちの信仰世界がどのように交差・接続しているのかについて、考察する。

1　ネワールの神々とカドギの信仰

ネワール社会で信仰を集める神々のなかには、血の供犠を受ける神々とそうでない神々がある。ハットとゲルナーは「ヒンドゥー・パンテオン」[1]という考えのもと、表3-1にみられるようなネワール社会における神々の「レベル」を示した（Hutt and Gellner 1994: 30-31）。これによると神々は、①最上レベルの神、②礼拝を受け芸術のなかに表現される最上レベルの神、③シヴァの息子たち、④「血を飲む」神々、⑤リネージ神・祖霊、⑥幽霊・悪霊に位置づけられるとする。ハットとゲルナーは、人びとの日常的な礼拝の対象となるのは③から⑤が中心であり、特に個人的な望みを叶える強い力をもつのは④の女神たちとみなされているとする。[2]

第1章で論じてきたように、カドギたちのカーストに基づく財とサービスの分配をめぐっては、司祭を上位とする儀礼的序列のイデオロギーと、王権を中心としたイデオロギーとが混在している。カドギたちは、表3-1の③にあたるガネーシャ、④にあたるバイラヴァ、ドゥルガー女神とその化身とされる女神たちに向け[3][4]、自身および上位カーストの人生儀礼、および上位カーストが出資している年中行事などに呼び出されて血の供犠をしている。また、王宮

表3-1　ネワールの「ヒンドゥー・パンテオン」

神々の「レベル」	神々が受け取るもの	神々の名前
① 最上レベルの神	礼拝は受けず寺院や司祭、儀礼をもたない	神の長
② 礼拝を受け芸術のなかに表現される最上レベルの神	水、ミルク、果物、花、菓子を受け取る	シヴァ、ヴィシュヌ、ラクシュミ、パルバティ、ブッダ
③ シヴァの息子たち	ガネーシャのみ血の供犠を受け取る	ガネーシャ、クマール
④ 「血を飲む」神々	血の供犠を受け、調理した肉、酒、豆を受け取る	バイラヴァ、女神（タレジュ、八母神*）
⑤ リネージ神、祖霊	一部は血の供犠を受け、一部は受けない	精霊、ナーガ、祖霊
⑥ 幽霊、悪霊	動物の内臓、残りもの	

Hutt and Gellner（1994: 30-31）をもとに作成。

*カトマンズ盆地では、シヴァの配偶者であるドゥルガー女神の信仰と結びついたシャクティ（聖なる力）信仰が盛んである。ドゥルガーは、複数の母神の複合体として現されることもあり、カトマンズ盆地では八母神（Aṣṭa mātṛkā）として信仰されている。八母神の名称は、それぞれ、ブラフマーニー（Brahmāṇī）、マヘシュワーリー（Maheśvarī）、カウマーリー（Kaumārī）、ヴァイシュナヴィー（Vaiṣṇavī）、ヴァーラーヒー（Vārāhī）、インドラーニー（Indrāṇī）、チャームンダー（Cāmuṇḍā）、マハーラクシュミー（Mahālakṣmī）である。なお、タレジュ女神は、ドゥルガー女神の化身とされている。

内にある王の神タレジュに対しては、カドギ・カーストの一二名の代表であるジニマナヤが血の供犠を実践している。カドギは、カースト間関係のなかで役割を与えられ、その儀礼的役割を実践する意味において、ヒンドゥー・ブラーマン文化や王権に部分的に寄り添うことになる。しかしながら、やや先取りすると、カドギたちは、日常生活において、リネージ神や、血を飲む神々とされるバイラヴァやガネーシャのほうにより深くコミットしている。また、ブラーマン中心ともとれる「ヒンドゥー・パンテオン」を完全に内面化しているわけではなく、カドギたちは、どの神々に対しても、分け隔てなく敬意をもって信仰している。本章では、カドギたちの儀礼的カースト役割を明らかにするとともに、彼ら自身が実際にどのような信仰世界を生きているのかについて、読み解いていきたい。

まず、前半部分においては、カドギの儀礼的役割について記述していく。第1章で述べたように、カドギの儀礼面でのカースト役割は、家畜の供犠、太鼓の演奏、出生と死の清め（胞衣の処理、死の床の清め）、花嫁の運搬などである。これらの儀礼的役割を、ネワール社会における年間儀礼と人生儀礼のサイクルなどと関連させながら詳述する。つづいて後半部分では、カドギの信仰空間を、カドギたちが日常的にかかわりをもつトゥワのガネーシャや街のはずれのピートと呼ばれる聖地にある地域の主神、リネージ神への信仰のあり方から捉えていく。そのうえで、カドギの人生儀礼がどのように実施されているのかについて記述する。最後に、カドギの儀礼的カースト役割と信仰世界がどのように交差・接続しているのかについて、彼ら自身の神々の捉え方をもとに考察を加えたい。

2　カドギの儀礼的役割分担

さまざまな役割分担をしながら儀礼を遂行するために、仏教、ヒンドゥー教の双方から多くのカースト横断的な儀礼組織が存在する。まず、カドギが家畜の供犠という重要な役割を担うタレジュ女神は、国家の守護神とされており、王の権威を正当化する役割も果たしてきた。タレジュ女神の世話をするためのカースト横断的な儀礼組織の筆頭司祭は、ヒンドゥーの司祭カーストの一つであるカルマチャリアである。筆頭カルマチャリアに聞き取りをしたところ、彼自身の解釈では、この儀礼組織を構成しているカーストとして一四のカーストを挙げていた(5)。カドギは、この儀礼組織において、主にタレジュへの血の供犠を儀礼的役割として担っている。

他の儀礼においても、仏教、ヒンドゥー教を問わずカーストを超えたグティが形成され、そこにカドギが特定の役割を担って参加しているケースを見出すことができる(6)。たとえば、古代からの歴史をもつとされるカトマンズ南部にあるパチャリバイラヴァの祭りでは、一〇のカーストからの参加に加えて、王、タレジュの化身とされる生き神クマリの謁見も見られる(7)。

これらカースト間で実施されている儀礼のパトロンは特定のカーストではなく、グティサンスタンである。グティサンスタンとは、第1章でも紹介したが、一九六四年に設立された半政府組織であり、個人から寄進されたもの（金銭、土地だけでなく、病院、芸術団体、学校なども含まれる）を運営している。ネワールだけに限らず、すべてのネパール国民がこれに私財を寄進することができる。全国七五郡のうち六八の郡に存在しており、お寺約七〇〇カ所、その他の建物約二二〇〇軒を管理している。(8) カドギたちも、第3節以降に詳述するように、多くのカーストの動員が見られる儀礼において、グティサンスタンからの財政支援を受けながら、血の供犠という儀礼的役割を実践している。

では、儀礼面におけるカドギの個々のカースト役割について、以下概観していきたい。

2-1 家畜の供犠

ネワール社会では、基本的にアヒル、ヤギ、羊、水牛、鶏の五畜を血の供犠に用いている。(9) ネパール語でもネワール語でも供犠のことを一般的に「バリ（bali）」と言い、供犠を実践することは、ネパール語で「バリディネ（bali dine）」、ネワール語で「バリビィグ（bali bi:gu）」という言い方がされ、共に「供犠を与える」という意味である。

前節に示したように、ネワール社会においてはタレジュなどのドゥルガーの化身とされる女神、ガネーシャ、バイラヴァ、母神などに、主に年中行事や人生儀礼において血の供犠がなされる。以下、典型的な方法で行われる供犠を取り上げて、その具体的なプロセスを確認しておきたい。

インドラジャトラ(10)におけるセト・バイラヴァでの供犠(11)

セト・バイラヴァは、カトマンズの王宮に隣接した建物の中に安置されており、ご神体は高さ約五メートルのバイラヴァのお面である。マハルジャン、タンドゥカール、バジュラチャリアなど複数のカーストにより構成されるセト・バイラヴァ・グティがその儀礼の運営を担っている。

二〇一一年九月にこの儀礼を見学した際、ご神体を取り囲む人びとは、セト・バイラヴァ・グティ関係者や観光客などを含む三〇人程度であった。マハルジャンたちが供物の準備をし、バジュラチャリアの司祭は読経しながら、マハルジャンたちにご神体の飾りつけや、お供えに関する指示を出す。マハルジャンたちに呼び出されたカドギの男性三人が現れる。司祭がアヒルに水をかけ、アヒルが震える。すると、カドギ一人がアヒルの首を切って、セト・バイラヴァのお面の下にある三つの神像に血をかける。その後、頭を落とし、尾を咥えさせる。つづいて、ヤギの供犠である。これは二人がかりで行う。同様に水をかけて震えるのを見届けた後、一人が地面にヤギを押さえつけて、もう一人が頸動脈を切る。同様に、バイラヴァの下の三つの神像に血をかける。その後、頭を落とし、尾を咥えさせて、バイラヴァの前に置く。最後に水牛の供犠である。これは三人がかりである。まず、紐を足にかけ、水牛を引き倒す。水をかけ、水牛が震えるのを見届けたあと、二人がかりで押さえているなかで、もう一人のカドギが首の頸動脈にナイフを入れる。噴出した血を手ですくって三つの神像にかける。同様に、頭を落として尾を咥えさせ、バイラヴァの前に置く。

血の供犠は、家畜の頸動脈にナイフを入れ、死にゆく家畜の血を神像に噴きかける方法をとる。まず、家畜に水をかけ、家畜が震えたら供犠が開始される。アヒルは一人、ヤギは二人、水牛は三人がかりで供犠を行うことが多い。以下、2-1-1で王の神タレジュを、2-1-2でヒンドゥー教と仏教双方において重要な女神とされるグヘシュワリを、2-3で地域の主神であるガネーシャ、バイラヴァを対象とした血の供犠を、それぞれカドギたちがどのように担っているのかについて検討していきたい。

2-1-1　王の神タレジュへの供犠

カトマンズのタレジュ寺院は旧王宮のなかにあり、ピラミッド状になった階段を上りきったところに位置している。この寺院の中に、タレジュのご神体が安置されている。

タレジュ女神の世話をするための儀礼組織は、前項で示した通りカルマチャリア・カーストを筆頭とする一四カーストにより構成されている。寺院の中に入れるのは、同グティの儀礼的序列の上位一〇人のみであり、その内訳はカルマチャリアが六人、ジョシが三人、ラジュバンシが一人である。この一〇人で食べ物のお供えや朝夕のお祈りを主とする日常的なプジャ（pūjā：神々に水・花・米・供物などを捧げて行う礼拝儀式）をしている。

これに加えて一年に二六回、血の供犠をともなう特別なプジャがある。その際には、前述の一四のカーストが参加することになる。カドギは血の供犠を担うが、カドギがタレジュ寺院への階段を上ることはない。雄の水牛一頭、去勢していないヤギ一頭、アヒル一羽をカドギたちが供犠し、死にゆく供犠獣の血はタレジュのご神体にはかけず、階段のふもとにある三叉の刀、トリスリ（triśūli）にかける。(12)

タレジュ女神への血の供犠は、カドギのなかのジニマナヤと呼ばれる一二人によって実践されている。ジニマナヤはカドギの男性により基本的に世襲制とされ、一回就任すると死ぬか儀礼をすることが困難になるまで交代しない。交代するときには、長男が第一候補者になるが、引き継ぐ意志がない場合はほかの人がなってもよい。ジニマナヤのメンバーリストは、政府に提出することになっている。

カトマンズのジニマナヤへの給料として、二〇一二年現在、政府より年間一人あたり一万四〇〇〇ルピーが支給されている。また、彼らは一部の儀礼においては正装である、白の上着と白いロングスカート状の腰巻、白い帽子を着用する必要があるが、これらの儀礼に用いる白い服も政府から供与を受けている。供犠獣を供与するのはグティサンスタンである。

ジニマナヤの一二人は、それぞれ固定した儀礼的順位を有している。また、ジニマナヤは、ラリトプル、バクタプルなどの旧王朝があった場所、キルティプルなどの一部の旧王朝近郊の街にも配置されタレジュ女神への血の供犠を役割としているが、なかでも、カトマンズのタレジュ女神が儀礼回数も多く、シャハ王朝設立後にはネパール国の守護神となったことから、その維持に力が入れられている。

2-1-2　グヘシュワリ女神への供犠

グヘシュワリ（Guhyeśvarī）女神寺院は、カトマンズ市街地から東へ五キロメートルほど移動した先にあり、ネパールでもっとも重要なシヴァ神の寺院の一つであるパシュパティナート寺院[13]と隣接している。スラッシャーは、グヘシュワリはシヴァ信仰からはパシュパティナートの「シャクティ（śakti：女性原理からの性力）」とみなされ、かつ、仏教徒からみると密教の女神とされており、ヒンドゥー教徒、仏教徒双方の多くのネパール人たちの信仰を集めているとする（Slusser 1998: 327）。

グヘシュワリ寺院には、グヘシュワリ・デヨ・パラ・サムハ（グヘシュワリ女神守り人会）というカドギの組織がある[14]。この組織の代表によると、グヘシュワリ寺院の建立は、プラターパ・マッラ王（在位一六四一～一六七四）の治世時であるとされている[15]。グヘシュワリのプジャをするのは、三つのカーストであり、カドギが九人、カルマチャリアが三人、ダンゴルが九人で、合計二一人である。

グヘシュワリへのプジャは秘儀的なものとされており、外国人はもちろんネパール人も関係者以外は実施することはできない。守り人会の代表によると、グヘシュワリは、プラターパ・マッラ王による設立以降、最初は九人のカドギと三人のカルマチャリアだけが世話をしていたが、あとでダンゴルがこれに加わったという。シャハ王朝時代に入ってギルバンユッダ・ビクラム・シャハ王（在位一七九九～一八一六）の代で、それまで散発的に実施していたプジャを毎日することとなった。毎日のプジャは、彼らがニッテャプジャ（毎朝）、ボークプジャ（毎日の食事）、アルティプジャ（夕方七時以降）と呼ぶ、三種類である。グティサンスタンから、プジャのための経費が支出されている。

グヘシュワリのご神体は、泉である。ほかの母神（アジマ）へのプジャと同様に、サマエバジ[16]とお酒を毎日お供えする。泉には布が何重かかけてあり、卵などのお供えもこの布に入れる。泉は海につながっているといわれている。お供えものを布に入れて泉に投じた後は戻ってこないからである。

守り人会のメンバーであるカドギたちが血の供犠をするのは年に三回である。一回目はダサインのナワラトリ（アソージ月白分九日目の夜)であり、水牛六頭、ヤギ七頭、アヒル七羽、鶏一羽、羊一頭をお供えする。このときには、ジニマナヤのような白い服を着るのではなく、ヒンドゥーの司祭が着ている赤い服を着て供犠を行う。二回目は、チャイトラダサイン(チャイトラ月白分九日目)であり、このときも、ダサインと同数の家畜の供犠をする。三回目は、バドラ月のアスタミ(黒分八日目)であり、この日はカリ・アスタミと呼ばれている。すべて、グティサンスタンが経費負担をしている。

血の供犠をするのは、グヘシュワリのご神体に向けてではなく、ガネーシャ、バイラヴァ、クマール、バグワティ、八母神など、グヘシュワリの周りに配置された神々に対してである。毎日のプジャのために、守り人会のメンバーである九人のカドギたちで順番に寺院に住み込んでいる。(17) メンバーは男系の世襲制となっており、居住地はグヘシュワリの門の中にある。(18) 以上のように、グヘシュワリ寺院においては、カドギはジニマナヤにみられるような供犠だけを呼び出されて行う補佐役というよりは、カドギ自身が日々のプジャの主体となっている。

2-1-3　ガネーシャ、バイラヴァへの供犠

ネワール社会においては、カーストを超えて盛大に開催される年間行事が、それぞれの街や村落単位でみられる。カドギたちは、これらの祭りにおいて、カースト役割としてガネーシャやバイラヴァ、女神などに血の供犠を行う。これらの祭りにおいては、供犠の主催者と永続的関係をもっている必要はなく、その時々で都合がつくカドギが呼び出される。その際には、多くの場合はグティサンスタンではなく供犠の主催者がカドギに対して、報酬として屠場で一日働く際の日当にあたる金額より少し多め(五〇〇ルピー程度)を支払う。

同様に、カドギは上位カーストの結婚式、老年式においても、ガネーシャやバイラヴァなどの地域の神々に対して水牛の血の供犠を実践している。それぞれ、対象者のプキがカドギを呼び出し、金銭報酬を支払い、地域の主神であるガネーシャやバイラヴァに向けた血の供犠を依頼している。なお、カドギの人生儀礼に際しては、対象者のプキな

どカドギ自身が血の供犠をしている。

以上のように、年中行事や、上位カーストの人生儀礼におけるガネーシャ、バイラヴァへの血の供犠に関しては、ジニマナヤにみられるような世襲制ではなく、その時々に都合のつくカドギが呼び出される。また、カドギは血の供犠だけに従事しており、それ以外の儀礼のプロセスには関与せず、供犠を終えたらそのまま家畜を屠場に運び込み解体作業を始めることが多い。

2-2 太鼓の演奏

カドギたちの太鼓であるナェキバジャの演奏機会は、大きく、①葬送儀礼の先導、②祭りの先導、③メッセンジャーとしての演奏に分けられる。

ナェキバジャは、カドギたちのトゥワ単位で継承されている。練習は各トゥワのお堂や小屋のような場所で行われる。グティの家に、地域のナサデヨのご神体を持ってきて、その後三カ月から半年程度、練習を続ける。太鼓は、口頭、および譜面(ルン、パという音記表現である)で伝承される。一通りの訓練が終わったあと、ナサデヨをもとの場所に返す。このように、日常生活のなかで継承されているというよりは、練習期間が限定されての継承が中心である。

ナェキバジャは、ナェキンという両面の小太鼓二対以上、ツシャーと呼ばれるシンバル二対以上で構成される。ナェキンを用いた演奏(バジャ)の総称をナェキバジャという。バジャには、いくつかの演目があり、複数のタールと呼ばれるリズムで構成される一まとまりの節の組み合わせで構成されている。

トゥワごとに演奏機会やバジャが少しずつ異なる。たとえば、アサンカマラチ地区においては、この地区に寺院があるマッチェンドラナート神の祭りにまつわる独特の演目が継承されている。

また、ラリトプル市街地を南下した先にあるブンガマティ村でナェキバジャを習ったラトナ・ラルさんは、名手と

表3-2　ナェキバジャの主な演目と演奏機会

演目名	演奏機会
シバジャ	葬式を先導するとき。演奏すると誰かが死んだという知らせになり、また犬が遠吠えをするので、葬式以外にはむやみに演奏してはいけないとされる
デヨバジャ	祝いごとの儀礼時、たとえば神様を洗うとき、結婚式、成人儀礼、老年式など
プジャキン	さまざまなプジャに出発するとき
デヨチャーウォネグ	神様を迎えに行くとき
デヨリハンウォネグ	神様を迎えて帰るとき
グンラタール	グンラの祭りのとき
チュウケグ	村にニュースを伝えるとき

ナェキバジャを習う子どもたち

して、ラリトプルのノーダ地区やカトマンズのカンケショリ地区など、村や街を超えた数々のトゥワでナェキバジャを教えている。ラリトプル近郊のブンガマティ村では、今でもメッセンジャーとしての演奏であるチュウケグをしている。たとえば、お寺を建て直す際に人手が足りない場合は、人手が必要だという演奏をして歩く。また、ブンガマティ村のカドギたちは、「チュウケグには、人のやる気を引き起こす力があるから、力仕事をするときに用いている」と語っていた。この語りにみられるように、ナェキバジャは単なる音楽としてではなく、人びとの感情を意図的に動かすような密教的な力があると考えられている。

ナェキバジャは、前述の通りタールと呼ばれるリズムで構成されるひとまとまりの節の組み合わせで複雑に構成されている。たとえば、ラトナ・ラルさんが指導しているデヨバジャは、大きく①神様の顔を洗うとき、②神像を飾りつけるとき、③血の供犠をするとき[19]、④血の供犠をしない神々（ナラヤン、ブッダなど）の儀礼のとき、⑤お祭りが終わったあと、神様をお返しするとき、⑥マチェンドラナート神が出発するとき、⑦神様の周りを三回回るときの合計七つのタールがある。[20]

2-3　出生と死の清め

上位カーストの出産時に、へその緒を切り、胞衣を辻に捨てるのはカドギの女性の役割である。赤子を取り出す助産婦は、ディディアジと呼ばれる農民カーストの女性である。カトマンズ盆地において、国立の産婦人科病院が設立されたことなどをきっかけとして病院でのお産が中心となる一九七〇年代ごろまで、出産は家で行われることが多かった。多くの場合、出産は家の一階部分で行われる。日数はカーストにより異なるが、生後三～六日まで、赤子と母親はへその緒でつながれたままの状態となる。三～六日目に、カドギの女性が各家に呼び出されてへその緒を切り、へその緒と後産を辻にあるチュワサと呼ばれる穴に捨てる。

家で七人の子どもを出産した七〇代女性マヤさんは、出産の際にはディディアジに来てもらった。産後六日目の夜に、家のもっとも年少の外嫁がへその緒を切り、土でできた器に入れてチュワサに捨てた。

ネパールにおいて病院での出産が中心となったのちには、病院内でへその緒は廃棄され、家族に渡されないようになった。私は滞在中に数名の出産のお祝いに立ち会ったが、いずれも病院で出産がされ、へその緒はその場で廃棄されたという。そしていずれも出産後六日目の夜九時ごろにチュワサに年少の外嫁がへその緒を捨てにいくふりだけをしていた。

なお、死の床のお清めについても、出産同様、死が病院で迎えられることが多くなったことから、近年あまり見られなくなった。家のなかで死が迎えられていたころは、死者の床があった場所を、牛糞や赤土で清め、死者が亡くなったときに着ていた服を日干しレンガと藁と一緒にチュワサに清めるのは、カドギの役割であった。カドギの死に際しては、死者の配偶者や兄弟、息子が床を清める役を担うことが多い。死者の服をチュワサに捨てるのは、出産の

表3-3　カトマンズのアサンに暮らすカドギの一家が信奉する主な神々

範疇	名称	信奉の機会・方法
個人的に好んで信奉する神	スワヤンブー パシュパティナート セトマチェンドラナート タレジュ女神	それぞれ祭りの時期に寺院に参拝する
	ダクシンカーリー バガラムキ	願かけをしたいときに供え物を持って寺院に参拝する
	ガネーシャ、ラクシュミ女神、サラスワティ女神 ビムセン	家人以外入れない儀礼部屋に神像や図像を祀り、毎朝、家長か女性たちによってお香や花、水でプジャを行う。ビムセンのみ1階部分にある商店に祀っている
地域の主神	母神（バドラカーリー） バイラヴァ	ピートに神像が祀られており、休日の朝など、定期的に参拝することが多い。地域の祭りや人生儀礼でも参拝する
トゥワの守り神	ガネーシャ	年配者は毎朝参拝し、若者も道の通りがけや人生儀礼の最初に参拝する
リネージの神	アガンデヨ	トゥワの共有スペースに建てられた祠もしくは持ち回りで各家に御神体を祀り、日々プジャを行う。年に一度ピートで大規模なプジャを行う
	ディグデヨ	街外れの原っぱにある自然石が御神体であり、年に一度の儀礼の際に一家で参拝する

ときと同様、家の年少の外嫁である。

3　カドギたちの信仰世界

ここまで、カドギの儀礼的役割について検討してきた。では、カドギ自身は、どのような信仰世界を生きているのだろうか。表3-3は、カトマンズのアサンに暮らす、カドギのある一家が信奉する主な神々の一覧と、その信仰のあり方である。彼らの神々は、大きく、個人的に好んで信奉する神、地域の主神、トゥワの守り神、リネージの神に分けて捉えることができる。そして、その捉え方は、彼ら一家以外の多くのカドギたちにも共通してみられるものである。以下では、カドギが日常生活のなかで特に密接な関係をもつ、地域の主神とトゥワの守り神、リネージ神とのかかわり方を中心に記述していきたい。

3-1　地域の主神とトゥワの守り神

カドギが日常生活を営む集住地トゥワには、それぞれ一つずつガネーシャの祠がある。このトゥワのガネーシャには、後に3-3で記述するように誕生の儀式、人生儀礼、老年式などの人生儀礼において最初に礼拝をする。また、ダサインなどの年中行事においても、トゥワの住人たちは、最初にここに祈りを捧げる。特別な機会でなくとも、ガネーシャの祠の傍にパティと呼ばれる屋根つきの休憩所が設けてあることが多く、祠の周りはトゥワの住人たちの憩いの場となっている。通りすがりなどに祠に立ち寄って祈りを捧げる人びとの姿も見られる。

ピートと呼ばれる聖地には、バイラヴァや八母神が祀られている。カドギたちは、ピートには毎週土曜日にお参りにいく、年中行事の際にお参りにいくなど、定期的に参拝をする習慣をもっている。ピートにある神々も、3-3で詳述するように人生儀礼に深くかかわっている。また、次に述べるリネージ神アガンデヨの儀礼も、ピートで執り行われる。

3-2　リネージの神

プキの神ディグデヨ

リネージの神には、プキの神であるディグデヨと、複数のプキにより構成されるサナグティの神であるアガンデヨがある。

ディグデヨは、トゥワから少し外れた田の中や道端の草地に見られる、いくつかの石を並べたもので表される神格である。ディグデヨのプジャは一年に一回、多くの場合は四月の満月のころに行われる。カドギたちは、ディグデヨのプジャを世帯ごとにすませる場合が多い。各世帯に嫁を迎えたり、子どもが生まれたりした場合には、次に回ってくるディグデヨプジャの礼拝に嫁、新生児を加える。

サナグティの神アガンデヨ

葬儀を共に行う組織であるサナグティの神アガンデヨは、トゥワのデヨチェと呼ばれる神様の家に安置されている。アガンデヨは毎年、マンシル月、もしくはプース月の満月に儀礼がなされる。多くの場合、儀礼の日にアガンデヨは地域の主神があるピートの傍に運ばれる。アガンデヨへのプジャは秘儀的なものとされ、グティのメンバー以外は参加だけでなくご神体を見ることも許されない[21]。

二〇一一年二月に、カトマンズ南部のバイラヴァの寺院、パチャリバイラヴァで行われたアガンデヨ・プジャの観察を行った。このプジャは、パチャリバイラヴァに近接するヒューマット・トゥワのカドギが構成しているサナグティの年に一度の儀礼である。この儀礼には、カドギたちによるリネージ神への信仰のあり方が象徴的に表れているので、以下その詳細について記述していきたい。

このサナグティにおいて、メンバー間には序列があり、この序列は基本的に世襲されている。タカリと呼ばれる頭が長老を務める。長老以下、序列上位八名までが、儀礼の執行を担っている。それ以外に連絡係であるナイキがおり、これは持ち回り制となっている。ナイキは、出生や死などを、メンバーに通達する役割を担っている。また、グティの供宴の食事を準備する係も、持ち回り制となっている。

満月の一日前にあたる二〇一一年二月一七日、二日にわたるサナグティの儀礼が開始された。午前九時ごろ、一般の家畜市から個人で調達してきた水牛二頭を、儀礼上の供犠の手順に基づいて屠畜する。具体的に、水牛の縄で足を縛って数人で転倒させ、後ろから動脈を切る。皿に血を受け、バイラヴァのご神体にかける。同じ行為を二回繰り返す。三回目には、周りの神々にも血をかけてから、再度バイラヴァにかける。そのあいだ、一人が水牛の頸動脈を切り出す。頸動脈を頭の上に載せて、水牛の頭を切り離す。これを、バイラヴァの前にお供えする。

午前九時一五分、寺院にサナグティの主要メンバーが集まりはじめた。プジャは一〇時ごろに開始された。バイラヴァのご神体へのプジャはカドギ自身がしており、他カーストをプジャのために呼んでくるようなことはない。

同時に、共同宴会をするためのお寺の中の広場で、豚の供犠が行われた。ここでは、放血はしないでハンマーで後頭部を殴り、絶命させる。そのあと湯をかけて、毛や汚れをこそぎ落とす。つづいて、足をおとし、腹を切って、内臓を取り出す。胃や腸、肝臓などが取り出される。心臓はまだとらずに残しておく。この状態で、この豚は翌日まで置いておく。豚の血は、神々に備えてはいけないとされており、このグティでは豚の心臓だけを翌日バイラヴァにお供えすることとなる。(22)

供犠された豚

米で包まれた豚の心臓

この日の夜、一年間、四人のナイキの家を順番に回っていたグティのご神体アガンデヨは、各家の門を巡回してから、パチャリバイラヴァ寺院に連れてこられる。

その日の夜の宴会では、序列の上位八人が、水牛の頭を分けて食べる。儀礼的序列に則って、右目はタクリが、左目は二番、右耳は三番、左耳は四番、鼻は五番、右あごは六番、左あごは七番、舌は八番目が食べる。二頭分の水牛の肉が、寺院内に設置された休憩所に持ち込まれ、そこでサナグティのメンバー二〇人程度により、肉を細かく切り茹でる。その煮こごりに唐辛子やマサラなどを加え、夜の冷気で自然に固まらせたゼリー状の料理であるトカー・サンニャクナーを調理する。

二日目は、午前九時ごろから、男性二〇人くらいと、女性四人が、儀礼とその後のボウジュ（供宴）に使う食物や道具を休憩所で準備する。炊いたお米をにぎって、卒塔婆状に整形したものを多数つくり、そのうちの一つで、豚の生の心臓を包む。タクリによると、この習慣は今から約八〇〇年前、マッラ王朝以前である、グナカーマ・デーヴァ王二世（在位期間一一七八〜一一九六）の時代に始まったと伝えられている。(23)

タクリによるプジャの様子

朝一一時ごろ、パチャリバイラヴァへのプジャが始まる。まず、ナェキバジャが先導して、タカリがプジャの道具を持って歩く。ナイキがこれに続く。お堂に入ったあと、藁を敷いて、タカリが供物を神前に供える。バイラヴァに食べ物を供え、バイラヴァのご神体の前にあるくぼみに、炊いた米で包まれた豚の心臓を置く。八人のタクリは、バイラヴァの周りの神々にプジャをして回る。

同時にナェキバジャの演奏が始まる。鶏を一羽、神前に持ってきて、首をそらせ、プジャをしたあとの刀で供犠する。血をバイラヴァや、バイラヴァの前のくぼみ、周りの神々にかける。頭部をバイラヴァの前にお供えする。その後、ナェキバジャ先導による右回りで、神々の前をお参りし、休憩所に戻ってくる。なお、このあいだ、ご神体であるアガンデヨは広場にあり、バイラヴァの廟には持ってこない。参加したグティヤール全員が、祝福の印であるティカをタクリから受け取る。

一六時ごろ、トカー・サンニャクナーを食べる小規模の宴会をし、夜一〇時ごろより、二列に並んで灯明をともし、徹夜で酒を飲んで宴会をする。各家から、家長の男性だけが参加するが、一番目のタカリの妻とナイキの妻たちは参加し、給仕する。

三日目、朝九時ごろにスワヤンブーに行き、儀礼が終わったことを神に報告する。その後、パチャリバイラヴァに戻り、ナイキの交代式をする。三日目の夜、グティの神アガンデヨはグティの家に戻され、これ以降、アガンデヨは新しいナイキの家を巡回することになる。

ここでみてきたように、リネージ神の信仰においては、司祭など他カーストの力を借りることなく、カドギのサナグティでその運営や儀礼などを遂行している。毎年、サナグティのメンバーが顔を合わせ、共同でその準備をし、数日にわたって飲食を共にすることで、そのサナグティへの帰属意識を強めることになる。サナグティは、第2章で述べたように、ネワールにおいては社会的承認の単位となっており、カドギだけでなくすべてのカーストがいずれかのサナグティに所属している。本章で論じてきたジニマナヤなど、特殊な役割を担うカドギたちも、それぞれのサナグティに所属しており、以上に検討してきたようなリネージ神の儀礼にも毎年参加している。サナグティ内の儀礼的序列は基本的に世襲制かつ年功序列が徹底しており、たとえば経済的な成功をおさめた人物であったり、ジニマナヤなど特殊な役割を担っていたりしても、それがサナグティにおける儀礼的序列に反映されることはない。

3-3　カドギの人生儀礼

カドギたちの人生儀礼として、大きくは誕生時の儀礼、成人儀礼、結婚の儀礼、老年式、葬式が挙げられる。男子成人儀礼、結婚式、老年式、葬式とその後の年回忌供養の際には、ナェグバジュ（Nāy Gubhāju）という仏教司祭が呼ばれる。ナェグバジュを担うのはラリトプルに住む一世帯のみである。ナェグバジュについて、ゲルナーはタンドゥカール・カースト出身者であるとしている（Gellner 1999b: 277）。一世帯のみがカトマンズ盆地全体のカドギたちの人生儀礼の司祭を担っているので、彼らには儀礼の依頼が途切れず、常に多忙である。ナェグバジュの調整がつかなかった場合、カドギは、ヒンドゥー・ブラーマンの司祭に依頼するか、後に第8章において詳述する、バジュラチャリアに師事して儀礼を学んだ一部のカドギたちに依頼している。

以下、ネワールの民族団体であるネワデダブが編集した本、『ネワサマージュ』のカドギの人生儀礼の項や、私の参与観察をもとに主な人生儀礼のあり方について描写していきたい。

①誕生時の儀礼

出産後六日目、もしくは一〇日目にお清めを行う。母親の実家から、水牛の頭(男子なら一頭分、女子ならその半分)、赤子の衣類、食物を届ける。産後一カ月目に、赤子を連れて母が実家に帰り、以後、赤子と共に1カ月実家に留まる。男児の場合は六~七カ月目、女児の場合は四~五カ月目に、お食い初めを行う。実家から、バター、ソグン(干し魚と卵とロキシー[24]で一セットとされる)六セット、チャクモリ[25]、ロキシー、赤子の服、指輪などが届けられる。お食い初めの後、それまで神様とみなされていた赤子はようやく人間になるとみなされ、それ以降、赤子は寺院への参拝が可能となる。最初の参拝は、トゥワのガネーシャに対して行われる。その後、お披露目パーティが開かれる。プキやサナグティのメンバーだけでなく職場の関係者や友人も招いた数百人単位のお披露目パーティが行われることも多い。

②成人式

男子成人式として、六~七歳ごろに生まれたときの髪を剃り落とす儀礼がある。ププ(phupu:父の姉妹)は、バター、果物、ソグンセット、金のカミソリ、服などを届ける必要があり、切った髪をププは受け取る。

二つ目の男子成人儀礼であるケタプジャ(ke:tā pujā:褌の儀式)は、司祭ナェグバジュに日程を相談のうえ、九~一一歳のあいだに行う。ママ(māmā:母の兄弟)は、儀礼服、褌、菓子、果物、ソグン一二セット、指輪、ティカ、花などを準備する。子どもが七歩歩いて、想像上の川の対岸に渡り逃げようとするところを、ママが抱きとめる。

ネワールには、イー（yi）という木の実と女児との疑似結婚式をする成人儀礼があるが、カドギたちにはこの習慣はない。女子が初潮を迎える前、九～一一歳のころにバラテーグ（bārā te:gu）といって、太陽と疑似結婚式をする成人儀礼は、カドギたちも行う。女児は一二日間、太陽の光を入れない部屋に男性を見ることなくこもり、そのあいだ、女性たちがその部屋に集まって語らう。一二日後、部屋を出て太陽を見、トゥワのガネーシャ寺院への参拝などを行う。いずれの成人式においても、儀礼後、プキと母方の親族を集めて大宴会を行う。

新婦を迎えに来た新郎。新郎の親戚一同や山ほどの贈り物もバス２台に乗って到着。

③結婚の儀礼

結婚の一カ月～数日前に、結納が執り行われさまざまな食べ物が婿側から嫁側に持参される。嫁の家ではプキが集まり、ナェグバジュを呼んで、婿側から持ち込まれた品々を使い花嫁に対して儀礼を行う。

前日また当日、事前に、地域の主神に対する供犠が、婿側、嫁側それぞれでなされる。花嫁が生家から出て、兄に背負われて、籠の周りを回る。現在では籠ではなく、タクシーを花などで飾りつけて迎えにいく場合が多い。西洋式のバンド演奏に先導されながら、婿側から迎えにきた婿や、嫁のプキ、婿の婚出した姉妹やその夫、サナグティのメンバーなど、広範囲の親族の行列とともに、嫁を乗せた車が婿の家に向かう。

婿の家に到着後、婿の親から嫁の父母に贈り物が与えられる。嫁迎えの儀式に参加した人びとに花嫁側の家で宴会がふるまわれる。司祭指導のもとでその家の主婦、新郎新婦が家の中の諸神に礼拝、捧げものをする。嫁が立って座っている婿の周りを三回回る。二人揃って座り、二人の頭を打ち合わせる。一つの皿に乗せた種々の食物および酒が二人の前に置かれ、まず婿が飲み、それが嫁に渡される。卵も一口食べたあと婿から嫁に渡され、嫁はそれを口にする。

儀式が終わったあと婿側で、多いときは一〇〇〇人程度を招待して宴会が開かれる。これには親族だけでなく、学友や同僚、近所に住む人びとなど、交友関係がある限りの広い範囲の人びとが招待される。

④老年式

老年式は、出生後、七七年七カ月七日七時間七分七秒経ったときに執行される。これには、七親等までの親族が集まることとされている。

前日、もしくは当日の朝に、地域の主神に礼拝する。主神に血の供犠がされることもある。このあいだ、親族はナェキバジャで街を巡行し露払いを行う。ナェグバジュが家を訪問し、家の中（一階部分か屋上の場合もある）、もしくは軒先の四隅にサトウキビの葉っぱや茎で結界のようなものを張り、中心に土を盛って護摩壇をしつらえる。対象となった老人は三回護摩壇の周りを回り、護摩壇の隣にしつらえた飾り壇の上に座る。老人が飾り壇から出て輿に乗る。親族による行進をともなった神輿の巡行は、まずトゥワのガネーシャのお堂の周囲を一周回ったあとで、街の主要な寺院や王宮前も通りながら、右回りで街を大きく一周する。その夜、親族や友人などを招致し数百人規模のお披露目のパーティが行われる。

老年式の神輿巡行。ラリトプルの仏教寺院ゴールデンテンプル前にて。巡行は、寺院の前を通るだけでなかに入ることはなかった。

同様の老年式はそれ以降、八三歳ごろ（生まれてから一〇〇〇回目の満月を迎えた日）、九九歳ごろの二回、執り行われる。

⑤葬いの儀礼

人が亡くなったときには、遺族がサナグティに連絡をする。家の年少の外嫁が死者の服を着替えさせ、亡くなったときに着ていた服をチュワサに捨てる。死者の妻、もしくは娘が牛糞、赤土で死者の床を清め、息子が死者の足を持ち、銅でできた器に入れた水を死者の配偶者もしくは娘が口元に垂らして飲ませる。

サナグティのメンバーが、ナェキバジャの手配などの葬式の準備をする。遺骸は竹の台に載せられ、布をかけられる。そして、火葬場があるピートに、ナェキバジャに先導されながら野辺送りの行列で連れていく。

河原の火葬場に連れていったあと、死者に水を飲ませ、遺体に火をつける。遺体が灰になってから、遺灰で人間の頭の形を作り、川に流す。死の床があったところには砂をまき、一三日間ナイフを刺しておく必要がある。死から四～七日目にかけて、親族が交互に家に来て、共に泣き、悲しみに暮れる。その後、七日目、一〇日目、四五日目にも儀礼が行われる。[26]

以上のように、カドギの主な人生儀礼においては、男子成人儀礼、結婚式、老年式、葬式ではナェグバジュを呼ぶが、それ以外の儀礼は基本的にカドギ自身が親族関係のなかで行う。たとえば、男子の髪剃りの儀式では、上位カーストの場合はナピット・カーストを呼び男児の髪を剃らせるが、カドギの場合はププ（父の姉妹）がこの役割を担っている。また、上位カーストの葬送儀礼においてカドギの役割とされた死者の床の清めや、死者が身に着けていた服をチュワサに捨てにいく役割は、家の年少の嫁が担っている。

人生儀礼においては、トゥワのガネーシャが重要であり、お食い初め後の赤子も老年式の神輿の行幸も、最初に参拝するのはトゥワのガネーシャである。地域の主神に対しては、結婚式と老年式が行われる直前に、それぞれ礼拝され水牛の供犠をされることもある。葬送儀礼はピートで行われ、グティヤールたちがこれを執り行っている。

4　カドギの信仰世界に根ざした役割の解釈

ネワールの都市空間で開かれる年中行事では、さまざまなカーストの参加がみられる。家畜の血の供犠は儀礼の重要なプロセスとなっており、司祭たちがこれを執り行ううえでカドギの存在が欠かせない。カドギは、儀礼の主催者に呼び出され家畜の供犠のみを実施し、儀礼の主催者から金銭報酬を受け取る。これは流動的な関係性のもとで行われており、そのつど都合のつくカドギが呼び出される形式をとっている。一方で、固定的な関係性のもとで血の供犠を担うカドギたちもいる。ジニマナヤは、政府やグティサンスタンから経費や給与を受け取り、儀礼を担っている。

カドギたちが日常的に深くコミットしている神々は、トゥワのガネーシャ、ピートにあるバイラヴァや母神などの地域の主神と、ディグデヨやアガンデヨと呼ばれるリネージ神である。トゥワのガネーシャには、地域の守り神として、日々熱心に祈りが捧げられる。ピートには、人生儀礼やリネージ神の年中儀礼など、さまざまな機会に通うことになる。親族はこれらの儀礼の執行の単位となっている。リネージ神への儀礼は、基本的にカドギのグティヤールだけで実施され、ほかのカーストを呼び出すことはない。一部の人生儀礼においては、司祭カーストを呼び出すが、これ以外にたとえば上位カーストの場合には他カーストを呼び出す髪剃りの儀式などにおいても、基本的に親族で役割分担をして行う。また、ジニマナヤやグヘシュワリ守り人のような特殊な役割を担うカドギたちも含めて、すべてのカドギたちが基本的にどこかのサナグティに所属している。

第1章で述べたように、ハラシンハ・デーヴァ王によりタレジュ信仰がカトマンズに到来したのは一四世紀とされている。また、これも第1章で述べたが、カドギたちの起源は、ハラシンハ・デーヴァ王とともにカトマンズに移住し、道中で水牛を屠畜した人物であるとされる通説がある。しかしながら、ヒューマット・トゥワのサナグティでの儀礼は、彼らの解釈によるとマッラ王朝以前からのものであるとされている。そして、後に第8章において詳しく述べるが、カドギたち自身は、ハラシンハ・デーヴァ王以前、キラーティ王朝のころよりカトマンズ盆地に住んでいた、水牛や豚の放牧をして生計を立てていた先住民の子孫であり、これがハラシンハ・デーヴァ王とともにカトマンズに移住した人びとと通婚したのではないかという見解を述べている。サナグティでの儀礼的序列は、ジニマナヤなどの特殊な役割を担うカドギたちを取り巻く序列とは別のものであり、またこれらの特殊な役割を担うカドギたちもどこかのサナグティに所属している。具体的には第8章で記すが、カドギたち自身も、基層になっているのはリネージ神であり、そこにタレジュ信仰や、中世のジャヤスティティ・マッラ王によるカーストの制度化、王による寺院の建立などの政治的な展開のなかでカースト役割が付け足されていき、カースト序列として儀礼上の司祭との関係のなかで複雑化・体系化していったと歴史を解釈している。

カドギの儀礼的役割と信仰世界をめぐっては、一見、彼らのリネージ神の儀礼と、カースト間で実施される年中行事でみられる王を中心とした儀礼、司祭を上位に置く人生儀礼という異なった捉え方が併存しているようにみえる。しかしながら、あるジニマナヤは、タレジュとピートの女神は、「姉妹」であると語る。彼はどちらの女神に対しても、区別することなく敬意を払い、礼拝や供犠を行っている。そして同様の解釈は、多くのカドギたちによって語られる。カドギたちの信仰世界においては、神様を序列づけたり、神様によって態度を変えたり、礼拝にあたって意識を切り替えたり、多くの神々の存在に矛盾を感じたりするようなことはない。彼らは、たとえそれが歴史のなかで枝分かれしたり新たに付け加わったりしたと考えらえる神々であっても、それを等しく受け入れ、敬意を払いながら、信仰生活を営んでいる。

ここで、第Ⅰ部についてまとめたい。第Ⅰ部では、カドギというカースト役割がどのように制度化されており、カースト間でどのように理解され、カドギ自身はこれをどのように捉えているのかを検討してきた。生活の場においてカーストは、これまでの儀礼的役割分担としてのカーストに加えて、職業集団の意味づけがみられ、儀礼的役割以外の側面が増えてきていることを、指摘することができるだろう。しかしながら同時に、カドギのカースト役割、つまり「存在論的カースト」は、さまざまな神々の年間儀礼、個々の人生儀礼を通して、カドギ・カーストのなかでもカースト横断的にも、再認識・再生産されていくのである。とはいえ、これにすべて規定されるのかというとそうではなく、個々のカドギたちは、それに収斂されない解釈もし、彼らの主観をもって役割を担っている。

では、カーストは、肉が市場化しカドギの肉売りとしての役割が中心となっていくなかで、どのような変化を見せるのだろうか。第Ⅱ部では、どのようにカースト役割が市場とのあいだで再編されていくのかを、巨大化する食肉市場の動向とカドギの動きを相互に参照しながら明らかにしていくこととしたい。

第II部

食肉市場の形成とカースト役割の組み換え

第4章 生活の場の重層性——カースト役割と市場取引

タレジュ女神の筆頭司祭は、毎日早朝と夕方、女神の世話をするために王宮内の寺院を訪れる。彼の父親からその役割を引き継いだのち、彼はカトマンズ市街地より外に出たことはないという。朝夕のお世話に間に合わなければ大問題だからだ。彼は一度たりともお祈りに遅刻したり休んだりしたことはない。そして、この役割は、彼が死ぬまで続けられる。「そういうものなんだよ」と彼は平然と話してくれた。その彼は、iPhoneを持っていて、画像フォルダに入れた娘の写真などを見せてくれた。

カトマンズで過ごしていると、まるで中世のまま時間が止まってしまっているかのような場面と、ショッピングモールや電化機器など日本とさほど変わらないモノが溢れている場面とに、同時に出くわすことがある。

本章に登場するスンダル・ラルさんはミルク工場の代表であり、とても信心深く神像にも多額の寄進をしたが、彼の工場には海外から輸入した近代的な設備が整然と並んでいる。街のはずれ、ビシュヌマティの川沿いで他カーストからは「遅れた地域」とみなされていたカンケショリ地区は、世界遺産スワヤンブーに向かう橋の傍にあったことから外国人観光客との交流が生まれた。屠場のすぐ裏に、先進的なアートに取り組む外国人が住み着いている。

このような、「まだら模様」の状態はどのように作られてきたのだろうか。そして、人びとは、この状況をどのようにして生きぬいているのだろうか。本章では、カースト制度のなかで実施されてきた肉売りが、市場経済の浸透を受けて変容する歴史的過程から読み解いていきたい。

1 生活の場における二つの次元

これまでネパールや南アジア地域に関する先行研究において、市場経済の浸透にともなうカースト制度の変容は重要なテーマでありつづけてきた。一九七〇年代よりカトマンズ近郊のネワールの農村を調査してきた石井溥は、「カースト・システムが整合的に機能している段階では、経済システムは社会関係のなかに埋め込まれており、その一部として機能しているのに対し、『個別化』[1]が進んだ段階では、経済システムは独自の市場システムとして、カースト・システムとは別の次元で、しかもそれを飲み込む方向で機能するようになっている」と指摘している（石井 1980a: 281）。さらに、石井は、市場がカースト・システムを巻き込むようなかたちで社会配置を再編し、いずれはカースト・システムの崩壊に至らしめるであろうとの見方を示している（石井 1980a: 282）。

一方で近年、市場経済がカースト制度を刷新するのではなく、逆にカーストが強調されたり、市場とカーストが切り離されたりする現象が指摘されるようになった。田辺明生は、植民地化時代のインドの地域社会における現金経済とカースト分業の二項対立・分断状況について論じている（田辺 2010: 285-320）。具体的に、田辺はインドのオリッサ州の村落地域においては、生活世界のなかに、大きい魚が小さい魚を食べてしまうという徹底した市場の競争原理である「魚の論理（ソトの論理）」と、カースト分業に基づいた「派閥の論理（ウチの論理）」という二つの論理があり、人びとはこれを使い分けていたことを指摘している。田辺は、これを「植民地主義により形成された二分法」であり、

「社会の分断状況の現れ」であるとみなしている。

生活の場における二つの次元に関して、小田亮は、二つの次元が「まだら模様のように混在」していることが、近代の特徴であるとしている（小田 2009）。具体的に小田は、生活世界において対面的で小規模かつ直接的なコミュニケーションの累積により生成されている「真正な社会[2]」と、グローバル化によって世界市場に直結している「非真正な社会」という二つの次元があることを指摘した。この二重性（真正性と非真正性）を生きぬくための技法として、小田は「私的な自己創造」と「公共的連帯」とを両立させながら接合することに可能性を見出そうとしている[3]（小田 2009）。

本章では、カドギたちの生活の場における二つの次元の形成過程と、カドギたちがこの二つの次元へどう折り合いをつけているのかを明らかにすることを目的とする。具体的には、市場経済とカースト制度が交差する場として、カーストというカテゴリーが彼らにどのように見出され、これにどのような機能をもたされているのかに注目する。その際には、生業の変化に焦点をあてつつカドギたちによる市場とカーストの布置を捉える。そうすることで、カースト制度の変化を追うだけではこぼれ落ちてしまう、人びとの解釈や細やかな接合のあり方（松井 2011）を捉えていきたい。つまり、生業とカースト役割のズレや、生業がカースト役割を超え出ている場面などに注目しながら、カドギたちが、食肉市場の形成過程において、生業を介して市場とカーストの社会的布置を図る様相を明らかにしていきたい。

以下、本章ではまず第2節において、ラナ専制下の比較的厳密なカースト制度がみられた時期において、カドギのカースト役割とされる家畜の屠畜や肉売り、ミルク売りがどのように営まれてきたのかを検討する。つづいて、第3節において、インドからの水牛の輸入が開始され流通が広域化するようになった端緒を検討するとともに、拡大した食肉市場の様相を示す。第4節において、カースト制度の縛りが緩まった今日的な状況を人びとはどのように生きぬいているのか、特に地域リーダーとして活躍してきたカドギたちのライフヒストリーを中心に検討する。最後に、本章から得た示唆をまとめたい。

2　カースト役割としての屠畜とミルク売り

ラナ専制下における家畜の屠畜と肉売りについて、九二歳の男性であるルドラさんに聞き取りを行った。ルドラさんは、一九五一年のラナ専制が終わるまで、ラリトプル市のタパヒティ・トゥワにある自宅の軒先で水牛の肉を売っていた。ルドラさんは、以下のように肉売りという商いは、一八五四年に、ムルキアインを制定したジャンガ・バハドゥール・ラナが、「ラナ自身が肉を食べるために」持ち込んだのだという説を主張している。

肉屋の仕事は、ラナたちが一五〇年前にもってきたもので、後からカドギにさせたものだと思う。マハパール[4]という場所を知っているかい？　そこに、昔は二つ並んでヤギ肉を売っている店があった。今から、一五年から二〇年前まではあったと思う。

ひとつはタパヒティのカドギがやっていた。もうひとつは、パナウティ[5]から来たシェレスタがやっていた。八〇年前から、そこでシェレスタがヤギ肉を売っていたんだ。ネワールは多くの場合水牛を食べるけど、ヤギ肉を食べることはそんなになかった。ヤギ肉を多く食べるラナたちが命じて、シェレスタたちに売らせていたんだ。

店を閉めたのは、ここ二〇年ほど前の話だから、シェレスタたちは五〇年以上肉を売っていたことになる。ラリトプルの人はみんな知っているよ。ラナ政権が終わる直前の二〇年間は、カドギがヤギ肉を売ることは禁じられていた。カドギは肉屋だといわれているけど、ヤギの肉売りを禁じられていた時期もあるんだ。

バサ・バンサバリでは水牛の屠畜解体は、ジャヤスティティ・マッラ王がカーストを制度化した一四世紀ごろには、カドギが行うとされている。他方で、ルドラさんは、屠畜解体だけでなく、肉売りという仕事をもカドギというカーストに割り当てられるようになったことの背景には中央から命じられた部分があるのではないかと語っている。その例として、もともとネワール社会ではあまり食べる習慣がなかったヤギの肉を、もともとヤギ肉をよく食べる習慣をもっていたラナが、シェレスタというネワールのほかのカーストに売らせていたことを挙げている。ルドラさんは、この事例にみられるような力関係が、ムルキアインを制定したジャンガ・バハドゥール・ラナにより、肉売りとカドギが結びつけられたことの背景にあったのではないかと推測している。

ルドラさんが水牛の肉売りをしていた一九三〇～一九五〇年ごろには、タパヒティでは、水牛の屠場が二カ所ほどあった。そこで、一日五頭程度を屠畜解体して、それぞれ親族に渡していた。当時は、今でいう店の形態をとっているところはなく、代わりに、家の前にレンガを敷いてそこで肉を売っていたという。なお、ルドラさんは、ラナ時代が終わったことをきっかけに、水牛の肉売りの仕事をやめて石鹼の工場を始め、後でみるように大成功を収める。

ルドラさんのプキにあたるラームさん（七〇代男性）も、タパヒティで肉を売っていた。一九四〇年代の肉屋の様子をラームさんは次のように語る。

自分の家業は肉屋で、子どものころから仕事を手伝ってきた。当時は重さを計るものもなく、これくらいの大きさをくれ、と客が手で大きさを示し、その大きさのものを提供していた。

肉は切り分けていくつかの山になっていて、客は、「一山、二山、三山」と山の数で買うことが多かった。頭や足も売っていた。客はネワールが多かったが、村々には肉屋がないので、近隣の村に住むタマン族、チェットリなども買いにきていた。

当時は、冷蔵庫もない。肉は一日で捌ききれないことのほうが多く、二日目まではそのまま売っていた。一日あたり一〇キログラムほど売れただけだった。三日目以降には腐敗して臭くなるので、スクティ[6]にして売った。ラリトプル全体ではは肉屋は水牛肉屋が八軒ほど、ヤギの肉屋が二軒ほどだけだった。鶏肉屋はなかったように思う。ヤギの肉を売るのはチェットリ、水牛の肉を売るのはカドギだった。自分が子どものころには、水牛をトリスリやドラカビムセン、バネパ、ドゥリケルから歩いて連れてきていた[7]。当時の水牛は今のものと比べて小さいものが多かった。歩いて連れてくるのはジャミ[8]のこともあったが、プキが連れてくることのほうが多かった。

一九五〇年前後には、ラリトプルの水牛の肉屋は八軒だけであったという。それでも、一軒で一日あたり一〇キログラムほど売れただけであり、後に述べるようにカトマンズ盆地全体で約一〇〇〇軒の水牛肉の小売店があり、一日あたり八〇〇~九〇〇頭の水牛の解体がされている現状と比較すれば、このころはかなり少なかったと言えるだろう。カドギは水牛の肉売りをしており、ヤギの肉を売るのは別のカーストであったという。

次はミルク売りについてみておこう。西暦一九九二年頃まで、ミルク売りをしていたラクシュミさん（四〇代女性）は、当時のミルク売りの状況について次のように語っている。

自分たちは、子どもが生まれたあとのお清めの儀式のときに、水牛の牛乳を煮詰めて分離させた脂肪分でロティ[9]を作って、顧客のところに持っていった。これは、いつも買ってくれるから、御礼のサービスとして。顧客は、さらにそのお礼として塩や米をくれた。一九九二年ごろに、ミルクの商売をやめた。家が多くなって、水牛たちの餌になる草をとるのが難しくなったから。ネパールにデアリー（パック入りミルク）が入ってきたのは、三〇年ほど前。デアリーが来ても、そんなに困らなかった。デアリーは新鮮じゃないしいろいろなものが混ざっていると、朝いちばんに絞ったミルクにこだわっている人がまだたくさんいたから。

ミルク売りがムルキアインによりカドギの仕事になったのか、ムルキアイン以前よりカドギがミルク売りをしていたのかを、資料に基づいて論じることは困難である。しかしながら、一九九〇年代ごろまで、カドギの女性たちが、家々に水牛のミルクを売り歩いていた様相は、ラクシュミさんの語りからもたどることができる。ラクシュミさんは家族で水牛を三～四頭、ビシュヌマティ川岸のチバケルで飼っていた。経営形態として、父親がミルクを絞って、そのミルクを母と娘たちで売る。各世帯ではミルクを入れる器を用意して待っており、彼女らはそれにミルクを移して戻ってくる。

一九九〇年の民主化以降、カトマンズ盆地の人口が急増し、旧市壁の外側や河岸には新興住宅地が形成された。それ以前は、河岸や旧市壁の外側は、水牛や牛の放牧地となっていた。カドギも放牧を行っており、水牛の糞を乾かして燃料にして販売し、ミルクを売り歩くなどして現金収入を得ていた。住宅が密集し、家畜の餌である牧草の確保が困難になったことから、ミルクや燃料のための放牧の習慣は徐々に減っていった。

なお、上位カーストも含む他カーストの家々とのあいだに、対面的な売り手／買い手関係を築いており、時には、「サービスとして」儀礼に使うロティをプレゼントするなど、単に取引相手というよりは儀礼とも結びついたかたちでのやりとりもなされていた様相が窺える。

3　市場経済の浸透

3-1　インドからの家畜輸入体制の整備

ここでは、水牛仲買商の元締めをしているロケンさん（六〇代、男性）への聞き取り調査をもとに、従来は近隣農村からカドギが徒歩で運搬してきた水牛のなかから工面していた供犠・食用の水牛が、初めてインドから輸入されるようになった経緯を通して水牛の市場化の端緒を明らかにする。

ロケンさんの祖父は、西暦一九〇〇年ごろにインドから水牛の輸入を始めた。具体的な方法として、インドのウッタル・プラデーシュ州（以下UP州）で水牛の仲買をしているムスリムに電話をかけ、どれくらいの大きさの水牛が何頭必要であるという注文を出す。注文を受けて、ムスリムの仲買人がUP州の農村を回って集めた水牛を、徒歩で四～五日かけて、運び屋が連れてくるという。運び屋は、最初の二日分はインドから来るムスリムが、カトマンズに着く前の二日分は、クレカニ村という水牛運搬のちょうど中間点にあたる村に住んでいるバラミというネワールのカーストや、タマン族などの近隣に住む民族が請けおっていた。当時、電話を引いている家は少なく、ロケンさんの祖父も電話を持っていなかった。そのため、注文を出す際には、政府機関である中央電信局に行って電話をかけていた。

この仲買の仕事を円滑にするため、ロケンさんの祖父は一九二〇年代に、カドギ・カーストで初めて家に電話線を引いた。当時は、ほかに仲介をしている人はいなかった。よって、ロケンさん一族が元締めをしている水牛を定期市に連れてきてほかのカドギが購入する、もしくは、個々のカドギが直接インド国境まで歩いて買いつけにいくという方法がとられていた。一家による水牛のインドからの輸入事業は大いに成功し、一九三三年には、政府が始めた税関での高額納税者リストのなかで、ロケンさんの祖父はトップ32に入り表彰されたという。

西暦一九一〇年ごろ、ロケンさんの祖父はカトマンズのタレジュ女神に供犠するためのグティに水牛を供給する契約を結んだ。ヒンドゥー教が国教でなくなった二〇一二年現在においても、タレジュへの供犠獣の提供を引き継いだグティサンスタンが供犠用の家畜を買い上げる慣習が続いている。その際には、仲介業者のあいだで入札がなされ、一年ごとの更新で供犠獣のプロバイダ契約が結ばれる[10]。

その後、電話が普及したことと、幹線道路の整備により一九八〇年代ごろよりトラックでの水牛の運搬が主流となったことにより、仲買に参入する人びとが急増した。二〇一二年現在、ロケンさん同様に仲買の元締めをしている業者は一〇〇軒程度ある。

なお、ロケンさんの家は、第2章で述べた通婚の相手を決める際の参考となるカラのなかで、上位にあたる。ロケンさん自身の言葉によると、一家はカドギのなかで「王のような役割」をしてきたという。たとえば、水牛肉のビジネスなどで大成功をおさめたロケンさんの祖父の代には、マナカマナに土地を、スワヤンブーのハルティアジマに窓を、マチェンドラナートには屋根から垂らす帯状の飾りを、カンケショリに金の獅子を寄進した。家族の結婚式のときには、多くの街や村からカドギを呼び寄せて、大きな宴会を開いた。彼らは儀礼的威信と結びつけながら、その社会的威信を周りに示していたのである。

さらにロケンさん一家は、婚姻を通してさまざまな街の上位カラの人びとと親戚関係を結んでいた。そしてその姻戚関係がビジネスに結びつけられている。姻戚関係があるバクタプルのアキール氏は、唯一、乳水牛の卸売を扱っていた。当時、メスの水牛の解体や取引は政府により禁止されていた。しかし、アキール氏は、オスの水牛を周りに囲ってメスを連れてきたり、警察に賄賂を渡したりして、これを運び込んでいた。二〇一二年現在においても、乳水牛のバザールは、アキール氏の子孫たちが取り仕切っている。乳水牛は、インドから連れてこられる食用水牛とは異なるルートをもっており、多くは近隣の農村から集められて、近隣の農村に配分される。バザールは、バネパというカトマンズ盆地の東端の村にある。ロケンさんは、肉の消費量が増えた経緯について、次のように語っている。

水牛の消費が急に増えたのは、二五年ほど前からだと思う。単純に人口が増えたということもある。もう一つは、モモ(11)を食べるようになったことだ。もともと、ブラーマンは水牛の肉を食べなかったが、モモがヒットしたことで水牛肉を食べるようになった。あとは、「パンジャビ・ランガ(12)」がネパールガンジ(13)から入ってきて、皮で儲けられるようになったこと。パンジャビ・ランガは良質な皮がとれる品種だ。なかなか来ないので、シェアは（水牛の消費量全体の）一〇％程度だ。

表4-1　タンコットチェック・ポイント経由で盆地内に運搬された家畜量

家畜の種類	個体数	1個体あたりの肉量（kg）	総量（t）
水牛	106, 656頭	158. 75	16, 931. 64
ヤギ	236, 600頭	21. 79	5, 155. 51
鶏	2, 299, 000羽	1. 5	3, 448. 5

ネパール農業協同組合省家畜市場促進局 2008/09年度報告書（原文ネパール語）をもとに作成。

ふつうの水牛もパンジャビ・ランガも肉の値段はあまり変わらないが、皮の儲けが違う。

一九九〇年の民主化を機にカトマンズの人口は急増している。しかしながら、それ以外の要素として、カトマンズにおいて、軽食のモモが浸透したことが大きいという。そしてそのモモに、水牛の肉が使われることが多いのである。また、皮の加工については、大きくて良質の皮がとれるパンジャビ・ランガの流通が、カドギたちが食肉業で利益を上げられるようになったことに大きくかかわっている。ロケンさんも、水牛の皮から革靴やスリッパを作る工場を経営している。

3-2　拡大する食肉市場

ラナ政権崩壊の約一〇年後、ネパールはパンチャーヤット体制へ移行した。一九六三年にはムルキアインがより先進的なものに改定された。このころより、以前はラナ家による統治システムとしての色合いの濃かったカースト制度の縛りは、緩みや綻びをみせはじめた。さらに、一九九〇年の民主化をもっとも大きな転機として、市場経済が日常的な生活世界のなかに浸透しはじめた。こうして、カトマンズ盆地における肉の需要が、飛躍的に増えてきている。

ネパール農業協同組合省の調査によると、主要経路であるタンコット経由でカトマンズ盆地に運び込まれる家畜の数は一年あたりそれぞれ水牛約一〇万六六五六頭、ヤギ二三万六六〇〇頭、鶏二二九万九〇〇〇羽であり（表4-1）[14]、一日あたりでは水牛約二九〇頭、ヤギ約

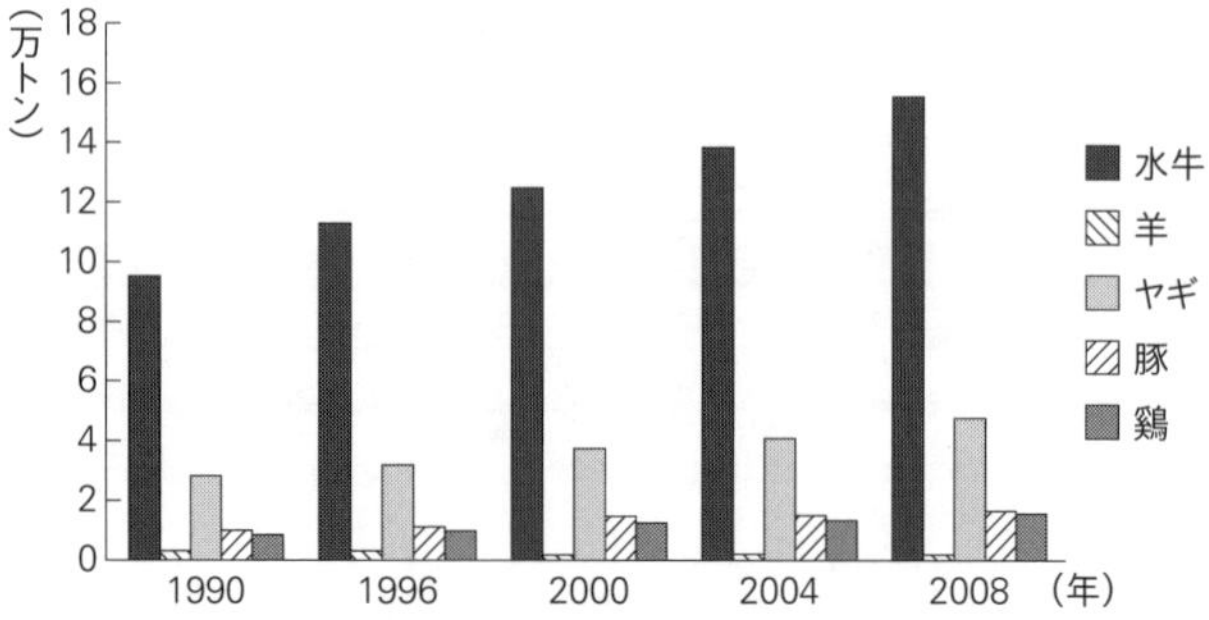

図4-1　国内食肉生産量の推移（単位万トン）

ネパール家畜統計各年版（ネパール農業協同組合省）をもとに作成。

六五〇頭、鶏約六三〇〇羽である。政府当局は、これ以外の経路や、非公式なルートで流通している数も多いことから、実態として、水牛は一日あたり、八〇〇～九〇〇頭前後がカトマンズに入っていると見込んでいる。

同省によると、一九九〇年比で二〇〇八年の食肉の生産量は、約一・六四倍に急増している（図4-1）。これらの食肉市場拡大を受け、カトマンズ盆地では食肉小売店が急増しており、同省の見積もり[15]によれば、二〇一〇年現在で三三〇〇件程度の食肉小売店がある。

カトマンズ盆地内における水牛の定期市は一九三〇年ごろ、ヤギの定期市は一九八〇年ごろにそれぞれ設立されており、定期市で売買された水牛・ヤギが、カトマンズの食肉市場に流通している。

ラナ専制終了後、カースト制度を通した上からの統制の力は弱まり緩んでいる。さらに、二〇〇八年の王制廃止のころより、たとえば雌の水牛を屠畜してはいけない、殺生をしてはいけないとされる月回りである「エカダシ[16]」には肉屋を休店する必要があるなどのヒンドゥー教に基づく政府からの営業規制はなくなった。

中央政府の統制や規制が緩んだ状況のなかで、市場経済の浸透が進み、カドギ以外のカーストが、肉売りに商機を見出し参入しつつある。食肉市場は、後に第5章、第6章で述べるように、新規参入者の増加により、競争が激化しつつある。こうして、肉売りという生業は、従来はカースト役割として営まれていた状況から、個々人による市場取引のなかで営まれる状況に変化しつつある。

4　生活の場の重層性

本節では、カースト制度の縛りが緩まった今日的な状況を人びとはどのように生きぬいているのか、特に地域リーダーとして活躍してきたカドギたちのライフヒストリーを中心に検討する。

4-1　カーストの踏襲と肉売り

まず、肉売りを生業としている人びとの暮らしについて記述する。ネパール政府当局は、二〇一〇年現在、カトマンズ盆地内において、一〇〇カ所程度の屠場があると見立てており[17]、これらはいずれも水牛の屠場であり、カドギが運営している。ヤギ、鶏、豚は、店頭で屠畜解体されることが多いが、大型家畜である水牛は屠場で解体されている。

水牛の肉売りの典型的な生活パターンを時間軸に沿ったかたちでみてみると、早朝二時ごろに起床し、屠場で水牛の屠畜解体を実施する。六時には解体作業を終え、その日に売るだけの肉をトゥワのメンバーで手分けして売りに出る。肉屋は、早朝七時ごろに開店するところが多い。冷蔵庫が整備されていない肉屋が多いことから、その日売る分だけを屠畜解体する。朝食の買い出しにくる客が引ける一一時ごろ、いったん店を閉めて家に戻り仮眠をとる。そして、夕食の買い出しにくる客が訪れる一五時ごろにふたたび店をあけ、二〇時ごろ、もしくは肉が売り切れるまで店番を続ける。その後、家に戻って夕食をとり就寝する。

ここでみるような、水牛の解体と肉の販売は、二〇一二年現在、カドギたちの主要な生業となっており、多くのカドギたちは、以上のような生活パターンで、家族や親族を単位として、水牛肉の販売という生業を営んでいる。

4-2　外国人観光客との交流

最大の屠場があるカンケショリは、ビシュヌマティ川の河川敷に面している。世界遺産にも指定されている観光地スワヤンブーへの近道となる橋があることから、外国人観光客がこの地をよく通りかかった。

これら観光客との交流をきっかけに、小さなレストランやホテルを始めたカドギも出はじめた。後にカトマンズへの観光客が増え、レストラン、ホテルが急増しはじめた。「ネパール初の西洋料理店」と自称しているアップルパイ屋は、この橋の付近にある。この経営者であるカドギは、傭兵を志願してイギリスへ渡り、そこで給仕の仕事をしていた。帰国後、そこで学んだ料理の腕と英語力を生かして、自宅に店を開いてアップルパイを提供するようになったのである。この店には、西洋人観光客が多く訪れ、常連もたくさんできた。カーストを気にしない西洋人たちは、「水不浄」という慣習に囚われなかったからである。カンケショリ地区に住みつく西洋人もみられ、また、二〇〇七年にはコミュニティセンターが、この常連客たちの寄付によって作られている。カドギたちの最大の集住地であるカンケショリ地区では、西洋人との交流が盛んにみられている。

4-3　教育への投資と脱肉売り志向

民主化と市場経済システムの浸透により、従来のカースト制度に規定された仕事以外に着手しやすい状況が生まれた。第2節で紹介したルドラさんは、一九五一年のラナ専制終焉を機に肉売りをやめ、石鹸工場を作った。結果、石鹸工場は大当たりする。ルドラさんは、そこで得た資本を子どもたちの教育に充てている。息子は、中国に留学して医学を学んだあと、ネパールで医者になっている。医療キャンプでの活動が認められ、全国紙に息子の活躍が報じられた。このことを大変誇りに思った親族たちは、その後、車の正面の窓ガラスにその記事を貼りつけている。少しでも多くの人に、「カドギが立派な仕事を成し遂げた」ことを知ってもらうためなのだという。

ルドラさんの義弟にあたるデヴァラトナさん（八〇代男性）は、曾祖父・祖父・父親と三代続けて調理師をしていた家に生まれた。彼は次のように語る。

曾祖父はグルカ兵になったことがあると聞いている。祖父の代のときに英国大使の料理人になった。難しいトレーニングを受けて、ちゃんとした洋食をつくっていた。父親は、アメリカ大使館開設当初（一九五五年）、大使館の料理人になった。当時、父親はラナの家の料理人にも料理を教えにいっていた。

（中略）自分は、父親から勉強をがんばるようにいわれた。カドギで初めてSLCにパスし、大学を英語と政治学専攻で卒業した。そうすると、国際NGOが採用をしてくれた。すると、ネワールの「トゥーロ（大きい）ジャート」が、事務所に行って、彼は「サーノ（小さい）ジャート」だから採用するなと言った。だけど、それと関係なく、国際NGOは自分を採用してくれた。国際NGOでは三〇年間勤めた。一九七一年には、アメリカに行った。最初はクラークから入って、最終的にはアドミニストレーティブオフィサーまで、いちばん上まで上り詰めたんだ。

デヴァラトナさんは、祖父、父と、二代続けて公邸料理人を務めた家に生まれ、食肉に関する仕事には従事してこなかった。親族には、一九八〇年代まで、カトマンズ市街の北壁沿いに広がる原っぱにおいて、ミルク用の水牛を飼っている人びとが多かったという。デヴァラトナさんが子どものころである一九三〇年代、同じトゥワでは半分くらいのカドギが肉売りに従事していた。他にもロキシーを作って売っているものもいた。当時、酒の売買は禁じられていたが、安く入手できることを理由に他のカーストの人びとが買いにきていたという。

ラナ専制下において、カドギがレストランを開いたり酒を売ったりした場合、警察に捕らえられた。そのような状況下で、デヴァラトナさんの父親は、調理師としての腕を認められてアメリカ大使館の公邸料理人となり、ラナ家の調理師にも指導をしていたのであり、プロの調理師としてカーストの枠を超えた地位を得ていたといえるだろう。

デヴァラトナさんは父親の教育方針により学業に熱心に取り組み、カドギで初めての快挙となるSLC合格、大学進学と、国際NGOへの就職を果たす。職場に入るとき、高カーストから嫌がらせを受けたが、それに関係なく自分を採用してくれた国際NGOで努力し認められ、「いちばん上まで上り詰めた」ことを、デヴァラトナさんは誇りに思っている。

4-4 「ソーシャルパート」と「ビジネスパート」の切り替え

カトマンズ盆地やその周辺で回収される解体後の水牛の骨約一〇〇〇頭分/日を、ラリトプルのクンベショール・トゥワに住むシッディ・バハドゥールさんが設立したシェルボーン社が骨粉に加工している。

シッディ・バハドゥールさんは、ロケンさんやルドラさんらと姻戚関係にあり、ラリトプルのカドギたちのなかで上位カラにあたる家に生まれた。パンチャーヤット体制下において、シッディ・バハドゥールさんはカドギ初の国会議員となった。議員となった彼は、王と地域社会の仲介役として、さまざまな開発事業を実施した。また、クンベショール寺院の敷地内にあるバガラムキ(Bagalamukhi)女神のご神体を、二〇〇〇年に新しくした。その際には、当時在位していたビレンドラ国王もクンベショール地区を訪れた。

シッディ・バハドゥールさん自身は、若いころ、水牛の屠畜で生計を立てていた。一九五〇年ごろに骨の転用を思いつき、骨粉工場を設立したのである。その後、一九八三年には「クンベショール・テクニカルスクール」という、職業訓練学校を設立した。この学校はデヨラ・カーストへのチャリティセンターとして始まった。当時、あるアメリカ人が、「ネパールでいちばん貧しいカーストの人びと、これまで誰も支援していなかったカーストの人びとの、支援をしたい」と政府に相談した。クンベショール寺院付近では、カドギの居住地と、「不可触民」とされたデヨラの居住地が隣接している。シッディ・バハドゥールさんは、そのアメリカ人にデヨラを支援対象として紹介したのである。その後、カーペットがネパールの主要産業になったので、カーペットの縫製技術訓練も始めた。カーペットの訓練を始めてから、他の貧しい人びとも興味をもちはじめた。これを受けて、一九八七年より、対象をデヨラの人びとだけに限定せず、経済的に困難を抱えている人びとに門戸を開くようになった。

現在、シッディ・バハドゥールさんの子どもたちが、テクニカルスクールと、骨粉工場の経営を引き継いでいる。工場とテクニカルスクールの代表を務める長男のキランさんは、毎朝六時三〇分から八時三〇分は、自分の「ビジネスパート」として、工場の経営に関する仕事に取り組む。その後の時間は、自分の「ソーシャルパート」として、テクニカルスクールの運営に取り組んでいるという。

4-5　起業家による神像への寄進

ラリトプルのラガンケル地区に住むスンダル・ラルさんは、一九八一年に、近隣地域に住む農民から水牛と牛のミルクを集めて、パック入り脱脂粉乳やヨーグルト、バターなどの乳製品に加工する工場を始めた。二〇一一年現在は、ミルクは、パナウティ、チトワン、ブトゥワルなどの、盆地郊外ならびにタライ平原の農民から買っている。工場に集められたミルクは、殺菌消毒後、パッキングし、冷蔵して一日保管ののち、翌朝の二時にトラックで出荷する。一日に、約五万リットルの牛乳を、カトマンズ盆地の小売業者や「コールドストア」と呼ばれる食料品店に卸している。

一九九一年、国営紙であるライジングネパール紙は、スンダル・ラルさんが、ラガンケルにあるラトマッチェンドラナート（Rāto Matsyendranātha）神に向けて一五万ルピー相当の金箔のプレートを、グティサンスタンを介して寄贈したことを報じた。スンダル・ラルさんの神像への高額の寄進は、人びとにカドギの財力の向上を見せつけることとなったことが推察される。

聞き取り調査の際、スンダル・ラルさんは何気なく、「日本人は牛肉を食べるんだろ?」と私に逆に質問した。正直に、「そうだ」と答えると、「おお……」と嘆いて手を組んで信じられないというような表情をして、「牛はラクシュミなのに」とつぶやいた。工場の入り口にはラクシュミ女神の神像が飾ってあった。

スンダル・ラルさんへの聞き取り調査を終えたあと、従業員と工場内を回った。殺菌用の機械など、多くはドイツの技術であるとのことだった。工場の施設の充実ぶりに、思わず、「こんなすごい機械をいったいどうやって、ネパールに持ち込んでいるのですか」と従業員に尋ねた。すると、従業員は笑いながら、「ボスが、インターネットをみて、自分はこういう事業をしている、一緒にしないかと持ちかけ、話をつけてくる」と答えた。スンダル・ラルさんは、ドイツの企業とメールで話をつけてくるような革新的な面もあれば、牛を神として崇拝し、高額のプレートを神像に寄進するなど、信心深い面も持ち合わせているようである。

5　生業を介したカーストの布置

本章では、カースト制度のなかで実施されてきた伝統的生業が、市場経済の浸透を受けて変容する過程を、生業がカーストを超え出る場面や生業とカーストとのズレに注目しながら明らかにしてきた。具体的にラナ専制下と、それ以降のカースト制度の縛りが緩まった今日的な状況におけるカドギの生活の組み立ての変化を、特に地域リーダーとして活躍してきたカドギたちのライフヒストリーを中心に検討した。

ラナ専制が終焉を迎えた一九五一年ごろまで、中央の統制のもと、肉の売買が身分制度のなかで行われてきた。その際には、たとえばネワール社会においてはそれほど頻繁に食べられなかったヤギ肉がラナの命令を受けてネワールのシェレスタによって売られていたこと、バサ・バンサバリの記述においてはミルクを売ることを禁じられていたカドギがムルキアインではミルク売りとされたことなどが端的に示すように、カースト役割には中央の統制が創り出してきた側面も見出される。

しかしながら、ラナ専制の終焉やその後に繰り返される「民主化」により中央からの統制が緩んだところに、市場経済の波が押し寄せた。第3節でみたように、二〇世紀初頭よりカドギのある一族が元締めになるかたちで徒歩によるインドからの水牛の輸入が開始され、これは、付近のハイウェイ開通にともないトラックを使うかたちで、現在も水牛をカトマンズ盆地に運び込むための主要なルートとなっている。詳しくは第5章、第6章において後述するが、この広域流通網にムスリム、高カーストも含む多様な人びとが参入しつつある。市場経済が、従来の地域の枠組みを超えて、人びとのあいだで商取引をもたらすようになったのである。

一方で、この一族はカドギの上位カラ出身であり、他地域の上位カラ出身者たちと姻戚関係を結び、そのネットワークを水牛の仲買ビジネスに生かしている。彼らは、築いた富を寺院や神像などに積極的に寄進しており、彼らの経済的な成功を、文化的な威信に密接に結びつけている。さらに、この広域の流通網は、グティサンスタンを介して行う供犠用家畜の流通網にもなっている。これにより、肉を取り巻く社会関係が、儀礼的なものと世俗的なものとが入り混じったかたちになったのである。つまり、カドギたちの多くが生業とする肉売りは、カースト制度か市場経済のどちらかが一元的にもたらしたものではなく、両者が互いに補いあうかたちで営まれてきたといえる。

さらに近年、民主化とともにカースト役割への縛りが緩み、石鹸工場を設立したり、国際NGOで仕事をしたり、ミルク工場を設立するなど、カースト役割から離脱するような営みが見受けられるようになった。これらは、一見、カーストのしがらみがない世界で生きていこうとする試みのようにみなすこともできる。しかしながら、地域リーダーたちへの聞き取り調査のなかで、市場の論理とカーストとを照らしあわせるかたちで、自身の営みを一度吟味・再解釈する場面が何度も見受けられた。

石鹸工場で稼いだ収入を子どもたちの教育に投資したルドラさんは息子の快挙を、公邸料理人の息子として教育投資を受けたデヴァラトナさんは自身の出世を、共に「カドギで初めて」の快挙と説明している。また、市場経済で獲得した貨幣を、生活の場のなかに埋め戻している人びととの実践も見受けられた。カドギの屠場から集めた水牛の骨を骨粉に加工する工場を経営しているキランさんは、加工工場の仕事を自分の「ビジネスパート」とし、自分の「ソーシャルパート」として、コミュニティのトレーニングセンターでのチャリティ活動をするなど、日々の営みを二つに分けて、意識的にこれを切り替えている。スンダル・ラルさんは、海外投資家からの援助を受けてパックミルクを生産する工場を設立したが、そこで稼いだ貨幣を神像に寄贈している。

カドギたちは、中央からの統制の力が弱まり市場取引のなかに取り込まれつつあるなか、生活の場における生業を通して、自身のカーストをよりよいものになるよう常に位置づけなおしている。彼らの日常生活は、集住する親族との関係に深く根ざしており、生業を介して市場取引とカースト役割を往還しながら行われるカーストの捉え返しが、両者をうまく渡り歩きながらつないでいく実践になっているといえるだろう。

以上のように、本章では、市場経済の浸透の結果としてカーストをめぐる文脈が重層化しつつあるという今日的な状況と、その状況下を生きる人びとの日常的実践を明らかにしてきた。生業はカーストと市場経済とのあいだを接合する実践として、歴史的・空間的広がりをもった多様な選択肢を生活の場に蓄積させ紡ぎなおしていくという役割を担っているのである。

第5章 食肉市場の形成とカースト間関係の変容

「黒い猪豚の店」

ラリトプルの郊外に、このような看板を掲げた店が三軒ほど連なっている。店主はネパール東部を故地とするライ族である。店内には、黒い豚の写真と、豚の眉間に小型の杭を打ち付けて気絶させ、屠畜し、解体し、肉にするプロセスを示す写真が貼られている。なぜ黒豚ではなくわざわざ猪豚と書いているのか聞くと、黒豚と書くともともと黒豚を不浄としていたネワールたちが食べられないから、という答えが返ってきた。

カドギの肉屋に行くと、モスクの写真と「ハラールをした肉が手に入ります」と貼り紙がある。店主はイスラム教の信者なのかというとそういうわけではなく、彼はヒンドゥー教徒であるが、お店でイスラムの人が肉を買えるように写真を飾り貼り紙をつけたという。

さまざまな民族、宗教的背景をもつ人びとが暮らすカトマンズでは、肉をめぐる価値観や規範も多様であるが、それぞれが共存しながら食肉市場が形成されているようだ。ネワールが中心だったカトマンズ盆地では、肉をめぐる価値観はどのように多様化してきたのだろうか。このなかで、カドギたちはどのように肉売りカーストとしての地位を築き、維持してきたのだろうか。

本章では、カーストを横断して多様な人びとが新規参入しつつあるカトマンズの食肉市場を例として、市場を介したカースト間関係の変容を検討する。その際、カドギはネワールの他カースト、ムスリムなどと新たな関係性を築きつつあることから、以下、カドギからみたカースト間関係の変容の過程を検討する。

1　カースト横断的活動とカースト間関係の変容

これまで政治・経済・社会の重層的な要因によって、カースト間関係の変化が引き起こされる様相についての実証的研究がなされてきた。関根康正は、タミルナードゥ州政府がハリジャン優遇策の一環として設立支援をしたミルク生産者協同組合の活動において、政治がカースト内外の壁を横断している状況があり、そのなかで個々のハリジャンは、意識的か無意識的かは別にして、所与の社会的条件を利用可能な資本として勘案し、戦略的に操作している現象を指摘している（関根　1995: 301–331）。

また、カトマンズ盆地のネワール村落を調査した石井溥は、農業生産性の向上により経済力をつけ、自信をつけたマハルジャン・カーストが、上位のシェレスタ・カーストに対抗する動きを見せたことなどを報告した（石井　1980a: 203–209）。市場経済が村のなかに浸透してくることにより人びとが従来の社会的紐帯を離れたところで個別に生計の資を得て、利潤を追求することができるようになり、それにより社会の変化も生じているのである(1)。

このように、カースト間関係は、政治・経済活動などそもそも「カースト間関係の再解釈」を第一義目的としていないようなカースト横断的活動により変化していく側面をもっているのである。さらに、序章においても少し言及したが、石井は市場経済の影響にともない、特にサービス業に従事するカーストが、カーストに基づいた仕事を再開する傾向にあることなどを報告しつつ(Ishii 2007)、カースト間関係が「伝統的なカースト間の相互依存関係ではなく、市場経済に仲介されたカーストに基づいた仕事の区分」へと変容しつつあることを指摘している(Ishii 2007: 126)。

本章では、市場経済の浸透による影響を特に強く受け、かつ、これまで主に「低カースト」たちが従属的に担ってきたサービス業において、どのようなカースト間関係の変化が起きているのかを検討する。具体的には、食肉市場の形成と展開を検討したうえで、屠場・家畜市場・肉屋の店頭での仲買・雇用者・顧客との日常的なやりとりを、カドギとネワールの他カースト、特にムスリムなどとの関係性に注目しながら検討していく(2)。結論を先取りすると、カトマンズではカーストを横断した食肉市場が形成されており、そのなかで、カースト団体である「ネパール・カドギ・セワ・サミティ」(以下「NKSS」)が、カースト・イメージを再解釈するエージェントとして立ち現れており、市場での変化をカースト間関係のなかに反映させる際の媒体となっている。以下、その内実を具体的に検討していきながら、食肉市場の形成とそれにともなうカースト間関係の変容の様相を明らかにする。そのうえで最後に、事例から展望できる可能性について考察を加えたい。

2　家畜ごとの食肉市場形成過程

本節では、爆発的に人口が増えている首都カトマンズにおいて、カドギやカドギ以外の個々のカーストがどのように食肉市場にかかわってきたのかを概観する。

2-1　カドギたちが占める水牛市場

第4章で述べたように、水牛定期市が形成された経緯は、二〇世紀初頭に、カドギのある一族が家に電話を引き、電話での発注によるインドからの水牛の輸入を始めたことである。

水牛は、ほぼ一〇〇%インドからトラックで輸入されている。水牛家畜市はインド/ネパールの国境沿いに点在しており、水牛がネパールに運び込まれる最初の玄関口となっている。

水牛定期市のなかで最古かつ最大であるジトプル定期市は、インド/ネパールの国境まで車で約一時間、カトマンズ盆地からは車で約五時間の場所に位置する。[3] ジトプルの水牛定期市の歴史は長く、開設されたのは二〇世紀初頭である。当時は徒歩での運搬が中心であり、ここを介しての流通が増えたのは特に民主化運動を経て多くの人口がカトマンズに流入した一九九〇年以降と言われる。二〇一一年現在、ジトプル定期市で売買される水牛は、約八〇%がカトマンズ市場向けである。

ジトプルの水牛市では、オフシーズンには一日あたり三〇〇~五〇〇頭、メインシーズンである夏には一日あたり一二〇〇~一五〇〇頭の水牛が取引されている。二〇一一年現在、週二回の市が立つ。訪問した二〇一一年三月はオフシーズンであったが、それでも水牛を受け取りにきた大型トラックが市の隅に二〇~二五台程度停まっていた。市の傍に銀行が設置されていて、売り手や買い手などの業者たちは、金を預けることとなっている。水牛の主な買い手であるカドギたちのなかにはこの定期市付近に住んでいるものもいる。売買は、定期市における売り手と買い手とのあいだでの直接的な価格交渉と、銀行での金銭のやりとりによって成り立っており、市で直接現金を手渡すようなことはない。カドギたちは、前日深夜にカトマンズを出発して早朝に市に到着し、午前中に市での買いつけを終えると、日帰りでカトマンズ盆地に戻っていく。

ジトプル水牛定期市に水牛を連れてくる売り手の約七割がムスリムである。彼らは「テクダール(仲介業者)」と呼

ジトプルの水牛定期市

ばれており、一〇〇人程度のテクダールが定期的にこの市に出入りしている。テクダールはインド側、ネパール側の農村に買いつけに行って、仲介料金として一頭あたり五〇〇ルピー程度を上乗せして市で売っている。売り手の残りが近郊の農民たちである。近郊の農民たちにはネパール人もいればインド人もおり、自分で育てた水牛を連れてくることもあれば、仲介料金を取って近隣の農村から連れてくることもある。

水牛の運搬にトラックが用いられるようになるまでは、ジトプルで購入された水牛は、徒歩で四日かけてカトマンズまで運び込まれていた。運搬人は、「チャルワ」と呼ばれている。ジトプルからカトマンズまでのちょうど中間地点にあたるビンペリ村まで、チャルワの役割を担うのはムスリム商人であり、ビンペリ村からカトマンズ盆地までは、付近に住むグルン族やタマン族などの先住民族、そしてバラミというネワールのカーストなどがチャルワを担っている。売買の仕組みとして、水牛の購入費用に運搬費を加えたものを、カドギがテクダールに支払う。水牛の運搬にトラックが用いられるようになった後にも、荷台にいる水牛たちに餌や水を与えるための世話係が一台あたり一人ついている。そして、この世話係に対して運搬人という意味の「チャルワ」という呼び方が今も続いている。二〇一一年現在、一回運搬するとチャルワ一人あたり五〇〇ルピー程度が支払われる。チャルワは、定期市とカトマンズを結ぶハイウェイ沿いに住む、タマン族、グルン族などが担っていることが多い。

売買の現場でのやりとりは、主にジトプル付近の住民の母語であるボジュプリ語とヒンディー語でされる。小型の水牛は、一万ルピー程度、大型のものになると四万ルピーのものもある。声に出してやりとりをしていると値段が周囲の買い手に聞かれて交渉に不利になるので、時には袖の下で指を握って、その本数で値段の交渉をすることがある。ムスリムの仲介人は、私に対して、「ここでは、レートがない。ヒンディー語もあるし、ボジュプリ語もあるし、ネパール語もある。売る人も買う人もいる。本当のことを言う人もいるし、嘘を言う人もいる」と語る。交渉次第で一万ルピー前後の差額が生じることもあるという。家畜定期市では、重さや肉質などの規格や指標ではなく、水牛の見た目やそれを売っている人とのやりとりを通して、どの水牛をどの値段で買うのか、その場その場で判断がなされている。

以上のように、家畜定期市には、インドから家畜を連れてくるムスリムを中心としたテクダール、主な買い手であるカドギたち、そして家畜を運搬するタマン族やグルン族、バラミなどチャルワなどが従事している。また、ここでの人びとの関係性は制度化されておらず、交渉次第で値段が変わるなど、その場限りでのやりとりがされている。

これら国境沿いの家畜市に加えて、一九三〇年ごろにはカトマンズ郊外のタンコットに週二回の水牛の定期市が形成された。一九九五年ごろから水牛市はよりカトマンズ中心部に近いサトゥンガル村に移動した。現在、インドのウッタル・プラデーシュ州（以下UP州）の飼育農家から第一の仲買が購入し、いったんネパール・インド国境付近のネパール側で週二回開催されている水牛定期市[4]で売買されたあと、第二の別の仲買が、同様に週二回開催されているサトゥンガル村の水牛市場に運搬するという流れができている。仲買の多くはムスリムである。カドギは、仲買の手数料削減のために直接国境の定期市に出向いたり、サトゥンガル村の水牛市場を利用したりする。

家畜市場で売買された水牛は、カドギのコミュニティ内にある屠場[5]に運び込まれ、早朝、屠畜解体された後、小売店（肉屋）で売られる。水牛市場での水牛の購入から屠畜解体までをカドギが独占しており、水牛肉を扱う肉屋の店主にはムスリムやチベット系民族もいるものの、カドギが圧倒的に多い。

2-2　ヤギ・鶏市場の形成

ヤギ肉市場については、一九八〇年代までは、国内農村地域から飼育農家が徒歩でヤギを運搬し、消費者(6)が直接買い入れていた。一九八〇年代以後、ヤギの運搬にトラックが使われるようになったことをきっかけに、市場がカトマンズ盆地の西部、中心部に三カ所設置された。現在、カトマンズ盆地の市場に入ってくるヤギの大部分がインド産である。水牛同様、インドのUP州の飼育農家からムスリムの仲買人がヤギを買い、トラックで市まで運搬する。現在、カトマンズ盆地では、一二〇〇～一五〇〇軒程度のヤギ肉の小売店があるといわれるが、近年、ヒンドゥーの高カーストもヤギ肉の小売への参入を始めており、ヤギ肉小売店店主のカーストは多様化しつつある。

同様に鶏市場においても、一九八〇年代に、ブロイラーの飼育、屠畜解体、加工までを一括して請け負う企業が設立され、現在、大手三社がカトマンズ盆地のブロイラーの流通をほぼ独占している。現在、カトマンズ盆地には一〇〇〇軒程度の鶏肉屋があるという。養鶏農家はカトマンズ盆地近隣の農民であり、カーストは非カドギであるマハルジャンやシェレスタも含むネワールやタマンなど多様である。鶏肉の小売店店主もヤギ肉同様、新規参入するカーストが増えている。

2-3　「不浄」な豚肉の市場化

ネワール社会において、ネパール在来のスングル（suŋgur：黒豚）は、食用にふさわしくない穢れた動物とみなされてきた。ネパールでは、主に東部丘陵部に住むライ、リンブー族が食用としてきた。豚肉が市場に出回るようになった転機は、一九七〇年代にニュージーランドからネパール政府に対して、サンプルとして白豚が提供され、政府がネパール在来のバネル（banel：猪）と白豚を掛け合わせて新たに猪豚を作ったことである。その後、市場において、バングル（bangur：猪豚）と呼ばれ、在来の黒豚・スングルとは別ものであることを強調して売り出された。現在、実際には猪豚に加えて黒豚も店頭で販売されているものの、その際には黒豚に「黒い猪豚」という商品名がつけられていることが多い。養豚業者はカトマンズの近隣農家であり、養鶏と同様、現在では養豚業者のカーストも多様である。養豚業者から小売店が直接豚を買い入れ、各小売店で解体して販売する。店主はカドギが多いがライも数人いる。(7)

2-4 食肉小売業への多様なカーストの参入

以上検討してきた通り、カトマンズ盆地における食肉の流通体系は、個々の品目により異なる。比較的、近年になって成立したヤギと鶏の市場においては、カドギが多数派ではあるものの、ムスリムやチベット仏教徒、ヒンドゥー高カーストなど、多様な人びとが参入している。以前は、豚肉を食べなかったヒンドゥー高カーストも、一部では食べるようになりつつある。他方で、水牛は、古くから定期市を介した流通システムができており、カトマンズの市

表5-1　カトマンズ市内の肉屋店主のカースト内訳

属性		人数	割合（%）
ネワール	カドギ	526	69.4
	カドギ以外	49	6.5
ムスリム		76	10.0
チェットリ		36	4.7
ブラーマン		14	1.8
マデシ		9	1.2
ラマ		9	1.2
タマン		9	1.2
グルン		8	1.1
ライ		6	0.8
マガル		4	0.5
ダリット		3	0.4
リンブー		1	0.1
不明		8	1.1
総計		758	

カトマンズ市役所公衆衛生社会福祉局の内部調査資料（2010年）をもとに作成。

場での買いつけから屠畜・解体までをカドギが独占している。

カトマンズ市役所の戸別訪問調査（表5-1）によれば、カトマンズ市内に七五八軒の肉屋が確認され、うち、カドギが経営しているものは五二六軒であった。ついで、ムスリムが七六軒、カドギ以外のネワールが四九軒、ブラーマンが一四軒である。これまで、屠畜や肉食をタブーとしてきたブラーマンなどのヒンドゥー高カーストが肉売りに商機を見出し、参入しつつある。

3 カドギの日常的な商実践

本節では、日常的な商実践の場面から、カドギたちはいまだにほぼ独占している水牛肉市場において、実際どのように他カーストと関係を結んでいるのかを検討する。

具体的には、ラリトプル近郊の村であるキルティプルで食肉の卸売と小売を営むアルジュンさん一家の日常を描く(8)。家族構成は、アルジュンさん（五〇代男性）、妻（四〇代）、長男夫妻（三〇代）、三女（二〇代）の五人である。アルジュンさん一家は、サトゥンガルの水牛市で水牛を買いつけ、自宅に併設されている屠場で屠畜解体し、自宅およびカトマンズ中心部のスンダラにあるアルジュンさんの妻の実家に併設されている小売店で販売するとともにキルティプルのレストランなどに肉を卸売している。

3-1 家畜市場における仲買との関係

アルジュンさんは週に二回、バイクで市に行く。サトゥンガルに水牛を持ち込む仲買は三〇~三五人程度であり、

アルジュンさんとカーンさんのやりとり

全員が白い帽子をかぶったムスリムである。

アルジュンさんは、毎回決まった仲買カーンさんから水牛を購入している。バザールに着いたアルジュンさんは、まずカーンさんを呼び出す。カーンさんは自分が連れてきた水牛を見せ、アルジュンさんがそのなかから必要な数を選び、売買が成立する。売約済みの水牛は耳や角に購入者の印をつける。売買のやりとりは、すべてヒンディー語で行われ、カーンさんがアルジュンさんに話しかけるときには、常に「Sir」と敬称をつけていた。この日、アルジュンさんは一五頭を購入した。

サトゥンガルに来る仲買が国境で第一の仲買から購入する際の水牛の価格は、小さいもので一万ルピー、大きくて質のいいものは三万ルピーである。仲買は一頭あたり三〇〇〇～四〇〇〇ルピーを運搬手数料、二〇〇ルピーをその他手数料としてそれぞれ上乗せし販売している。また、仲買は一頭あたり三五ルピーを場所代として家畜市場の土地所有者(9)に支払う必要がある。売れ残った水牛は翌日に持ち越される。バザールは常設されているものの、毎週日・水曜日の週二回、一四時ごろに水牛を載せたトラックが到着することから、この時間にあわせてカドギたちは買いつけにいく。

購入後、アルジュンさんは翌朝解体する分の水牛五頭を家に

アルジュンさん一家の屠場

運ぶようにカーンさんに伝えて家路に着いた。輸送料は一回あたり三〇〇ルピーであり、アルジュンさんがカーンさんに支払う。アルジュンさんは水牛をいったん預けるための場所を市場内に借りており、翌朝解体する分だけを毎日トラックで家まで運搬してもらっている。

3-2 屠場における「ハラール」の採用

アルジュンさん一家の屠場は、家の一階部分から裏庭にかけて設置されている。殺生をしてはいけないとされる月回りである、毎月二日あるエカダシ以外、毎朝二時四五分から屠畜を開始する。開始時、屠場には、アルジュンさん、アルジュンさんの妻、男性五人がいた。五名は、カドギ三人（地方農村部出身二人、キルティプル出身一人）、チェットリ一人（地方農村部出身）、ムスリム一人（地方都市部出身）であり、いずれも一〇代後半から二〇代前半の若者である。

まず、一人が水牛を押さえ、一人がハンマーで水牛の頭を殴る。気絶して転倒した水牛を、後ろからムスリムの少年が「ハラール」と称して首から頭部を切り落として、放血する。この時点で水牛は絶命する。このとき、血を大きな桶に受けておく。

上：肉を骨から切りはがす
下：骨から骨髄を取り出す

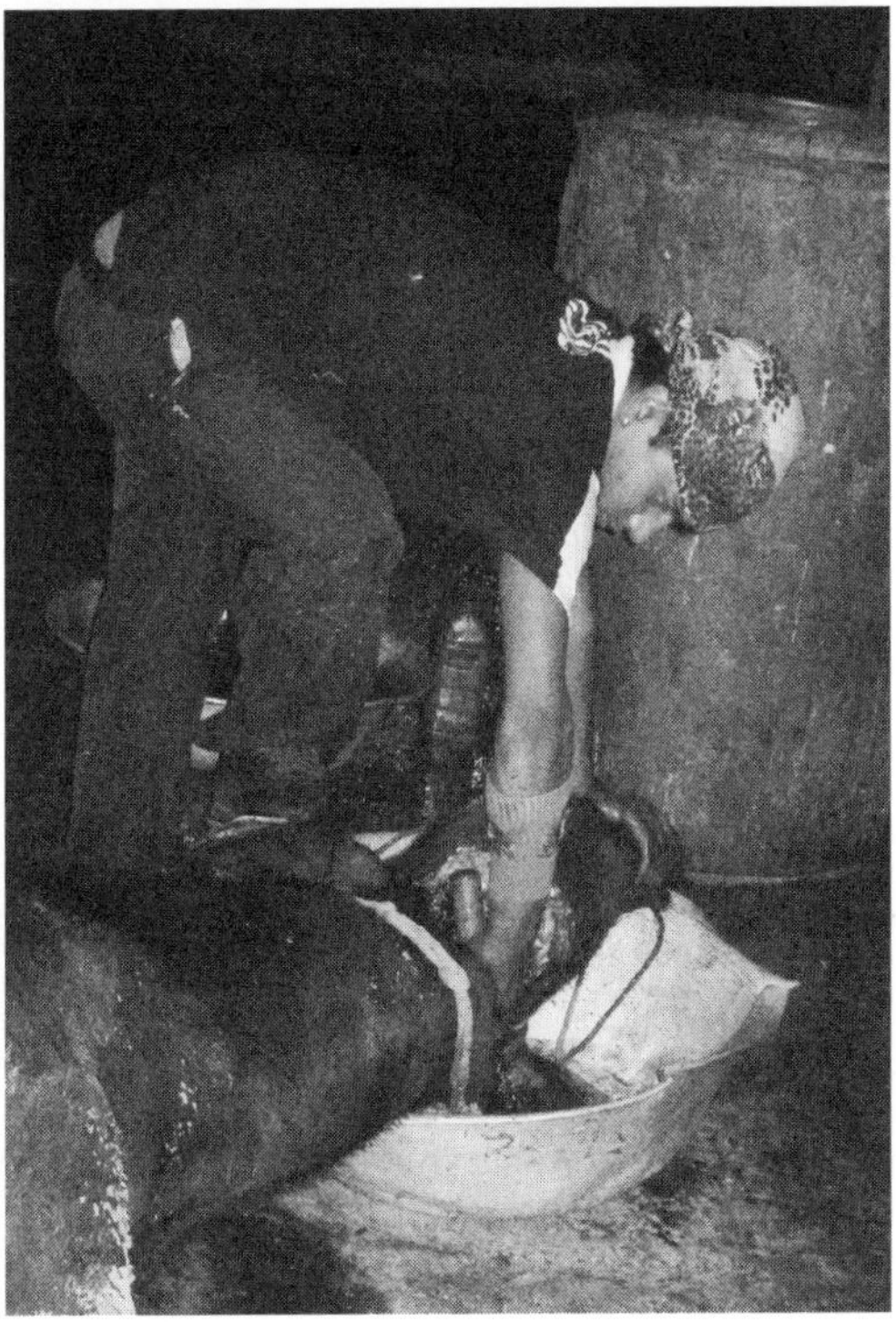

上：ハラールを行うムスリムの少年
下：二人がかりで皮をはぐ

その後、二人がかりで皮をはぐ作業に入る。まず、胸部から縦にナイフを入れて、手際よく皮をはいでいく。地面の汚れが肉につかないように、この後の作業は、はいだ後の皮の上でする。次に、腹膜にそって内臓をはがしていく作業である。最初に脾臓が切り出され、その後、腸、胃、肝臓、肺が取り出される。いちいち水で流すということはしない。腸が破れると中の排泄物が流れ出して肉が汚れるので、破らないように水場まで持っていく。脾臓と肝臓は肉と混ぜて売るので一つの桶の中に入れられる。それ以外の臓物はそれぞれ種類ごとに分けられる。内臓を取り出し終わったところで刀をノミに持ち替え、肉を骨から切りはがしていく。肉をはがし終わると尾、骨、頭部が隅に寄せられる。ここまで、ものの三〇分である。

同様の手順で四頭の水牛が解体されたあと、早朝四時半ごろ、チェットリの女性（三〇代）とその息子（一〇代）、アルジュンさんの長男（ラジュさん）が合流した。女性が棒で骨から骨髄を取り出す作業を、息子が頭部の解体を、ラジュさんが腸部の洗浄を担当した。頭部の解体では、まず皮をはぎ、顔の肉をはがし、目と目の周りの筋肉を桶に入れる。次に、舌を取り、鼻を二つに分けてはがし、最後に角を取る。

同時に、ネパール語で焼けた肉を意味する「ポレコマス」の準備が始まった。今回は、いちばん小さい水牛がポレコマスに使われることになった。最初にハンマーで転倒させ、「ハラール」で放血するところまでは同じであるが、その後、藁をかぶせて、四〇分程度蒸し焼きにする。藁が燃え落ちたあと、焼け焦げた毛を削り落とす。その後の解体作業は、同じである。ポレコマスにすることで、皮も食べることができる。ポレコマスは、主に伝統的なネワール料理で用いられる。しかしながら、ネワール社会以外ではあまり食べられないことと、皮を加工に回せないので、ポレコマスに用いるのは小さな水牛のみとしている。

六時、五頭分の解体が終わったところで、二頭分の肉をトラックに積みはじめる。六時三〇分に、スンダラにある小売店に向けて、トラックが出発した。残りの三頭分の肉はアルジュンさんの家の一階にある肉屋で売るとともに、キルティプルの三軒の肉屋、ネワール料理屋、モモ屋に卸している。

表5-2　水牛の各部位の価格

部位		価格／卸売単位	備考
頭部	脳	80ルピー／1頭	
	目	5ルピー／1つ	
	頭の肉	100ルピー／kg	
	舌	200ルピー／1頭	
	鼻	15ルピー／2つ	
	耳	5ルピー／1枚	
胴体部	肉	200-220ルピー／kg	一頭あたり90-200kg程度とれる
	肝臓・腎臓・心臓	200ルピー／kg	
	腸	70-80ルピー／kg	
	食道	40ルピー／kg	
	肺	20ルピー／kg	
	骨髄	40ルピー／1頭	
	脂肪	12-14ルピー／kg	石鹸に加工されたり、モモの材料とされる
	血液	20ルピー／1マナ（1マナは約0.57ℓ）	
	足	15ルピー／1本	
	尾	120ルピー／kg	
	皮	400ルピー／1頭	格づけ制度があり、大きさや品質により価格は変動する
	骨	50ルピー／1頭	

2010年の聞き取り調査をもとに作成。

アルジュンさんの妻は、「ハラールをすると掃除が大変だから、ほんとはネワールのやり方がいい[10]。でも、ムスリムの客がいるから、ハラールをしなければいけない」と語る。アルジュンさんの屠場でハラールがされるようになったのは、スンダラに店を開いた一九九五年ごろからである。カトマンズ盆地の屠場でムスリムが働きはじめ、屠畜の際ハラールがみられるようになったのは一九八〇年代ごろからであるという。また、アルジュンさんの屠場ではポレコマスだけでなく、皮を切り離して売るようになったのは一九七〇年代ごろである。アルジュンさんの屠場では、手のすいたものが他のもののフォローにまわる、というかたちで随時五人の屠夫が入れ替わりつつ作業が進められていたが、放血はムスリムの少年だけが担当していた。

表5-2は、二〇一〇年現在の水牛の

各部位の卸売単位ごとの価格である。一頭あたり約二万～四万二〇〇〇ルピー程度の売上が出る勘定になる。

3-3　食肉小売店における顧客との関係

スンダラにあるアルジュンさんの妻の実家に設置されている肉屋は、長男ラジュさんが店主を務める。解体した肉を積んだトラックが到着後、すぐに肉を店頭に並べて、午前七時に開店した。量り売り方式になっており、客が必要な部位と必要な量をラジュさんに伝えたあと、ラジュさんが包丁で切り取って販売する。店の奥にミキサーがあり、挽き肉の注文があればその場で対応している。

ラジュさんの顧客は、個人消費ではなく、小売やレストランなどでの販売を目的とした業者が中心である（表5-3)。なお、ラジュさんの店では、一〇キログラム以上肉を買う顧客には一～二割程度割引している。

開店と同時に、よりよい部位を求めて顧客が殺到する。顧客のほとんどが、固定客であるという。小売店の多くは、ラジュさんの店のように屠場と直結している店を数カ所回ってその日売る分の肉を確保している。店内には、モスクの写真が貼ってあり、「当店では、ハラール後の肉を扱っています」とネパール語で書いた貼り紙があった。ムスリムの顧客は、毎回ラジュさんの店でその日売る肉を仕入れ、ラリトプルの自分の小売店で販売している。また、外国人旅行客が滞在するタメル地区でレストランを経営しているチベット人や中国人もラジュさんの固定客である。ネワールの伝統料理を出すレストランの経営者は鼻や腸も購入していった。八時四五分、肉が売り切れ、帳簿に売上をつけたあと、ラジュさんは店を閉めた。

その後、ラジュさんは自宅に戻り、多忙なときは店頭にいるアルジュンさんを手伝う。地元のネワールの個人消費客が中心のアルジュンさんの店は、食事の買い出し時にあわせ、午前八時～一〇時と、一五時～一八時に開店している。一般的な個人消費客中心の店も、ほぼアルジュンさんの店と同時間帯に開店している。

表5-3　ラジュさんの小売店における1日あたりの売上と顧客情報の内訳

	住所	属性	購入商品	購入量(kg)
小売	カトマンズ北部(ブダニールカンタ)	カドギ	肉	40
小売	カトマンズ東部(ジョルパティ)	カドギ	肉	20
小売	カトマンズ中心部(スンダラ)	カドギ	肉	10
飲食店での販売	タメル地区	中国人	挽き肉	26
小売	ラリトプル中心部	ムスリム	肉	50
飲食店での加工販売	カトマンズ中心部(スンダラ)	カドギ	肉、鼻、脂肪、腸	10
小売	カトマンズ南部(ヒューマット)	カドギ	挽き肉	10
小売	カトマンズ中心部(チカムガル)	カドギ	肉	32
小売	カトマンズ中心部(スンダラ)	カドギ	肉	20
飲食店での加工販売	カトマンズ中心部(マハボーダ)	ネワール(シャキャ)	肉	22
飲食店での加工販売	カトマンズ南部(ナヤバネショール)	タマン	肉	26
個人消費	カトマンズ中心部	ネワール(シェレスタ)	肉	10
個人消費	カトマンズ中心部	ネワール(シェレスタ)	肉	7
個人消費	ラリトプル北部	外国援助機関職員	肉	5
飲食店での加工販売	タメル地区	チベット人	肉	10

聞き取りと参与観察をもとに作成。

ムスリムの顧客と笑顔で並んでポーズをとるラジュさん

3-4　結婚パーティにみる関係性の変容

二〇〇八年一二月、ラジュさんの結婚式が実施され、その後、ラジュさんの自宅付近の広場でビュッフェスタイルでの結婚パーティ[11]が実施された。父親であるアルジュンさんはムスリムである仲買のカーンさんを披露パーティに招待し、カーンさんは仲買仲間と共に参加した。カースト内の結婚であったため、カーンさんたち以外の招待客はカドギ・カーストの人びとが中心であった。結婚披露パーティでは通常、主催者である両家が手配した食事を参加者に振る舞う。しかし、カーンさんはアルジュンさんから解体後の水牛の肉を受け取り、その場で別の鍋でより時間をかけて肉の中の血が完全になくなるまで加熱してムスリム・フードを調理し、自分たちはその鍋から料理を食べていた。

カースト間での食べ物の授受に関し、第1章で整理したように、ネワール社会においては上位のものが下位のものから食べ物を受け取れないという規制があることがこれまでの研究で報告されている（石井　1980a: 165）。この食物授受に関する不浄の観念もあってか、カドギが上位カーストの結婚パーティに呼ばれない、もしくは自分たちの結婚パーティに上位カーストを呼べないという問題は、以前は頻繁に起きていた。ラリトプルに住むカルナさん（四〇代女性）は、「一九九二年に結婚し、披露パーティに学友を招待したが、シェレスタやシャキャ（ネワールの高カースト）は来てくれなかった」と語る。しかし、カルナさんの姪が一九九五年に結婚式を挙げたときは、これら高カーストも参加したという。この変化についてカルナさん自身は、結婚パーティの会場がこれまでの自宅や広場からホテルやレストランが主流になったこと、教育などにより意識が変化したことなどが理由ではないかと語っている。現在は、カトマンズのネワール社会において、職場の同僚や学友など、多様な属性をもつカーストが違うものどうしが、結婚や子どもの食い初め儀礼などの披露パーティに参加することが広く受け入れられつつあり、「水を受け取れるカースト」と「水を受け取れないカースト」のカースト間関係の制限は、徐々に緩んできている。

これらネワール社会内の変化に加えて、これまではほとんど接触する機会さえもなかった他民族かつムスリムであるカーンさんがヒンドゥー教徒の結婚パーティに参加したことは、市場で日常的な交渉をするなかで商取引相手とのあいだで交友関係が築かれ、この関係性が商取引以外の儀礼的な場面にも延長されていることを示している。そのなかでカーンさんは、ムスリム・フードを自分たちで準備しており、ムスリムとしての実践を維持したままで他教徒の結婚パーティに参加するという方法をとっている。

4　カースト内連携の強化

本節では、カドギのカースト内の連帯とカースト団体NKSSの対外・対内活動を中心に検討し、商取引によりカースト間関係の変化が生じるプロセスを検討する。

4-1　カースト団体ネパール・カドギ・セワ・サミティ（NKSS）の結成

一九七〇年代ごろより、家畜市場でムスリムとのあいだで価格交渉をめぐっていざこざが頻発していた。少しでも交渉を有利に進めるため、それまで個々に交渉していたカドギたちがまとまりはじめた。一九七三年に、カンケショリ地区周辺のカドギが中心となり、カースト団体としてネパール・カドギ・セワ・サミティ（以下NKSS）を結成した。NKSSの設立メンバーであるラッジャさん（六〇代男性、皮加工工場経営）は次のように語っている。

一九七〇年ごろより、インドから水牛を売りにきていたムスリムとカドギのあいだで、交渉がうまくいかなくなった。インドから来る商人は、五〇〇ルピーで買った水牛を私たちに売るときには六〇〇ルピーにするなど、高額の手数料を上乗せしようとする。このままでは利益を出しにくいので、カドギでまとまって交渉しようということになり、ミーティングを開いた。一九七一年のことである。

一九七〇年代初頭より、ムスリムの仲買との交渉を有利に進めるためにカドギたちがミーティングを開くようになる。当時、会合は禁止されていたので、店や個人宅など場所を変えながら、非公式に集まるというかたちをとっていた。一九七三年に、このミーティングが発展してNKSSが結成される。しかしながら、パンチャーヤット体制下にあたるこの時期、政治活動には制限が課されていた。よって、NKSSは名目上、社会奉仕のための団体として結成されたのである。NKSSは後に第Ⅲ部でみる通り政治活動の拠点となっているが、結成された直接のきっかけは、食肉市場でムスリムとの駆け引きをうまく進めるためであった。

4-2　骨と皮の加工

本節では、屠夫の雇用形態や屠畜解体に際し副産物となる骨、皮、糞の処理方法を検討し、カドギのカースト内連帯の様相を明らかにする。また、骨と皮の加工が、NKSSの活動とどのように関連しているのかについても記述する。

カンケショリでは一日あたり約一五〇頭の水牛の解体が行われている。屠場には放血の際に「ハラール」をするところとしないところがあり、これはそれぞれの固定客の違いによる。屠畜解体作業が終わる時間帯には卸売・小売業者のトラックが行きかう。業者にはカドギもいればムスリムや中国人もいる。屠夫はカドギが中心であるが、カドギ以外のカーストも最近は増えはじめている。屠夫は、日雇い制となっており、報償として一日三〇〇～五〇〇ルピーを受け取る。

解体後、集められた水牛の骨は第4章で紹介したシェルボーン社が肥料用の骨粉に加工している。前述したように、シェルボーン社の創業者はラリトプルに住むカドギのシッディ・バハドゥールさんである。もともとシッディ・バハドゥールさんの家も水牛の屠畜解体と卸売・小売を生業としていたが、水牛一頭あたり一五～二〇キログラムの骨が取れることから、これの活用を思いつき工場の設立に至った。解体後に出る骨はトゥワごとに集められるため、創業当時はラリトプル、カトマンズのカドギのトゥワをリヤカーで回り、一日三〇〇～四〇〇キログラムの骨を回収していた。現在、カトマンズ盆地やその近隣地域からトラックとリヤカーでそれぞれ一日あたり一〇〇〇頭前後の水牛の骨を集め、一〇～一二トンの骨を加工している。現在、解体後の骨の六〇～七五％前後をシェルボーン社が集約している。工場は、以前はシッディ・バハドゥールさんの自宅付近にあったが、近隣住民から臭気の苦情が相次ぎ、現在ではヘトウダ工業地区に移転している。

また、解体後の皮は、倉庫で塩漬けにして水分を抜いたあと、加工工場に売る。カンケショリで皮の塩漬け加工の倉庫を経営しているカドギのラッジェさんによると、水牛の皮を塩漬け加工するようになったのは一九八七年にパンジャビ・ランガという種類の大型で肉質のよい水牛がカトマンズに流通しはじめてからである。一九八七年、ラッジェさんが皮の塩漬け加工を始めた当時は一頭あたりの皮は三〇～三五ルピーだった。一九八八年には一頭分の皮は一二〇ルピーになった。ムスリムが皮のビジネスに参入したのは一九九九年である。その後、チョウダリ(12)が皮を四段階で評価する格づけ制を導入し、皮の値段が吊り上がりはじめた。最高値をつけたのが二〇〇七年の一七〇〇ルピーである。二〇一〇年時点では値段が下がって八〇〇ルピーである。この間の値下がりは中国人が屠場から直接塩漬け加工前の皮を買っているからだという。ラッジェさんの倉庫では、一日あたり五〇枚の皮を集めている。はいだあとの皮は塩で余分な水分を出すと、六カ月のあいだ保存することができる。週に一度、塩漬け加工後の皮をまとめてトラックに積みインド国境付近の工業地区であるビールガンジの加工工場に出荷する。工場主はインド人でありベストや靴を作っている。同様に、皮を塩漬けにする倉庫はカンケショリに三〜四カ所ある。点在するカドギのコミュニティそれぞれもしくは数カ所のコミュニティに一カ所ずつ塩漬け加工倉庫がある。これらの倉庫からは、近年は国内の工場よりも中国に輸出する分が増えてきている。

また、一九七〇年にカトマンズ北部の新興住宅地であるガンガブに生まれたキランさん（四〇代男性）は、二〇一一年ごろより、カトマンズ盆地において一日あたり三〇〇頭分の水牛の皮の塩漬け加工をしている。二〇一二年現在、ポレコマスにせず、皮を切り離して解体する水牛は、カトマンズ、ボダナート、ラリトプルで一日あたり四五〇頭であることから、そのうちの多くがキランさんのもとに集約されていることがわかる。キランさんが皮の仕事を始めたのは一九九六年である。まずは、カトマンズ盆地から西に向かうハイウェイ沿いの地方都市であるタナフン、ゴルカ、ラムジュン、ダディンの皮をそれぞれの地域の倉庫に集めて塩漬けにしてから、ビールガンジなどにある工場に送る商売から始めた。カトマンズ盆地での水牛の皮の加工は一九九八年に始めた。毎朝、一〇時ごろにキランさんの家の二台のトラックを派遣する。一台は新興住宅地ボダナートへ、一台はカンケショリとラリトプル市へ巡回に行く。ボダナートからは八〇頭、ラリトプルからは八〇頭、カンケショリでは一二〇〜一三〇頭分の皮が集まる。

キランさんのもとに皮が集まるようになったのは、彼の交渉能力の高さが理由となっている。キランさんが皮の仕事に着手した当時は、工場主ごとに買い取り価格が異なり、不安定な条件で商売せざるを得ない状況であった。事態の改善の必要性を感じたキランさんは、工場主を呼び寄せ、「皮の品質管理や収集、安定した供給は私たちがする、だから、外部からのオーダーから二〇〇ルピーの利益を上乗せしたものを私たちに渡してほしい」と申し出た。これを工場主が受け入れ、皮の価格が安定するようになった。キランさんが定額で皮を提供することに提携している工場は、ビラトナガルに四カ所、ビールガンジに八カ所ある。皮を集めるときの価格は一頭あたり一三〇〇ルピーになった。これに、二〇〇ルピーの利益を上乗せして、一五〇〇ルピーで出荷している。この利益から、収集トラックの経費、人件費などをまかなっている。

キランさんは、ボダナートからの利益のうち一〇ルピー分は、二年前からNKSSボダナート支部に寄付している。これまでボダナートには一月に一万ルピーから一万一〇〇〇ルピー程度を寄付した。その結果、これらの寄付金を生かして、女性団体を作ったり、協同組合を作ったりする動きがみられるようになった。キランさんは、「ボダナートに寄付をしてから、皮の質が格段によくなっていった。自分たちの仕事が、身の回りの環境の向上につながることを実感しながら、作業してくれているからなのだろう。こうやって、皮の仕事をうまく回すことによって、たくさんの人びとのさまざまな方面がよくなるのはとても嬉しいことだ」と語る。

皮に塩振りをする人びと

オフィス兼キランさんの自宅の一階にある工場を見せてもらう。一山二五〇頭分の水牛の皮がある。皮を伸ばして塩を振る。また、その上に皮を伸ばして塩を振る。見学時、作業員は三人いた。キランさんの塩漬け加工工場では、およそ、水牛の大きさは三二―三八―四〇スクエアフィートと規格化している。ここの作業員は、一人あたり一カ月四〇〇〇ルピー程度の給料をもらっている。ここで働いているのは六人であり、交代制となっている。彼らは屠場では、一日三〇〇ルピー、一カ月で九〇〇〇ルピー程度を受け取っている。朝それぞれ屠場で働いたあと、夕方ここで皮の作業をしているという。屠場で水牛の皮を積んだトラックは、一三時ごろに帰ってくる。それから、塩振りの仕事に取り掛かる。その日一日分の塩振りが終わるまで、だいたい三時間程度かかるという。

また、水牛の糞の有効活用も始まった。二〇一一年、NKSSはカンケショリでの水牛の糞を集約し、バイオガスを発生させるためのプラントを行政と連携して設立した。約一五〇頭分の水牛の糞からのガスでカンケショリに住むカドギの世帯のガスを自給することが可能になるという。以上検討してきたように、水牛の解体時に副産物としてできる骨、皮、糞を、カースト内で集約することで、有効活用したり交渉を有利に進めたりしようとする動きがみられる。

4-3　NKSSによるカーストの再解釈

二〇〇〇年代以降、NKSSは、政府が推し進める食肉市場の近代化事業におけるカドギ・コミュニティの対応窓口として政府と交渉にあたっている。そのなかでは、屠場に屋根や塀をつけることを奨励し、肉屋においては血が染みつきやすい木製のまな板をプラスチックに変えるように呼びかけたりしている。また、NKSSのロゴの入ったエプロンをカドギ・コミュニティに配布し、肉屋の店頭で身に着けるように指導している。

これらの食肉市場に関する啓発活動に加え、NKSSは文化的な活動も展開している。NKSSの活動史については本書の第9章で詳述するが、これまでNKSSは「カドギファミリー」と記した公共飲料水タンクを寺院や広場に設置し、高カーストがカドギから水を受け取れないとする差別をなくそうと試みてきた。また、カドギのなかには「カサイ」を名乗っている人びとがいるが、これらの人びとに対し「(カサイは)ネワール社会にはもともとなかったアラビア語起源の言葉であり、かつ『屠畜人』を意味する蔑称である」としカドギ、ナェ(nāy)、シャヒ(sāhi)などへの改名を薦めている。また、従来のカーストに基づいた役割であった、シェレスタ、マハルジャンなどの出産の際にへその緒を切る役割や、出産と臨終にかかわる廃棄物を廃棄する役割を拒否するようカドギ・コミュニティに呼びかけている。他方で、女神タレジュへの供犠を実践しているジニマナヤをNKSS主催のイベントに毎回登壇させ、イベントの参加者に向けてカドギが儀礼上重要な役割を担っていることをアピールしている。また、カドギのカーストに基づく役割に、祭りを先導する役割があることから、多くのネワール文化イベントにおいても、ジニマナヤは先頭を歩いている。

これらのNKSSの活動や「カースト」表象、名乗りの動態については、第Ⅲ部で詳述するが、NKSSはめまぐるしく変化する食肉市場において行政や他カーストとの交渉における対応窓口であり、カドギ・カーストの伝統やカーストに基づく役割を外側に発信する機会が多い。また、NKSSはカースト間の上下関係に基づく役割の拒絶をカドギ・コミュニティに促す一方で、女神タレジュとの関係に基づくカースト役割は積極的に外に向けて強調している。もともとは食肉市場としての経済的活動が中心的だったNKSSは、近年、その活動範囲を拡大し、経済・儀礼文化活動の両方において「カドギ・カースト」のイメージを再解釈・再定義し、これを外に向けて強く打ち出す役割を担っているといえるだろう。

第3節で検討してきたように、市場の形成と拡大にともない、これまで接触することさえなかったムスリムや外国人とのあいだで、日常的な交渉や売買取引がなされるようになり、取引相手との交友関係は、結婚パーティなどの商取引以外の儀礼的な場面においても浸透しつつある。他方で、このままカーストという枠がなくなってしまうのかというと、カドギの場合は、カースト内での経済面での結びつきを強めており、特に骨と皮の加工においては、その結びつきを活用している。また、NKSSはむしろカドギ・カーストという枠を強く打ち出している。カーストという枠はカドギにとっては、現実として水牛肉を独占的に扱うための資源として有用であり、そのことが、この枠がなくならない一つの理由であると考えられる。しかしながら、カドギたちは伝統的なカースト役割を単に再現するのではなく、カースト団体であるNKSSを介して自分たちにひきつけながらカーストの再解釈・再定義を加え、より自分たちにとって有用な資源としたうえで、新たにカースト間関係に適用している。

5　カーストを生かした食肉市場への適応

本章では、カトマンズの食肉市場の形成やその展開を検討するとともに、そのなかで、カースト間でどのような交渉や折衝がされているのかをカドギの商実践を中心に検討してきた。カドギは、旧ムルキアインにおいて示されるカースト序列のなかで「水不浄」に位置づけられ、社会慣行によって交友範囲が制限された経緯をもつが、食肉市場が爆発的に進展してからは同様に食肉業にかかわるほかのカーストと新たな関係性を築きつつある。

具体的には、屠場においてムスリムを雇用し、「ハラール」というムスリムの放血方法を取り入れ、店頭にも「ハラール後の肉を扱っている」と貼り紙をすることにより、肉食に関する規範が異なるムスリムに肉を売ることに成功している。カドギからの働きかけと同様、ほかのカーストからの働きかけをカドギが受容・流用する例もある。皮の塩漬け加工はムスリムが一九八七年に持ち込んだパンジャビ・ランガにより始められ、各コミュニティで定着し、加工後の皮は新たに中国やインドに輸出されるようになった。食肉市場は、各々の文化的・宗教的背景や価値規範を内面化した特定のカーストに属する個人や団体による交渉、折衝などの商取引を介して、多様な価値規範を取り込みながら形成されてきている。

他方で、カースト単位ではなく個人単位での取引への完全移行が進んでいるかというと、カドギは現状としてカースト単位での連帯を生かして生計を立てる傾向が強い。特に、骨と皮の加工においては、工場主であるカドギが収益の一部をＮＫＳＳに寄付し生活の改善を図るなど、その傾向は顕著にみられる。

近年、これまでカドギが独占していた食肉市場に他カースト、ムスリムらが参入する動きをみせている。ＮＫＳＳはその役割を拡大させており、カドギ・カーストを代表して政府との交渉を進めると同時に、「屠畜人」という意味のカサイの改名、タレジュへの供犠をカドギが実践していることの外部へのアピールなどを通じて、カドギ・カーストのイメージを再解釈するエージェントとして機能するようになった。こうして、カドギたちは伝統的なカースト役割を単に再現するのではなく、自分たちにひきつけながらカーストの再解釈を加えており、これにより実際にカーストの上下に基づく儀礼を拒否するなど、カースト間関係に変化が生じている。

本章で検討してきた食肉の市場形成は、大きくは石井が指摘した市場経済に社会が巻き込まれていくカーストの個別化の過程であり、「カースト間の相互依存関係から仕事の区分」へとカースト間関係が変化していく過程であると位置づけることができるだろう。しかしながら、その過程において、第4章で論じたように生計活動を介して、カースト役割と市場取引を往復しながらカーストを捉え返す動きがみられ、カドギたちの場合は特にカーストが肉売りという仕事を営むうえでの資源となり得ることから、カースト団体が仲介するかたちでこの動きが組織的かつ戦略的に推し進められているといえるだろう。つまり、カースト団体であるNKSSは、この往復運動における媒体として機能しており、これにより、カーストを横断した市場取引を反映した新しい価値規範をカースト内でいったん再解釈したうえで、カースト間関係に組み込むというプロセスが生じている。

最後に、ここから展望できる可能性について考察を加えたい。食肉市場の形成にともないカトマンズにおいて「不浄」であった豚肉が一部の食卓に上るようになり、菜食主義者であった高カーストが商機を見出し肉売りに参入するようになった。こうした変化は、今のところごく微細な日常の場面に限定されてはいるものの、市場経済が社会秩序の綻びをもたらしたことの表れであり、大きな社会変容の呼び水となる動きであるといえるだろう。カドギが示した市場経済に仲介されたカースト間関係の変容は、こうした綻びを基点とした社会配置の組み換えとして位置づけることができ、これは大きくはカースト差別などが解消された社会につながる可能性ももっている。民主化、近代化に揺れるネパール社会において、本章で検討したような市場経済によるカースト間関係の変容は、ほかのサービス業においても見受けられることが予想され、そこからの価値観や社会秩序の揺らぎに注目していく必要があるだろう。

第6章 食肉のカースト社会からの離床

二〇一一年、チェットリ・カーストである有名政治家が肉屋を開店したことが、新聞やテレビで大きく報じられた。これまで、肉屋は新規参入する人びとが増えてきたとはいえ、カドギなど一部のカーストが営むものと思われていた。この政治家の参入により、「成功者もサイドビジネスとして肉を売るようになった」と人びとの注目を集めたのである。

私がホストファミリーにお世話になっていた家は、ラリトプルの市街地中心部にある。この家では、肉を買うときにはいつも近所の顔なじみの肉屋に行っていた。ネワールの家庭では、肉は戸主が買うことが多い。家族にいい肉を食べさせるために、戸主がわざわざ目利きするのである。しかしながら、ある日、冷蔵庫を開けるとパックの冷凍肉が入っていることに気づいた。徒歩圏内に「スーパーマーケット」と呼ばれる三階建てのショッピングビルが建てられ、パック入りの冷凍肉はそこで買ったという。肉は、特別に戸主が目利きするものではなく、日用品の買い物と一緒にまとめて購入されるものになりつつある。

これまでカドギのトゥワや市営バザールにおいて対面販売で肉を買ってきた消費者の一部は、スーパーマーケットで販売されている包装された冷凍肉を買うようになった。また、二〇〇〇年代以降、もともとカドギのトゥワの軒先で職住一体に営まれていた肉の小売が、冷蔵庫やタイルが整備された衛生的な市営のバザールに店舗を移しつつある。特に都市カトマンズにて進行しつつある技術革新や消費者意識の変化は、肉がカーストと結びついたかたちで取引されていた状況から、より広域なグローバル市場の原理に包摂されたことがもたらしたと言えるだろう。では、こうした変化は、カドギたちの食肉に対する価値規範や仕事観、さらには主体形成にどのような影響を与えているのだろうか。

1　近代化と「サービス・カースト」

第5章では、カドギたちが、カースト団体が仲介するかたちで集合的に「カースト」という枠をうまく生かしながら食肉市場の拡大に適応していく姿を捉えた。本章では、特に二〇〇〇年代以降急速に進行している冷凍技術や大規模屠場の導入などにともなう食肉市場の近代化や消費者意識の変化により、食肉がもはや地域社会から離床し、グローバル・スタンダードな流通網のなかに取り込まれていく過程と、それに個々のカドギたちがどのように対応しているのかを明らかにしていくことを目的としたい。

地域に根差した生産・消費・流通の範囲が広域化することは、従来カーストに基づいて経済活動に従事してきた「サービス・カースト」と呼ばれる人びとの生活にどのような変化を与えたのかについて、押川文子はインドの皮革産業を対象として検討している。具体的に押川は、一九世紀以降から独立前後までにおける原皮の輸出や近代皮革産業の形成が、皮革の流通と皮革産業に従来携わってきた「不可触民」の生活にどのような変化をもたらしたのかを検討している（押川　1995: 289–326）。小規模地域内で生産・流通・消費されてきた原皮は、一九世紀末には五〇％を超える部分が輸出品となり、同時に国内の近代的皮革産業が発展した。こうして原皮の過半は村や小地域社会を超えて価格をもち広域輸送される商品となった。しかしながら、「不可触民」への抑圧は「不浄性」の象徴の一つであった皮革との関連において残存し、原皮が商品化されるなかで「不可触民」カーストと皮革とのかかわりは、カースト規制に基づく分業という性格を喪失しながらも引き続き残存した。そして、「不可触民」は弱い立場にある原皮生産者として、新しい経済機会の有利な部分にはアクセスが困難な立場で、再編された経済構造の底辺に組み入れられた。押川は、産業分野の近代化は、従来は生産から加工に至るまで「不可触民」の領域であった皮革業の再編をもたらし、彼らをその底辺に追いやるものとなったと位置づけ、その理由として近代的皮革産業の中核部分が従来型のそれに比べて資本量や技術水準においても格段に異なる水準を擁したことなどを挙げている。

押川が示したインドの植民地政府期の事例と比較して、「後期近代」と言われる現代（ヤング 2008）において、また、強力な中央集権体制をとっていた王制が廃止され政治的過渡期にあるネパールにおいて、流通体系の広域化は従来それに携わるサービス・カーストの人びとの生活にどのような変化をもたらすのだろうか。

本章においては、食肉流通をめぐる技術革新や消費者意識の変化により、カドギたちにどのような生活の変化がもたらされているのかを明らかにしていきたい。やや先取りすると、カースト役割としてではなく、近代的な職業として個々人ベースで肉売りを営むカドギたちが現れるなど、彼らの主体の変化が明らかになる。そこにおいては、押川が指摘したような「不浄性」が顕著に示す従来の価値観やそれにともなうスティグマが残存しそれが人びとをさらなる貧困や抑圧へと追いやるような動きはあまりみられない。ではなぜ、この違いが可能になったのか。

以下、家畜の仕入れ、解体・加工、小売店での販売といった具体的な肉の流通の広域化のプロセスと、個々のカドギたちがこれにどのように対峙しているのかを素描していきたい。具体的に、第2節においては、食肉加工や解体作業において、企業における冷凍技術や大規模屠場の導入、行政などによる技術訓練などを経て近代化されつつある食肉市場の様相を記述する。第3節においては、肉の小売店が設置される場所の変遷と、対面式販売をともなわない冷凍肉の販売の動向をもとに、「近代的な商品」としての肉の小売とそれを取り巻く消費者意識の変化などについて検討する。第4節においては、カドギたちの仕事観の変化を、特にカーストと切り離したビジネスとして肉売りに取り組んでいる三人のカドギの事例から捉える。最後に第5節で小括を行い、事例から展望できる示唆について考察を加えたい。

2 食肉加工・解体作業の近代化

大都市カトマンズにおいては、食肉の流通体系はグローバル・スタンダードに編成されつつある。外国人観光客の増加や、安全で衛生的な肉を求める消費者の声が高まりつつあることがその背景に見て取れる。具体的に本節では、2-1で政府による食肉産業改革、2-2において近代的な経営者による技術革新、2-3において行政による食肉市場近代化事業を通して食肉市場の近代化を概観していきたい。

2-1 政府による食肉産業改革と屠場の集約化

一九九九年の家畜処理場および食肉検査法（Animal Slaughterhouse and Meat Inspection Act）は、通称「ミートアクト」と呼ばれる。ミートアクトでは、①食肉処理のための建物か場所の設置と、食肉の小売を、政府からの許可証を有するもののみに認める、②処理場以外の場所での食肉処理のための屠畜は認めない、ただし、伝統的な祭り、宗教儀式、祝宴における儀礼はこの限りではない旨などを定めた。しかしながら、現在のところ屠場や肉売りの許可証の発行を受けている業者はほんのわずかであり、許可証を受けずに路地裏や河原、家の裏をトタンで簡単に囲った空間で家畜を屠畜する業者が多く、同法はあまり遵守されていない。

二〇〇〇年代初頭、家畜処理場および食肉検査法に基づいて、タンコット、カトマンズ盆地郊外のカカニ、カトマンズから車で三時間の距離にある工業地区ヘトウダの三カ所に、相次いで大規模な食肉処理工場[1]が設立された。これらはベルトコンベアーなどを設置した近代的な工場であり、政府と海外援助と、国内外からの民間投資により設立された。検査室なども整備されており、解体後、冷凍して包装し市場に流通させる。当初、政府は伝統的な屠場から工場への完全移行をめざしていた。しかしながら、伝統的な屠場で働く屠夫たちが雇用条件や失業への不安を感じ雇い換えに応じなかったことと、消費者はその日の朝に解体した新鮮な肉のほうを好み、当時冷凍肉が売れなかったことなどから、これらの大規模な食肉処理工場はいずれも定着せず、数年で閉鎖に追い込まれた。

その後、政府はコミュニティ・ベースでの中規模の屠場の整備・活用[2]に路線変更した。二〇一〇年、政府は、カトマンズ盆地のカドギの集住地を中心とした一一カ所[3]にコミュニティ・ベースで設備の整った屠場を設立する計画があることを発表した[4]。このコミュニティ・ベースの中規模屠場は政府予算と各屠場経営者の合同出資で運営することとしている。中規模屠場に食肉検査技師などを常駐させ、家畜処理場および食肉検査法に沿った屠場と食肉流通システムを整備することが、政府当局の現在の暫定的な目標となっており、屠場を運営するカドギたちはこの動きに対応する必要性にさらされている。

2-2 企業による技術革新

2-2-1 冷凍肉の導入

ネパールでの冷凍肉の販売は、カドギの六〇代男性、ディリ・ラムさんが始めた。ディリ・ラムさんは一九七〇年代より、町の中心部にて水牛肉のほかに、当時では珍しいヤギや鶏の肉を売っていた。一九七〇年代前半ごろ、カトマンズにネパール初の五ツ星ホテルができたとき営業に出向いて交渉に成功し、ホテルで肉を買ってもらえることになった。当時、ネパールに訪れる外国人観光客は急増傾向にあった。一九七〇年代当時、五ツ星ホテルには外国人観光客への食事提供用に冷凍していないヤギ肉、鶏肉、水牛肉を卸しており、ホテルだけで一日あたり地鶏肉一トン、ヤギ三〇〇キログラム、水牛二〇〇キログラムの売上があったという。

一九七五年にホテルでの取引相手であるインド系商人から、冷凍の肉のほうが売れると助言をもらったことを受け、中国から冷凍庫を買って冷凍の肉を扱いはじめた。これが、ネパールで最初の冷凍肉となる。その後、ホテルの客から要請を受け、一九八〇年からカルカッタ（現在のコルカタ）経由でシーフードを冷凍輸入しネパールに卸売をする仕事を始めた。一九七〇年代後半から、タメル、ポカラ、チトワンなどの外国人観光客が滞在する場所のレストランにも肉を供給しはじめた。一九七五年には、タメルのステーキレストランにも出資した。ここで扱うステーキは、ネパールでは宗教上の理由で食べることを避けられている牛肉である。これも、コルカタから冷凍牛肉として輸入させたものである。二〇〇五年からはスーパーマーケットへの卸売も始めた。鶏肉・魚はバンコクからコルカタ経由で、ヤギ肉はインドから、それぞれ冷凍したものを検疫などの公式な手続きを経て輸入している。水牛肉はカドギの屠場で解体したものを冷凍している。

顧客層は観光客、スーパーマーケットを利用する外国人や富裕層が中心である。地元の消費者の多くは冷凍していない肉を買っているが、食の安全にこだわるネパール人の新中間層も増えつつある。工場にはショールームも整備されている。

ここでみたように、冷凍肉がネパールで流通するようになったことの一つの要因には、一九七〇年代ごろからのネパール観光ブームがあった。これらの冷凍肉は通関などでのチェックを受けて品質管理がされ、流通している。同様に、一部のレストランでは牛肉が提供されるなど、外国人観光客のためにできた市場は、これまでの宗教上の規範を超える動きさえみせている。冷凍肉の顧客層は、外国人や富裕層が客の中心であったが、健康志向のネパール人の顧客もみられるようになっている。消費者のあいだで、規格化や、健康という価値基準に沿ったものを望む声が高まってきている。

2-2-2 「チキンファクトリー」の整備

ブロイラーと冷凍鶏肉については、大手三社がカトマンズ近郊の農村に点在する養鶏場を取りまとめ、その流通の中枢を担っている。このうち、最大手のバリー社では、ブロイラーの販売を一九八一年から始めた。オーナーはカドギではなく、ヒンドゥーの上位カーストであるブラーマンとチェットリ、そしてネワールの上位カーストであるシュレスタの三人である。企業として登録したのは一九八四年であった。

開業当時は、同業者はほとんどおらず、自分たちで試行錯誤しながらブロイラー生産と販売を始めたという。その理由をオーナーに尋ねると、「水牛は解体などが難しいが、養鶏を始めるのはわりと簡単だ。また、ブロイラーは絶対に儲かると思っていた」という答えが返ってきた。当時は、カトマンズではダイエットに取り組む人びとが増えるなど健康志向が高まりはじめ、安全かつ低カロリーであるとみなされた鶏肉が売れるようになったという。三人は事業開始と同時に、「鶏肉は安全で値段も安い」と広告をした。始めたとたん、「人が列をなして並んだ」という。

一九八〇年代当初において鶏肉の小売店はカトマンズで、地鶏を扱う一〇～一二軒ほどだけだった。ブロイラー生産によって大量の供給が可能となった現在、一〇〇〇軒程度の鶏肉の小売店が形成されている。養鶏業者には、カトマンズ盆地近郊に住むタマン族などが多い。小売店店主にはカドギが多いが、近年はムスリムやチェットリたちのなかからも、新規参入する人びとが増えつつあるという。

彼らが「チキンファクトリー」と呼ぶ近代的な鶏の大規模屠場は、バラジュというカトマンズ北部の郊外に位置している。「チキンファクトリー」では、これまで店頭で実施されていた鶏の屠畜を工場の中で、コンベアーなど近代的な技術を用いて集約して実施することを大きな狙いとして作られた。これまですでに四度にわたって機械の改良を加えており、大部分はフィリピン製のものを輸入して用いている。また、工場の入り口に花を植えて、近隣住民によいイメージをもってもらうようにしている。従業員は作業服に着替えて体を消毒したあとで作業に向かうこととなっている。

ブロイラーは、トラックに載せられて運ばれてくる。電気ショックで気絶させたあと吊るして首を切って放血する。放血作業をする部屋は、壁を作って外気との接触を遮断している。そうすることで、病気などが発生しても外に蔓延することを防いでいる。その後、クレーンで次の茹でる工程へ運ばれ、そこで羽をむしりとる。この工程では、一時間あたり一五〇〇羽の処理をするキャパシティがある。工場の二階には、ソーセージやスモーク加工など、加工のための設備があり、品質管理の専門家が常駐し、工場として記録をとるために肉の状態をチェックしている。

従業員は、工場が郊外にあることもあり、カトマンズ盆地外の村から出稼ぎに来ている人びとが多い。さまざまなカースト、民族の人びとが働いている。工場付近に、事務所ビルが建設されている。応対してくれたマネージャーは、三人の創業者との血縁関係はなく、大学を卒業し採用試験に合格して入社した人物である。マネージャーは、コンピューターを用いて在庫管理などを行っている。

ブロイラー事業は、消費者意識の変化をうまく捉えて成功しているといえる。「チキンファクトリー」では、海外から輸入した機械を用いて、一度に大量の処理と加工が可能となっている。そして、こうしたグローバル規格に則った新しい市場は、これまで血縁関係などをベースに動いていた雇用関係にも変化をもたらしている。

以上、本項でみてきたように、冷凍技術や「ファクトリー」などの近代技術は、一部の資本家を形成することにもつながっている。市場経済の勝者が財をなすという、シンプルな競争の原理が、技術投資を促している。そして、一部の資本家と、資本家に雇われる労働者という二層的な経営形態も、同時に生まれたといえる。

2-3　政府による食肉市場近代化への働きかけ

本項では、食肉市場近代化事業として、カドギたちは水牛市場にどのように働きかけているのかを検討する。以下、行政による水牛の屠場での技術指導、小売店に対する啓発事業の様相を記述していきたい。

2-3-1　屠場での技術指導

2-1で論じたように、近年、行政により屠場近代化事業として中規模の屠場を作ろうとする動きがみられる。同時にカドギのあいだでも、中規模屠場の設立の必要性を自覚する人びとは増えてきた。その理由として、カドギ自身の衛生観念の変化が挙げられる。大規模屠場建設をめぐって政府とカドギたちとのあいだの交渉が続いていた際、マスコミが、カドギたちが川沿いで汚い水で肉を洗っていると扇情的に報道したことがあった。その結果、肉が売れなくなるなど、営業活動に損害を被ったものが生じ、カドギたちのあいだでも衛生管理の重要性に気づくものが増えているのである。もう一つの理由として、カドギたち自身も、大規模屠場において経営者と労働者とのあいだの格差ができてしまうことを危惧していることも挙げられる。独占形態にならないよう、個々のメンバーが一定のシェアをもち、共同経営する形態が望ましいとみなしているのだ。

では、このコミュニティ・ベースの屠場はどのように運用され、行政はどのように衛生指導にかかわっているのだろうか。以下、二〇一一年三月に実施された行政主催のモデル屠場での技術訓練の参与観察に基づき、この点について検討していく。

モデル屠場は二〇一〇年、カトマンズ盆地を縦断するビシュヌマティ川と、横断するバグマティ川の合流地点付近にあるカドギたちの居住区ヒューマット・トゥワに設立された。この屠場は、カドギの一三世帯によって共同で利用されている。この屠場を利用するカドギたちは、もともと河原などの野外や、自宅の裏で屠畜をしていた。総額五〇〇万ルピー程度が費やされており、うち、カドギたちの一三の業者が一〇％、それ以外の部分が国際NGO四機関、カトマンズ市役所による共同出資である。

ここでは一頭を屠畜するたびに、施設使用料として五〇ルピーを、運営基金に入れている。また、屠畜後の骨から、鶏の飼料を作っているが、その利益も基金に入れている。一日あたり三〇頭前後が屠畜解体されているので、一日あたり一五〇〇ルピー程度が基金に入ることになる。これを、屠場の改善やメンテナンスのための経費にしており、この基金から女性の掃除人二人を雇用している。ここで働く従業員は七〇人程度である。カドギもいるが、カドギが雇ったムスリムやマデシたち、タマン族なども屠夫として働いている。腸を洗うために、女性も二人ここで働いている。

屠場は早朝一時、二時ごろから稼働する。朝七時ごろに作業を終えて、切った肉を肉屋に持っていく。建物の床面には二列の溝が縦に走っており、一列につき七頭ずつ、全部で一四頭の水牛の解体が同時にできるようになっている。床は、真ん中がややせり上がった形になっており、放血後の血液が溝を伝って縁に走っている溝に集約されるようなっている。

行政による技術訓練プログラムの内容は座学が中心である。まず、パワーポイントを屠場の壁に映し出しながら、政府に雇われている獣医による屠畜に関する医学衛生学的なリスクの説明があり、つづいてリスクを減らすためにどのような方法が望ましいのかについての講義が行われる。講義の後、軽食がふるまわれるとともに、ヘルメット、ジャケット、ズボン、長靴などが、カドギたちに供与された。参加者は、屠場従業人五〇人程度と、国際NGO、市役所関係者などである。

講義では、海外の近代的な屠場の写真をパワーポイントで見ながらどのような点が参考になるのかについての解説があった。つづいて、水牛の飼育環境もしっかり見極めないといけない、屠畜や店頭に肉を置く際、ホコリやごみがつかないようにする必要がある、などの指摘がされた。さらに、屠畜に際しては、政府に登録した決められた場所で行う必要があり、もちろん家での屠畜は避けるべきであると指摘された。

その後、屠畜プロセスを書いた図に沿っての説明が始まる。まず、水牛は屠畜の二四時間前から屠場につないでおくことが望ましく、屠畜前の一二時間は餌を与えてはいけない、この二四時間のあいだに水牛が病気かどうかチェックする必要があるという説明があった。また、屠畜の際には、「動物にも権利がある」ことから、気絶させてから放血するよう指摘があった。放血は逆さに吊るしてすることとされており、血が抜けているほど、肉は安全となるとされた。「血液は細菌など多く含んでいて危ない」ので、すぐに建物の外に流し出す必要があるという。

肉の部位を分離するときには、皮、内臓、頭、肉の四つの部位に分ける必要があり、皮の剝離作業をより能率的・衛生的に行うために吊るして行うことが望ましく、そのためのレーンを作るよう呼びかけがあった。つづいて、頭と足を外し、その後、内臓をはがす。また、肉を洗うときには、川の水ではなく飲料水で流すこととしている。工程の最後に、冷凍庫を用いることが望ましいとされた。冷凍したら、その日のうちに売り切らなくてもよくなり、輸出することさえも可能になる。さらに、小売店では、サーロイン、フィレなど、どの部位の肉かということを明記して、部位ごとに価格をつけることもよいだろうとも付言された。プログラムの最後に講師から、消費者から「ヒューマットで作った肉はよい肉だ」と評判ができれば、売上にもつながるのでぜひ衛生改善に積極的に取り組んでほしいという呼びかけがされた。

以上のように、水牛の屠場において、行政により衛生改善に向けた啓発運動が積極的になされている。行政による指導は、屠畜前の家畜の管理方法、屠畜の場所、放血の方法、店頭での販売方法など、食肉の解体から販売までの一連の作業にかかわるものであった。行政が指導している屠畜技法は、カドギのこれまでのカーストに基づいた供犠用の屠畜の技法と大きく異なっている。訓練の場面においては、「家畜は気絶させてから切ること」とされ、また、「動物にも権利はある」「逆さに吊るして、完全に血液を出すこと」「血液には、細菌がたくさんあるので危ない」とされているが、従来カースト役割として実践されてきた供犠においては犠牲獣の血液を神々に捧げるために、水牛の頸動脈を切り出して、神像やお堂に噴きかける必要があるからだ。また、これまでは肝臓、脾臓などの赤い内臓は肉と混ぜて同じ価格で売られていたが、ここでは肉と内臓を分けることと、肉も部位ごとに価格をつけて売ることが提言されている。従来カースト役割としてされてきた屠畜や販売方法と大きく異なった技法が、行政により直接カドギたちに指導されはじめていると言えるだろう。

2-3-2　小売店への近代装備の供与

小売店に対しても、政府による近代装備の供与などを中心とした衛生改善事業が進められている。従来の小売店は、中央部分が少しくぼんだ床のくぼみの部分に肉塊を置き、客に必要な量を伝えられると、切り分けて天秤秤で重さを量って渡していた。行政は、衛生状況を改善するべく肉を床に直接置かないように呼びかけ、テーブルの使用と肉を保存しておくための冷蔵庫の設置を推奨している。

行政による啓発ポスター

二〇一一年にはカトマンズ市役所より、冷凍庫、スチール製のテーブル、デジタル計量機のセットを二四カ所のモデル店舗に供与した。この事業の担当窓口になっているのは、カトマンズのカドギが中心になって形成された食肉協同組合である。協同組合は対象店舗の公募と選定、必要なガイダンスやフォローアップなどを行っている。協同組合のメンバーは衛生的な肉を求める消費者の需要に応えることにビジネス・チャンスがあるということを自覚している。

同様に、NKSSに向けてもショーケース、冷蔵庫、まな板などの一セットあたり三五万ルピー程度の近代装備の供与がなされた。しかしながら、ＮＫＳＳの場合は供与を申請したものはそれほど多くなかった。この様子を報じた現地紙(5)によると、装備の供与自体は、七年前にすでに決定していたのであるが、「その使用や取り扱いについての情報がカドギのなかで欠如していたために、申請が遅れた」と記されている。結果、わずか二七店舗がこれに申請し、そのうち一五店のみが選ばれたという。

政府の支援活動に対する食肉協同組合とＮＫＳＳとの反応の違いが示すように、小売店のなかで、冷凍庫などの最新設備への投資を積極的に行うものと、従来の形式での販売を続けるものとのあいだの二極化が進んでいる。前者には、協同組合に参加するなど、幅広いネットワークを作ったものが多く、後者は、カドギのトゥワのなかで親族経営を続けているものに多い傾向がみられる。

3　小売店形態の変遷と消費者層の変化

以上のような技術革新や行政による近代化事業などを背景に、食肉の小売業の形態はどのように変遷し、消費者層はどのように変化してきたのだろうか。以下、小売店の設置される場所の変遷と、それぞれの消費者層の違いなどに注目しながら記述する。

3-1　店舗の変遷——職住一体型からバザールへ

カトマンズ盆地の中心部にあるラリトプル市において約五〇年間水牛の小売に従事してきた六〇代男性スーバさんは、父親が亡くなり現金収入を自分が稼ぐ必要が出たため、一九六一年にそれまで従事していた小作農をやめて肉の小売を自宅の軒先で始めた。開始当初は競合する肉屋も少なく、一週間で五〇～八〇頭程度の水牛の肉を売っていたという。しかしながら、一九八〇年ごろからカトマンズ盆地の市街地内に点在するようなかたちで作られた「タルカリバザール」と呼ばれる市営の野外バザールに肉屋の店舗が集まるようになり、顧客が奪われはじめた。以降、スーバさんの売上は、一週間に五頭分前後にまで減少し、地元の固定客を相手に肉を売るようになっている。

ラリトプル市で肉屋を営む七〇代男性アキールさんは、家の軒先で肉を売っていたが、一九八〇年ごろから「タルカリバザール」に店舗を借りている。開店当初は一日二〇〇～三〇〇キログラムの肉が売れていた。水牛は、近所に住む親族五世帯ほどで金を出しあってトラックを送り、国境沿いの定期市から直接買っている。一週間ごとにトラック一台を国境沿いの定期市に派遣し、一七～二〇頭の水牛を買いつける。アキールさんは、「バザールだと、軒先で売っているときに比べて売上の変動が少なく、安定した商売ができるのでやりやすい」と語る。

二〇一二年現在、これら「タルカリバザール」と呼ばれる野営の市場の客足も減ってきているという。今度は、郊外に二〇〇〇年ごろにできた、彼らが「モール」と呼ぶアーケード付きのバザールに客足が奪われはじめたのだ。最大の「モール」は、南端のラガンケルに二〇〇六年にできた。ラガンケルにはラリトプル最大のバスパークがあり、ここにはラリトプル市だけでなく、近隣の農村からもバスに乗って食料を買いにくる。ここでは、モール全体で一日あたり、八〇～九〇万ルピーの売上がある[6]。全八四軒の店舗のうち、事務所が一軒、警備会社が一軒入っており、肉・魚屋はバザール開設当時から変わらず七軒入っている。

七軒の肉屋の内訳は、水牛肉二店舗、豚肉・猪肉一店舗、ヤギ肉と鶏肉

「モール」の水牛肉屋。ここには外国人顧客も通っている。

二店舗、ヤギ肉、鶏肉と魚を扱う店が一店舗、魚屋が一店舗である。魚屋はインド系の移民が経営しており、それ以外の店舗の店主はカドギであった。うち、すべての店の壁に店の衛生環境を保つためのタイルが貼ってあり、冷蔵庫も設置されている。

「モール」において豚肉と猪肉を扱う五〇代男性クベルさんは、一日あたり、四〇~八〇キログラム程度の肉を売っている。一キログラムあたりの粗利益は、三〇ルピー前後となっており、一日あたり一二〇〇~二四〇〇ルピー程度の利益が出ることとなる。二〇〇五年ごろに、クベルさんは売れ残った肉を保存するために冷蔵庫を設置した。豚肉を扱う店はそれほど多くないので、近隣住民以外の人びともバスに乗って買いにくる。調査中も、タクシーに乗って韓国人が買いにきていた。豚は近隣の複数の農家から買い集めているという。カドギから買うこともあれば、タマンなど他民族が育てたものを買い取ることもあるという。

以上の小売店の変化を小括すると、従来は、家の軒先で床に置いた肉を量り売りする形態が中心的であり、肉屋はカドギの居住地区付近に多くみられた。これが、一九八〇年代に街の中心部に形成された野外の「タルカリバザール」に移行し、つづいて二〇〇〇年代に郊外の交通の要所に形成された「モール」と呼ばれるアーケード付きの市営バザールへと、小売店の置かれる場所が移行しつつある。しかしながら、小売店では対面販売が中心であり、消費者は、カドギのトゥワであれ、「タルカリバザール」であれ、「モール」であれ、毎回顔なじみの店主がいる同じ店で購入することが多い。

3-2 スーパーマーケットの出現と変わる消費者意識

二〇〇〇年代以降、「スーパーマーケット」と呼ばれる、食料品から衣類、電化製品までを扱う、数階建ての大規模な店舗がカトマンズ盆地中心部において乱立するようになった。経営は、退役グルカ兵など海外滞在経験をもつものが中心となっている。外国人やネパール人富裕層は、車で乗りつけることができ一度にたくさんのものを購入することができるスーパーマーケットで買い物をするようになった。

また、外国人消費者は肉を買う際、一見不衛生に見える小売店で、かつ英語が伝わりにくい店主とコミュニケーションを行う必要がある対面販売を避けるためにも、スーパーマーケットを利用することが多い。その際には、消費者が各自、冷凍庫の中に入っている値段が表記されパックされた冷凍肉を手にとってレジに持っていく方式で販売される。

4 「肉売り」の捉え返し

ここまでみてきたような、技術革新や衛生指導、消費者意識の変化を受けて、「肉売り」という仕事の捉え方はどのように変化しているのだろうか。最後に、消費者意識の変化に敏感に反応することで成功を収めた三人のカドギの例から検討していきたい。

4-1 働くことへの意識の変化

調査当時三〇代前半であったリケシュさんは、一九九五年に鶏肉屋を始めた。当時は、七〇〇〇ルピーを払って、小屋とそこで仕事をする権利をそのあたりの商売を取り仕切っている人物から買い取った。二〇〇五年には正式に土地を借りて、非公式である小屋での販売から、公式な店舗に移動した。二〇一〇年には、鶏の羽をむしる機械などが入った衛生的な小売店への改装を行った。

店の前に立つリケシュさん親子

リケシュさんは、七年前に韓国に出稼ぎに行こうとして韓国語を勉強した。しかしながら、人材派遣会社から、渡航のために六〇万ルピーが必要だと聞かされた。「大金を払って苦労するなら、同じ苦労をネパールでしたらいいのではないか」と、リケシュさんは働くことへの意識を変化させた。それからは少しでも事業が拡大するように、熱意をもって肉売りの仕事に打ち込むようになったという。

このリケシュさんのエピソードから、肉の小売店を営むことは、彼にとっては韓国に出稼ぎに出ることと同じく「働く」ということであり、もう「カースト」とは直接結びつけられていないことがわかる。市場原理のなかで、金を稼ぐために勤勉に働き、常に事業拡大を図って上昇していこうとする彼の動機が垣間見える。

4-2 個人ベースでの事業拡大

新興のビジネス・ショッピングの中心地ナヤバネショールには、肉の小売の大きなビルが建っている。三〇代男性のバブラムさんは、このビルのオーナーである。バブラムさんが開店したのは二〇〇〇年ごろからであり、開店当初は、ヤギと鶏の肉だけを売っていた。二〇〇三年ごろから水牛肉も扱うようになった。

二〇〇七年ごろ、バブラムさんは店を大幅に改装し冷蔵庫をつけた衛生的なものにした。冷凍の水牛肉やソーセージ、ハムなどの加工製品の販売も、この時期に始めた。顧客は近隣住民が多いが、外国人も買いにくるという。水牛の肉は親族が解体した肉を受け取って、店内で冷凍加工しており、一日あたり一〇～一二キログラム程度売れる。鶏肉は業者から生きたままのブロイラーを買い、店の地下室で屠畜解体し、一日あたり四〇〇キログラム程度の売上がある。鶏は生きたまま連れてきて店に併設されている地下室で屠畜解体している。ヤギは家畜市で生きたままのものを買い、同様に地下室で屠畜解体し、一日あたり七〇キログラム程度の売上がある。

このような近代的な経営方針についてどうやってアイディアを得たのかと問いかけたところ、「とにかくやってみながらここまできたよ、ただそれだけだよ」と答えてくれた。特に誰かに教わったわけでもなく、顧客とのやりとりのなかでヒントを得て、徐々にビジネスを拡大していったのだという。

バブラムさんは、多くの肉屋が休業する、従来ヒンドゥー教では殺生することが好ましくないとされるエカダシという月回りでも、営業している。入り口から向かって左に受付カウンターがある。ここで、代金を払う仕組みになっている。レジが設置されていて、レシートを受け取ることができる。入り口から向かって右側に、放血し茹でて羽をむしった状態の鶏肉を乗せたテーブルがあり、従業員が二人、客の注文に応じて肉を切り分けている。従業員は、店名が書かれた黒いエプロンと青いシャツという揃いのユニフォームを着用している。客はチキンを何キログラムなどのかたちで注文し、店員は注文に応じて肉を切り、受付に持っていく仕組みになっている。向かって左側には、ヤギ肉のテーブルがある。これも、放血し茹でて毛を削り落としたあとのヤギが並んでいる。同じくエプロンを着用した従業員が一人、包丁で肉をぶつ切りにしている。

オーナーから名刺を受け取ったが、名刺にはカーストがわかる苗字までは書いていない。会話をしているなかで、カドギであると語ってくれた。この店は大変繁盛しているが、周りの肉売りたちは、このオーナーがカドギであることを知らない。バブラムさんは、協同組合などで集団として活動するほかのカドギたちとは少し距離をとりながら、個人ベースで肉売りビジネスに先進的に取り組んでいる。

4-3　宗教的タブーと商売

ラリトプル市の郊外に、牛肉の小売をしている店がある。この店のオーナーである三〇代男性のクリシュナさんは、香港、ドバイなどで出稼ぎ経験を積んでいる。クリシュナさんはもともと肉の仕事はしていなかったが、衛生的に肉を売れば必ず売れると海外経験から確信し、二〇〇九年に帰国した後、あまり間をあけずに肉屋を開店した。スチール製のまな板やショーケースなど一部の機材は海外NGOから寄贈されたが、エアコンや冷蔵庫を含む、それ以外の装備は自身の投資でまかなった。

扱っている商品は、ヤギ、鶏、豚、水牛、そして牛の肉である。牛はヒンドゥー教では神様とみなされており、牛を屠畜することも、牛肉を食べることも、タブーとされていた。この牛肉は、ネパールで屠畜したものではなく、第2節で紹介したディリ・ラムさんがコルカタから輸入した、すでに解体・冷凍されたものを購入している。牛肉の価格は示されておらず、時価となっている。牛肉の小売はネパールでは珍しいので、牛肉を食べる習慣をもつ外国人が遠方からもわざわざ車に乗って買いにくる。

クリシュナさんは、ヤギを家畜市で買ってきて、店頭で解体している。一日に、二〜三頭分が売れる。冷凍のヤギ肉も売っているが、これらを買うのは海外に住んでいた経験をもつネパール人か外国人であり、多くのネパール人は、その日に屠畜した新鮮な肉を求める。「朝切った肉は夕方買わない」という顧客もいるので一日二回に分けて、朝夕一頭ずつ屠畜しなければならないという。ヤギの屠場は店先にあり、大鍋が置いてある。この大鍋で屠畜後のヤギを茹でて、毛をこそげ落としやすいようにしている。

クリシュナさんの店では鶏肉がもっとも売れており、一日一五〇〜二〇〇キログラム程度が売りさばかれる。鶏肉は、自分たちが提携している養鶏場から直接買っている。鶏の屠畜は、店の中の屠場で行っており、この屠場は外からは見えないようになっている。水牛肉は、親族からすでに解体されたものを買い、店内で冷凍加工して一日二〇〜

三〇キログラム程度売っている。豚肉は、ライ・リンブー族からすでに解体されたものを買い、冷凍したうえで一日三〇～四〇キログラム程度売っている。

ここで取り上げた三人は、いずれも旧来の慣習を踏襲するのではなく、先進的な方法を取り入れている若いビジネスマンである。彼らはいずれも、もともとは肉屋でなかったが、商機を見出して肉屋になった。彼らは、たとえば水牛の肉は親族が解体したものを用いるなど親族関係を利用しているが、設備投資などは自身の判断で行っていることが多かった。バブラムさんの、「行きすすめるうちに、ここにたどり着いた」という語りが示しているように、消費者の要望に応えるかたちでさまざまな革新をしている。そのなかで、「肉売り」という仕事も、職業として市場に仲介されたかたちで、捉え返され、再確立されつつあるといえるだろう。

もちろん、第4節で取り上げたこの三人のような小売形態はまだみられはじめたばかりであり、現状としては第3節で挙げたようないくつかの形態が入り混じったかたちになっている。しかしながら、新しい小売店の形態が短いスパンで次々とみられるようになったことが物語るように、都市の消費者たちの関心や意識はめまぐるしく変わり、小売店主たちも利益を少しでもあげるため、これに適応していこうと日々試行錯誤している。そのなかで、たとえばレジを導入するなど、バブラムさんの経営を真似る小売店もみられはじめており、これらの新しい小売形態は、今後の動向の一つの先取りモデルたり得ているといえるだろう。

5　職業としての肉売りへ

本章では、流通体系の広域化と、冷凍技術や大規模近代屠場の導入などの技術革新の過程を、カドギを中心とした食肉業に携わる人びとの日常的実践の位相から検討してきた。

大都市であるカトマンズにおいては、グローバルな衛生観念や健康志向を身につけた消費者の増加を受けて、短期スパンで技術が目覚ましく進化し、食肉のグローバルな規格への再編が進んでいる。

消費者は、まとめて一度に買い物ができる場所に、食料や日用品を購入する場所を移しつつある。それにあわせて小売業者たちも、軒先で職住一体型により行っていた肉売りを、市営バザールへ、さらにはアーケード付きの「モール」へと、移動させながら営んでいる。そしてそのたびに購買層を、近隣住民、同一市街、遠隔市街へと拡大している。さらには近年、スーパーマーケットなどにおいて冷凍肉を包装し値段をつけて売るという方式がとられ、店主との対面的なやりとりをしなくとも肉は購入可能となった。当初外国人向けに始まった冷凍肉市場は、近年は、グローバルな健康志向をもったネパール人消費者によっても、そのシェアを拡大しつつある。また、大規模な「チキンファクトリー」も、企業としての経営を行っている。そこではカースト役割を世襲するのではなく、市場や競争原理に貫かれたシステムによりその経営が制御されている。

カトマンズ盆地において、従来カーストに基づいて肉売りを担っていたカドギたちは、仕入れ、解体・加工、小売などの一連のプロセスにおいて影響力を保持しており、前記のような流通体系の広域化や近代化に順応することに成功していると言えるだろう。このような動態は、押川が指摘した植民地期インドにおける皮革職人カーストをめぐる動態とは大きく異なる。なぜこの違いが生じたのか、理由として大きく以下の三点が挙げられるだろう。

第一に、カドギたちの重要な収入源であり、現在も独占している水牛市場において、大規模屠場への雇い替えを拒否し、中規模で彼ら自身が取り分をもつコミュニティ・ベースの屠場形成を選んだことに顕著にみられるように、彼らは、技術や既得権益を囲い込みながら全体的な底上げを図っており、この方針が奏功している。

第二に、たとえばカドギは水牛の屠畜解体および肉の卸売、ムスリムは家畜の仲買人、ライ・リンブー族は養豚業者としてなど、集団ごとに機能を分化したかたちで、新たに他集団と横につながりつつ広域の市場に接続した点である。それぞれが強みをもつ分野ごとの分業形態をとることで、それぞれの集団が権益や技術を囲い込み、流通体系が一部の企業や資本家によって一元化されずに済んでいる。

第三に、カドギたちが、既存のカースト役割のなかに安住するのではなく、都市の流動性のなかで、近代的な価値観を身につけた消費者とのやりとりに直接さらされることで、状況に適応しようとする主体を有するようになった点である。こうして、カースト役割を単純に踏襲するのではない、市場に仲介された近代的な「職業」としての肉売りが、カドギたちのあいだにおいても構築されはじめているといえるだろう。

以上のように、本書で検討した事例を通してみえてきた動態は、既存の地域の枠組みを超えた広域の流通体系が形成されることで、個々のカーストや民族単位が機能集団として市場メカニズムに適応したかたちで機能分化し、流通体系のなかに再配置されていく様相であった。この動きは、一見、階層の再生産や固定化としても見て取れ、たとえば「肉売りカースト」としてのカドギたちのカーストと職業との結びつきが強化されることも否定できない。しかしながら、宗教的タブーや「不浄」観を超えて食肉が流通することが顕著に示すように、この動きは、「低カースト」たちを追いやってきた差別意識などを支える従来の社会秩序をなし崩し的に越境していく契機にも、同時に開かれているといえるだろう。

第7章 供物としての肉から商品としての肉へ

お寺でお参りすると、住み込みで神様の世話をする司祭から額に赤い粉で祝福の印であるティカをつけられ、花を渡される。参拝者は、ありがたくティカを受け取り、花びらをちぎって頭に乗せる。また、神様にお供えした食べ物も、少しずつちぎって参拝者に分け与えられる。これら神様からのお下がりは、「プラサーダ」と呼ばれている。

私は、感染症にかかり肉を食べないほうがよいと医者に言われていた時期に、プラサーダとして水牛の肉を渡されたことがあった。躊躇していた私に、周りの友人たちは、「プラサーダは食べるものだ。拒否したり残したりしてはいけない」と口々に言い、その有無を言わさぬ勢いに、後で多少体調が悪くなってもしょうがないと覚悟して肉片を飲み込んだことがあった。プラサーダはそれくらいありがたく特別なものなのだ。

ジニマナヤの儀礼を見学させてもらったときに驚いたのは、プラサーダの分配が緩やかだったことだ。タレジュ女神にお供えした供犠獣の解体は民間の屠場で行われ、プラサーダはその場に居あわせたムスリムたちにも渡される。また、一部は取り分けておいて次の日、店頭で販売するのだという。神様のお下がりとしてのプラサーダと、店で売る商品、どちらにもかかわっているカドギたちからみて、肉ははたしてプラサーダなのか商品なのか。

ここまで第Ⅱ部（第4章、第5章、第6章）では、食肉の市場化にカドギたちがいかに適応してきたのか、主に商実践に焦点をあてて検討してきた。第7章では、市場化にともなう人びとの価値観の変化が儀礼面においてはどのような影響をもたらしているのかをみていきたい。その際、市場に流通する商品としての肉と、供犠のプラサーダとしての肉の両方に、カーストに基づく役割としてかかわってきたカドギが、商品とプラサーダという肉の二つの文脈にどう向きあっているのかに注目する。そうすることで、カースト役割が状況に応じて組み換えられていくプロセスと、そこにみられるカドギたちの主体を明らかにしていきたい。

1　市場化と「名誉のエコノミー」

儀礼においては神々への供物である供犠獣とその肉は、もう一方では、市場で取引される商品としても流通するようになった。特に第6章で示したようなグローバル・スタンダードでの技術革新や消費者意識の変化は、地域社会から肉の「離床」をもたらし、それはカドギたちの肉に対する意識や就業意識の捉え返しも促している。では、このような肉のカースト社会からの「離床」は、儀礼に携わる人びとにとってどのような出来事として経験され、それはカースト役割の遂行にどのような影響を与えるのだろうか。

ネワール社会における市場とローカルな価値体系の接合に関連する研究として、序章で紹介したランキンの研究が挙げられる（Rankin 2004）。ランキンは、市場の自由化が、ローカルな価値体系であるカーストに基づく財とサービスの分配の体系にいかに接合しているのかについての分析を行った。具体的にはネワールの農村の民族誌をもとに、グローバル・スケールで生じる価値の再編が、ローカルに埋め込まれた社会的威信をめぐる理財としての「名誉のエコノミー」にどのように還元されるのかを考察している。なお、このランキンの議論の前提として、埋め込まれている範囲をネワール農村のカースト社会を構成する人びとに限定し、かつ固定的に捉えているということを挙げることができる。

では、プラサーダは、ローカルな価値体系にどのようにかかわっているのだろうか。プラサーダの意味について、お下がりを食べることで神への敬意を示す意味（Fuller 1979）、シャクティを摂取するという、より積極的な意味（田中 1986）などを指摘する研究があるが、ここでの問題関心により近い研究として、プラサーダの分配に関するアパデュライの研究が挙げられる（Appadurai 1981）。アパデュライはプラサーダの分配は、儀礼的な序列を再生産するという政治的側面もあることを指摘している。つまり、分配されるプラサーダの部位や順番などにより、むしろ順位をめぐる名誉が強調され、礼拝者のあいだの差異化が生じるとしている。ここに、ランキンが名誉のエコノミーと称した、カーストに基づいた財やサービスの分配をめぐる理財が見出せ、プラサーダがローカルな価値体系のなかに埋め込まれた、社会的威信を高めるための象徴的資源という役割を果たしてきたとみることができる。

ここまでの整理をふまえて、本章での検討課題について説明したい。第7章では、市場経済が浸透し、ランキンが前提としたようなカースト社会範囲を越えて、肉の交換がなされることで、プラサーダの分配はどう変わったのかを明らかにすることを検討課題とする。特にタレジュ女神へのプラサーダである肉は、二〇〇〇年代前半まで、カドギのジニマナヤが壷に入れて人びとに配り歩いていた。このタレジュ女神のプラサーダを食べることについて、人びとは病気や怪我から身を守ることができると、田中雅一の「シャクティの体内への摂取」という指摘に近い見解を示していた。また、プラサーダの分配に関しても、どの部位を誰が受け取るという儀礼的な序列が定められている。たとえば、水牛のプラサーダに関しては、シャクティがもっとも強く宿るとされる右目が儀礼的序列の最上位のものに分配される構造になっており、これが序列の再生産につながるというアパデュライの指摘は、実際に当てはまる部分がある。しかしながら、本章で注目する点は、肉は儀礼面だけではなく、商品として売買をする市場にも連続してあるという点である。プラサーダにみる儀礼的序列の再生産のなかに、市場取引にみられる価値変容はどのような影響を与えているのだろうか。

以下、本章では、供犠のプラサーダである供犠獣の肉の分配の変化から、世俗面と儀礼面の変化の連関を読み解いていきたい。そのうえで最後に、カドギたちが、儀礼上のカースト役割を、市場化や近代化が進行している現在において、どのように捉え返しているのかについて考察を加えたい。まず第2節では、肉が市場化するなかで価値観が変化し、プラサーダの象徴的な意味合いと実質的な意味合いのズレが生じている様相を素描する。第3節では、グティサンスタンや政府が財政的支援をしている年中行事での血の供犠の様相を、これにかかわる人びとの役割分担のあり方に注目しながら明らかにしていく。第4節では、実際にどのように血の供犠が実践されているのかについて、カトマンズの旧王宮内に位置するタレジュ女神へのプジャを例に記述する。そのなかで、供犠後のプラサーダの分配に、商用屠場が用いられたり、屠場従業員が一部の解体を手伝ったり、また、カドギがプラサーダを自分の小売店で売るなど、儀礼的分配の場面に商取引が入り込んできている様相が明らかになる。第5節では、分配の変化にみられるような、市場取引とカースト役割の組み換えが、ほかのカースト役割のなかにもみられる点について検討していく。最後に、章括を加える。

2　供犠の簡略化

神々への供犠をしたあとの家畜の肉は、プラサーダとして、人びとに共食される。たとえば、リネージ神の儀礼においては水牛の供犠のあと、表7-1の左半分にみるように、儀礼的地位の上位八人が顔の肉のそれぞれ決められた部位を食べることとされている。

しかしながら、表の右半分にみるように、個々の部位の二〇一一年現在の市場価格は儀礼的序列とは大きく乖離し

表7-1　水牛のプラサーダの分配とその市場価格

序列	部位	市場価格
1	右目	5ルピー
2	左目	5ルピー
3	鼻	15ルピー
4	右顎	50ルピー
5	左顎	50ルピー
6	右耳	5ルピー
7	左耳	5ルピー
8	舌	200ルピー

聞き取り調査をもとに作成。

ている。たとえば、シャクティがもっとも強く宿るとされる右目は市場価格ではほんの五ルピーにすぎず、逆に儀礼的序列が八位のものに渡される舌が市場では二〇〇ルピーともっとも高額になっている。これは、市場価格が需給のバランスで、つまり儀礼とはまったく関係のないところで定まっていることによるといえるだろう。

では、儀礼的価値と市場価値のズレは、儀礼にどのような影響をもたらしたのだろうか。以下、リネージ神や王の神などへの儀礼としてではなく、個々人が、祈りを捧げ願い事をするために寺院に参拝する際における、血の供犠の変化をもとにみていきたい。

ラリトプル市街で人びとの信仰を集めるバガラムキ女神は、十大女神の一つとされており、血の供犠を受ける神様である。バガラムキでは、毎週木曜日が参拝にふさわしい日とされており、木曜の早朝にはヤギや鶏を連れた人びとが寺院の前に長蛇の列を作っていた。

しかしながら、その理由については確認がとれていないものの、二〇〇〇年代前半に、それまで毎週木曜日に実施していたヤギや鶏の血の供犠がいっせいに受付けられなくなり、ココナツヤシを鶏に見立てて代用するようになった。二〇一二年現在においては、ドゥルガー女神の一〇日間の祭りであるダサインなど特定の年中行事の際以外には、この寺院ではもう血の供犠は実施されていない。

カトマンズ盆地の中心部から南西にバスで約一時間三〇分の距離にあるダクシンカーリー女神も、人びとの強い信仰を集めており血の供犠を受ける女神である。毎週火曜日と土曜日は参拝にふさわしい日とされている。ダクシンカーリー女神の寺院は、バス停から三〇分ほど歩いたところに位置している。寺院関係者によると、土曜日と火曜日には一日あたりヤギは一〇頭前後、鶏は一〇〇羽前後が生贄にされている。二〇〇〇年代前半までは、その数倍の生贄がみられたが、最近はココナツヤシで代用する人が増え、血の供犠をする人は減っている。その理由について尋ねると、寺院関係者は、血の供犠をすることについて「動物がかわいそう」「血の供犠には金がかかる」とみなす人が増えたからではないかとする考えを返答した。供犠を捧げたあとの帰り道には、鶏を大釜で茹でて羽をむしる作業の代行、ヤギの解体の代行サービスをしている人たちが待ち構えている。この代行サービスをしている人びとのカーストはマハルジャンである。彼らに話を聞くと、儀礼とはまったく関係のない「プライベートビジネス」として二〇〇〇年代よりこのサービスを始めたという。ヤギの解体は一頭あたり八〇ルピーであり、アヒルと鶏は一羽あたり一五ルピーを支払うこととなっている。傍にピクニック場が併設されており、参拝後には仲間どうしでバーベキューを楽しむ人びとも多い。

ここでみられるように、特に二〇〇〇年代以降の風潮として、個々人が女神に参拝する際における血の供犠を「動物がかわいそう」「金がかかる」などの理由でやめる人が増えつつある。また、ダクシンカーリー寺院では、供犠後の解体処理がビジネス化されており、人びとは寺院前で供犠獣を買って女神の前まで引き連れていくだけでよく、そのあと解体して肉にする作業は金銭を払って業者に依頼し、すぐに調理できる状態の肉だけを受け取ることができるようになっている。年中行事や人生儀礼など、儀礼のプロセスのなかに血の供犠が組み込まれている場合以外の、個々人の意志で寺院に参拝にいくときには、血の供犠自体を自主的にやめる人びとが増え、またその後の解体や共食のプロセスから儀礼的な要素が消失しつつあるといえるだろう。

3　供犠を支える組織――グティサンスタンによる家畜の供与

本節においては、年中儀礼において、特に王の神であったタレジュ女神への血の供犠を例として、その近年の動向をみていきたい。

タレジュ女神への供犠獣の主な手配者は、第3章でその機能について詳述したグティサンスタンである。表7-2は、グティサンスタンがタレジュへの供犠獣を供与する日程とその内訳を示したものである。グティサンスタンは、一般の商用流通ルートに携わる仲買業者と契約を交わして供犠獣を業者から買い取っている。二〇一一年現在、グティサンスタンは一軒の業者（ネワールのアマティィヤ・カースト）と契約をしている。なお、第4章でみたようにグティサンスタンが供犠獣を買い上げる形態は、ネパールがヒンドゥーを国教とする王国から世俗国家へと移行したのちにも継続している。

表7-2に示される供犠のうち、ヤギやアヒルのみが供犠される日程においては、これを担うのはカルマチャリア・カーストであるタレジュ女神のプジャリ（司祭）である。寺院はピラミッド状になった階段の上にあり、カルマチャリアたちは寺院内で血の供犠を行う。カドギたち（ジニマナヤ）たちが呼び出されるのは、これらのうち水牛の供犠をともなう日程である。その際には、ジニマナヤはタレジュの寺院下のトリスリ（三叉の刀）に対して血の供犠を行う。

なお、グティサンスタンでなく政府がその供犠獣の手配を行う機会がある。タレジュ女神の主な祭りである、アソズ月新月から約一〇日間にわたるダサイン祭における血の供犠のための供犠獣は、政府（年金・儀礼省）が供与する。この際には、政府より黒いヤギ四二頭、黒い水牛一一頭が提供される。この家畜も、グティサンスタンの場合と同様に、政府は民間業者の仲買から買い上げている。この業者は、競争・入札制を経て政府と契約を結んでおり、二〇一一年現在で一〇軒[1]であった。供犠の主体と供犠獣の提供者の対応関係を表にまとめたものが、表7-3である。

表7-2　グティサンスタンがタレジュへの供犠獣を供与する日程とその内訳

供犠の日程	供犠獣の内訳			
	黒いヤギ	マダラのヤギ	水牛	アヒル
バイサーク月　新年の日	6	1	1	6
バイサーク月　白分4	2			1
バイサーク月　満月	6	1	1	6
ジェト月　白分5	7	1	1	6
ジェト月　白分10	7	1	1	6
ジェト月　満月	6	1	1	6
アサール月　黒分10	6	1	1	6
アサール月　白分6	6	1	1	6
サウン月　黒分14	2			1
サウン月　白分12	2			1
バダウ月　白分4	2			1
バダウ月　クリシュナ祭	6	1	1	6
バダウ月　白分8	6	1	1	6
バダウ月　白分9	6	1	1	6
バダウ月　白分12		1	1	1
バダウ月　白分13	6	1	1	6
アソズ月　黒分13	6	1	1	6
マンシル月　黒分1		1		1
マンシル月　黒分4	6	1	1	6
マンシル月　黒分8	6	1	1	6
マンシル月　黒分14	2			1
マンシル月　白分5	6	1	1	6
マンシル月　白分12	6	1	1	6
プース月　満月	2			1
マーグ月　満月	6	1	1	6
マーグ月　白分5	2			1
マーグ月　白分7	2			1
ファグン月　黒分6	2			1
ファグン月　黒分10	6	1	1	6
ファグン月　黒分14	2			1
ファグン月　白分12	6	1	1	6
ファグン月　白分15	2			1
チャイト月　黒分14	6	1	1	6
チャイト月　白分8	2			1

グティサンスタン内部資料（2011年9月4日閲覧）をもとに作成。
※これに加えて、毎月黒分8と黒分14に、2匹ずつ黒いヤギを供犠獣として供与。

表7-3　タレジュ女神に向けた血の供犠の主体と供犠獣の提供者

場所	供犠の主体	供犠獣の提供者
寺院	司祭	グティサンスタン
寺院下のトリスリ	ジニマナヤ	政府（ダサイン祭） グティサンスタン（ダサイン祭以外）

4　タレジュ女神へのプジャの変容

以下では、実際にどのように血の供犠が実践されているのか、また近年どのような変化がみられるのかについて、カトマンズの旧王宮内に位置するタレジュ女神へのプジャ（以下「タレジュプジャ」）を例に記述する。

4-1　司祭カーストから見たタレジュプジャ

第3章にて言及したように、タレジュ女神の司祭カルマチャリアは、タレジュプジャは最大で一四カーストによって営まれているとみなしている。年間二六回程度、最大で一四のカーストが集まる機会がある。この二六回とは、前節で言及したように、水牛の供犠をともなう儀礼と、ダサイン祭での儀礼である。

この王宮内での儀礼以外に、タレジュの司祭たちが儀礼を行う機会が、表7-4に示される日程である。王宮の外においては、タレジュ女神の化身、もしくは姉妹とみなされる女神に対して、儀礼組織の筆頭司祭がプジャをする。新年の日には、カトマンズ中心部にある広場ラトナパークの一角にある「ルイマジュ」と呼ばれる自然石を神格とした女神にプジャを行う。また、マンシル月の黒分八～一〇日目には、第3章でも紹介したグヘシュワリ女神にプジャを行う。なお、ルイマジュやグヘシュワリに対しては、タレジュ女神の「一部」[2]とみなして儀礼を行うという。ほかに、チャイト月のナラデビ（Naradevī）女神の祭りにはタレジュの姉妹として、男神であるジャイシデヴァの祭りにおいてはタレジュの「家族」として、タレジュの筆頭司祭が儀礼を行っている。

また、聞き取り中に、次節で詳述するような、ジニマナヤが主体的に行うこれ以外の王宮外の儀礼について尋ねたところ、筆頭司祭からは、「（ジニマナヤたちは）私たちがやっているタレジュプジャとは別のプジャとしてやっている

表7-4　司祭が参加する王宮外でのタレジュプジャの日程と場所

日程	場所
バイサーク月　新年の日	ラトナパークのルイマジュ女神（タレジュ女神の一部として）
アサール月　白分6日目	ジャイシデヴァ（タレジュ女神の家族として）
マンシル月　黒分8日目	グヘシュワリ女神（タレジュ女神の一部として）
マンシル月　黒分9日目	
マンシル月　黒分10日目	
チャイト月　黒分14日目	ナラデビ女神（タレジュ女神の姉妹として）

と思う」という返答があった。

4-2　カドギからみたタレジュプジャ

では、ジニマナヤたちは、タレジュプジャをどのようなものとして捉えているのだろうか。そしてそれは、前節の筆頭司祭の語りが示すように、はたして「別の」プジャも含んでいるのだろうか。

ジニマナヤたちは、タレジュプジャは年間三二回あるとみなしている。表7-2に示される日程のうち、水牛の供犠が必要な日程に、ジニマナヤたちは、ジョシから連絡を受けて呼び出され、年間二六回王宮で供犠をする。ジニマナヤ自身は、このような、年間二六回ある王宮内でのタレジュプジャを「サルカリ（政府の）プジャ」と呼んでいる。そして、その機会以外に、彼らは六回のタレジュプジャがあると捉えているのだ。

ジニマナヤたちからみたタレジュプジャの日程は表7-5に示される。表7-5では、二六回の「サルカリプジャ」以外に七回がカウントされるが、内一回のグヘシュワリでの血の供犠はジニマナヤではなく、第3章で説明したグヘシュワリのカドギの司祭が担っており、ジニマナヤたちはこれを見届けにいくのみである。よって、彼ら自身が供犠を行うのは、表7-5の示されるもののなかから、グヘシュワリの一回分を差し引いた計三二回となる。また、表のなかで白文字で示されている箇所は、タレジュプジャの司祭がこれにともなわない機会である。なかでも、ダサイン六日目と七日目の、カトマンズ市街地のタレジュの祠での血の供犠はジニマナヤだけで実施され、彼ら自身が祠に

表7-5　ジニマナヤからみたカトマンズのタレジュプジャの日程と場所

日程	供犠の場所	供犠獣
バイサーク月　新年の日	ラトナパークのルイマジュ	水牛1頭
バダウ月　白分14	クマリの家	水牛1頭
ダサイン6日目（アソージュ月白分6）	タレジュの祠（マハーボーダ地区）	アヒル1羽、アヒルの卵12個
ダサイン7日目（同白分7日）	タレジュの祠（ニューロード地区）	水牛1頭
ダサイン8日目アスタミの深夜から9日目マハーナワミの早朝にかけて（同白分8日～9日）	王宮内（ムルチョーク）	水牛10頭、ヤギ9頭、アヒル9羽
マンシル月　白分14	インドラーニー寺院	水牛3頭
マンシル月　黒分10	グヘシュワリ（グヘシュワリに駐在しているカドギたちが供犠し、ジニマナヤたちはこれを見届けに行く）	水牛1頭
＊年間26日、「ジョシが決めた日」	王宮	水牛1頭、ヤギ1頭、アヒル1羽

あるタレジュのトリスリに対して儀礼を行う。特に六日目のタレジュの祠に備えるアヒル一羽とアヒルの卵一二個は、グティサンスタンや政府から支給されるのではなく、ジニマナヤ自身がこれらを工面している。

ジニマナヤたちがその正装である白い服を着るのは、年に四回、ダサイン初日である「ガタスタパナ」と、同六日目の市街地でのタレジュの祠（マハーボーダ地区）での供犠、七日目のタレジュの祠（ニューロード地区）での供犠、八日目の深夜から九日目にかけての「マハーナワミ」のみである。ガタスタパナでは、ジニマナヤたちは白い服を着て、デヨチェ（神様の家）で水牛を一頭供犠する。マハーナワミでは、カドギたちは、王宮内のムルチョークという広場で、水牛一〇頭、ヤギ九頭、アヒル九羽を供犠する。この日には、ジニマナヤたちが「ファーデヨ」と呼んでいるバイラヴァや女神の顔のついた壺を四つ持っていく。このファーデヨは、それぞれ儀礼的序列の一位、二位、三位、四位のジニマナヤの家に保管されている。それぞれの家を回って壺を集めて、タレジュの寺院に入り血の供犠をする。水牛の血や頭、肉を壺の中に入れる。供犠を終えたのち、ナェキバジャを演奏しながら王宮を出て、ジニマナヤのタカリ（儀礼序列一位の人物）の家に戻ってくる。壺に入れた肉は、プラサーダとして人びとに分け隔てなくふるまうこととされていたが、これは二〇一一年現在においてはみられない。

タレジュプジャ後の肉について五〇代以上の人びとに尋ねると、「サルカリプジャ」の肉は一九七〇年代ごろまで、ダサインのプジャの肉は二〇〇〇年代前半まで、壺に入れられ王宮前の広場に置かれ、これを人びとが受け取りにきていたという。その際には、特に金銭のやりとりはみられず、受け取りにきた人びとはどのカーストであっても分け隔てなく、プラサーダとして無料で分配を受けることができたという。

4-3 タレジュプジャの実践

では、実際に、タレジュプジャはどのように実践されているのだろうか。私は、タレジュプジャのプロセスと、その場でのカースト間の役割分担について調査を希望したが、王宮の内部には、現在博物館として公開されている区域以外、外国人は入ってはいけない(3)とされており、一度はこれを拒否された。二〇一一年八月に、筆頭司祭とNKSSの紹介状を得て、ネパール政府の考古学局に調査許可を申請した。その結果、ネパール政府考古学局が、書簡で王宮博物館側に対し、私の調査への協力を許可するよう通達を出した。その際の王宮博物館側が出した条件は、博物館として公開されている区域（王宮博物館事務所のベランダ）の範囲までの立ち入りとする、写真やビデオをとってはいけない、職員の立ち会いのもと調査を行うということであった。ノートに儀礼のプロセスをとることは許可された。以上の条件を守ったかたちで、二〇一一年九月六日と九月一一日に、タレジュ寺院に向かいあって約二〇メートル程度の距離にある王宮博物館事務所の二階のベランダから見学した儀礼のプロセスは以下の通りである。

タレジュ寺院に至る階段のふもとで、階段に向かって左のところにトリスリがあり、その高さは人の背丈ほどである。トリスリの前に、黒い水牛、黒いヤギ、アヒルがつながれている。

タレジュ寺院に至る階段とそのふもとのトリスリ。儀礼が始まるまでの写真撮影は許可された。左下あたりに供犠される水牛がつながれている。

一四時四〇分、階段の上から、赤い服の上下を着たカルマチャリア・カーストの司祭が降りてきた。一四時四五分、バジュラチャリア・カーストが、トリスリの前に座った。同時に、ジニマナヤによるナェキバジャの演奏が始まる。

一五時〇〇分ごろ、バジュラチャリアがヤギに水をかける。ヤギが震えた。すると、ジニマナヤの一人がヤギを抱きかかえた。そのままトリスリの前に持っていって、もう一人のジニマナヤが首に包丁を入れ、頸動脈を切る。タレジュのトリスリに血を噴きかけた。そのあいだ、ナェキとパリヤル・カーストによるナガラの演奏が続く。その後、トリスリの周りにある神像に血を噴きかけたあと、ナイフでヤギの頭部を切り取り、尾の一部を切り取り、口に咥えさせる。

つづいて、ジニマナヤたちが、三人がかりで水牛をトリスリの前に連れてくる。縄を水牛の足にかけて、三人がかりで引き倒す。同時に、カルマチャリアがトリスリに頭をつけ、祈りを捧げる。バジュラチャリアが、水牛に水をかける。水牛が震える。そのまま二人がかりで引きずって、トリスリの前に連れてくる。一人がナイフを持って、頭のほうから回って首の頸動脈を切る。そこから流れる血を、タレジュのトリスリに噴きかけた。水牛が絶命したのち、頭を切り落として、切り取った尾を咥えさせた。

最後にアヒルを、一人のジニマナヤが抱えてタレジュの前に連れていく。バジュラチャリアが水をかけてアヒルが震えたのち、首をそらせて頸動脈にナイフを入れ、血をトリスリに噴きかける。頭部を落とし、尾を口に咥えさせて神像の前に置いた。

供犠後のプラサーダの取り扱いを見ていると、ヤギ、アヒルは、ラジュバンダリ（給仕係）に渡される。これは、ラジュバンダリが、王宮内の台所で料理して、少しタレジュにお供えしているという。水牛はカドギがそれぞれの屠場に持ち帰り、後に4-4で述べる方法で解体・分配する。この日は、王宮博物館側の事情により、ここでいったん見学を終える必要が出て、私はその場を離れた。

その五日後にあたる九月一一日のタレジュプジャを見学させてもらい、残りのプロセスを観察した。一四時二〇分、前記と同じ手順でまず、ヤギの供犠が実施された。トリスリの前には、ジニマナヤ一二人のうち八～九人くらいが来ている。また、この日は休日であったので、タクリの五歳の息子もついてきて見学している。司祭たちは、赤い服を着て階段の上におり、王宮博物館事務所のベランダでノートをとる私を見つけて手を振ってくれた。厳格な秘儀というよりは、どこか和やかな雰囲気がある。その後、残りの供犠のプロセスが始まった。

一四時二五分、ラジュバンダリが、供犠を終えたヤギの腹部からナイフを入れ、皮をはがす。その後、腸をはずし、睾丸、腸、肝臓、脾臓をビニル製の袋に入れる。内臓をはずして、肉塊になったヤギを持って、ラジュバンダリがタレジュの台所へ入る。

一四時三〇分、ヤギの解体と同時進行で、水牛の供犠、アヒルの供犠が、九月六日と同じ手順で行われる。供犠のあいだ、カルマチャリアたちは階段の上に座って様子を見ている。カドギたちは階段を上らない。

一四時四五分、ラジュバンダリが階段を上り、タレジュ寺院の中にいるカルマチャリアたちに、水が入ったバケツとナイフを渡す。司祭たちがバケツの水で身を清める。その後、ヤギ五頭が、階段を上ってタレジュの寺院の中に連れ込まれる。この五頭は、司祭が寺院の中で供犠をしている。

一四時五〇分、金の器を持ったラジュバンダリが寺院に入り、この器にバケツの水を入れて階段を下りる。空の壺を抱えて、ジニマナヤたちは帰り支度を始める。一四時五五分、棒に水牛を吊るす。これを二人がかりで担いで、外の扉から王宮の外へ出て行く。

以上のように、私が観察した日程では、タレジュプジャには、カルマチャリア(筆頭司祭)、ラジュバンダリ(給仕係)、ラジュバンシ(カルマチャリアの補佐)、バジュラチャリア(司祭)、パリヤル(太鼓叩き)、カドギという計六カーストの参加が確認できた。それぞれの持ち場や役割が厳密に決められており、たとえばジニマナヤたちが階段を上って王宮内のヤギの供犠を手伝うこともなく、それぞれの持ち場や役割を超えることはしていない。ヤギの解体はその場で行われ、タレジュの台所係であるラジュバンダリのもとに引き渡される。では、カドギたちが王宮外に持ち出した水牛の肉の解体や分配は、どのように行われているのだろうか。以下、次項において詳細にみていきたい。

4-4　供犠後の解体作業とプラサーダの分配

水牛の供犠後のプラサーダは、4-2で少し言及したように、一九七〇年代ごろまではジニマナヤたちが王宮内で解体し、これを彼らがファーデヨと呼ぶ壺に入れて王宮の門の前に置き、人びとに分け隔てなく無料で提供していた。二〇一一年現在、水牛の解体は王宮内では行われず、頭を落とした状態で外に運び出される。以下、九月六日のタレジュプジャ終了後の水牛の解体プロセスに関する記録である。

タレジュ寺院の門の前で待機していると一五時一五分ごろ、ゲートが開く。まず、ジニマナヤの一人が、壺を肩に乗せ、手に水牛の頭を持って出てくる。その後、棒に頭を落とした水牛をくくりつけた状態で、ジニマナヤたちが二人がかりで出てくる。リキシャーに、頭と水牛の胴体を乗せる。その後、歩いて街を横断しビシュヌマティ川沿いにある商用屠場に頭と胴体を運び込む。その際には、彼らのトゥワの神であるガネーシャ寺院を通っていくなど、儀礼の行進の際のルート

商用屠場での供犠獣の解体作業

を歩いている。

一五時二〇分ごろ、ビシュヌマティ川河岸の屠場に到着する。なお、タレジュ寺院で、水牛の首の頸動脈とその付近の肉は、すでにラジュバンダリに渡してきたとのこと。屠場には、五〇頭程度の水牛（商用）が待機している。

ヤギの解体は、タレジュの料理を作るラジュバンダリにより王宮で実施されるが、屠場にはヤギの首の頸動脈、心臓、尾、睾丸が、ビニル製の袋に入れて運び込まれていた。頸動脈は、鉄棒に刺して、後に水牛とともにバーナーで焼き、バーベキュー状になったものを屠場に受け取りにくるラジュバンダリに渡す。ヤギの心臓、尾、睾丸は、ジニマナヤたちのあいだで「ローテーション」で分配される。

アヒルの解体も、ラジュバンダリが担う。屠場には、アヒルの首の頸動脈、肝臓、心臓、左右の羽、左右の足、尾が、黒いビニル袋に入れて運び込まれていた。番号が書かれた袋が準備され、ジニマナヤの儀礼上の序列の上位五人に対して、それぞれ、一位右羽、二位左羽、三位右足、四位左足、五位尾が、袋に入れて分配される。

一五時四〇分、ジニマナヤ四人と、屠場の従業員二人が、バーナーなどにより水牛を丸焼きにしはじめた。タレジュプジャに使われる水牛は、生後二年弱の小型のものが中心である。この日も、小型の水牛が用いられた。ヤギの首の皮・頸動脈も、一緒に焼いていている。ヤギの首の肉は、焼いたあとよく洗って、黒いビニル袋に入れた。

一六時一〇分、水牛の頭をジニマナヤのうちの一人が洗って毛をこそぎ落とした。一六時一五分、バーナーを消して水牛の体部に水をかける。ワラで、毛をこそぎ落とす作業が始まる。ムスリムの少年を含む屠場の従業員たちが、一連の作業を見学している。

水牛の頭の解体作業は難しいパートであり、ジニマナヤのうち、もっとも若く、かつ、自身も肉屋を営んでいる男性がこれを担当していた。タクシー運転手を稼業としているタクリは、ノートを出して待機している。儀礼上の序列が上位である老人たちは、「難しいパートだ」と言いながら、ただ様子を眺めている。

一六時三〇分、胴体の毛をこそぎ落とす作業が終わる。ついで、足をはずす作業が始まる。これは、屠場の従業員が実施した。足をはずしたあと、斜面上に切り口を下にして置く。体液が体から流れ落ちる。屠場従業員が腹部を開く作業をする。腹膜にそって内臓を出していく。一六時四〇分、ジニマナヤの一人が、肉屋の店番にいくと言って出て行った。タクリの妻と息子が屠場に入ってくる。

腎臓二つと肝臓を出して、顔の解体が終わって肉が置いてある場所にスライドさせながら出していく。腹膜ごと腸をはがしだして、その後、水場で腸を洗う。洗うときには、腸に少し水を入れて、それを絞りだすという方法をとる。内臓を出した後の体は、肩部と臀部の二つに分断する。その後、一人ずつ、それぞれのパートを受け持って骨をはがす作業が始まる。一つは、屠場の従業員が担う。もう一つは、肉屋を営むジニマナヤの若い男性が担う。そのあいだ、老人のジニマナヤたちが三人がかりで腸を洗う作業をしている。

一七時ごろ、解体作業がほぼ終了する。タクリが帳面を持って座る。帳面には、それぞれの過去の分配一覧が載っている。クマリの館からマハルジャンの女二人が屠場の中に入って肉を受け取りにきた。これらの分配は、タクリが秤に乗せて、行っている。同様に、タレジュの世話人向けとして、バケツに一杯の、水牛の肉、両目、脳、腸、胃、肝臓、腎臓、肉などと、ヤギの首の肉を入れ、これは若いジニマナヤが、徒歩で王宮まで届けに行った。屠場に来ていた仲買人（水牛の様子をチェックに来ている様子）に、一〇キログラム程度の肉を切り分ける。タクリがこれを手渡し、お礼にお金を受け取っていた。残りの肉を、一二等分し、胃、腸、肝臓も一二等分にする。これらは、一人あたり、計三〜四キログラム程度の肉片になっていて、これをジニマナヤにそれぞれプラサーダとして分配する。後ろの秤に、二〇〜三〇キログラム程度の肉・内臓が載っている。これは、ジニマナヤであり、肉屋を営むビクラムさんの家の肉屋で翌日販売する分であるという。

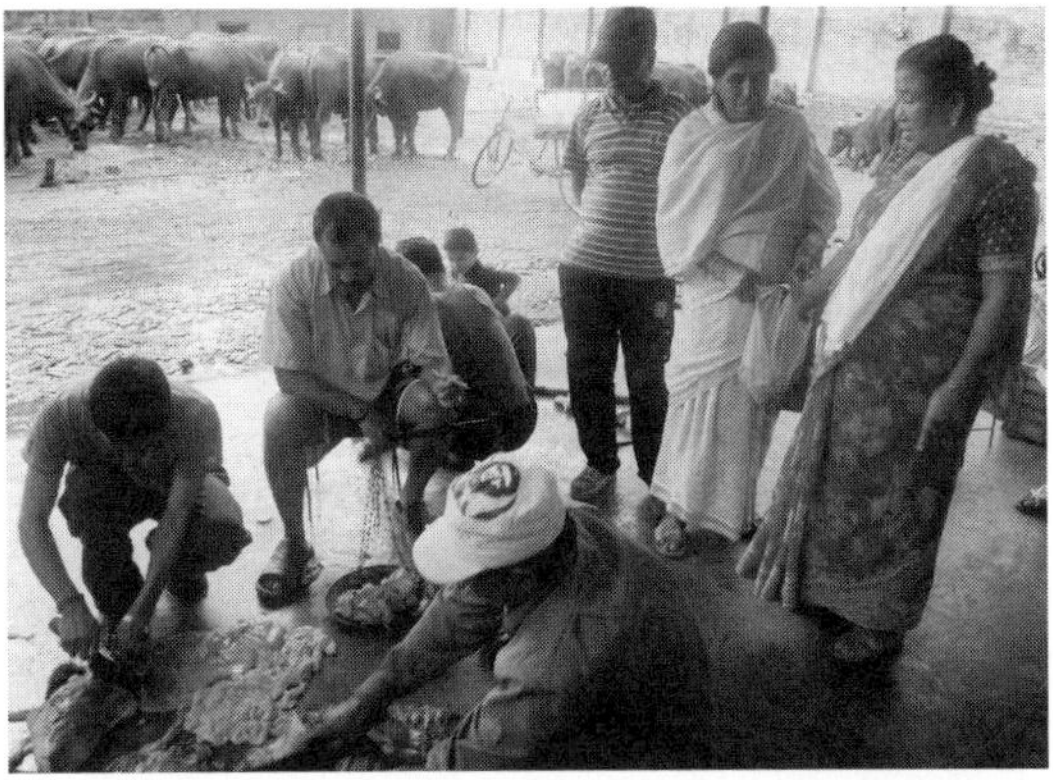
クマリの館に届けるためのプラサーダを切り分けるジニマナヤ

九月一一日の儀礼のあとにおいても、同様に分配作業が行われた。以下、分配の様子やその量をまとめると、一七時ごろに大方の作業が終わったころ、タレジュの世話人としてマハルジャンの女性二人組、ラジュバンダリ、グティサンスタン関係者の男性一人、クマリの家から女性二人組、ナガラを叩く老人（パリヤル）が肉を受け取りにきた。また、サーロイン五切れほどを、屠場のオーナーに「サービス」であるとプレゼントしていた。

それぞれの内訳は、表7-6に示した通りである。なお、この日もジニマナヤのビクラムさんの店頭での小売用に、肉を三〇キログラムほど確保している。関係者に配り終えたあと、残りの部位を、ジニマナヤ一人ずつに、肉一キログラム、胃、腸、肝臓、骨髄、尾を少しずつ秤で量って、均等になるように分ける。水牛の足はローテーションでジニマナヤに回るようになっている。今回は、儀礼的序列五〜八位のもののところに一本ずつ行き渡った。一方で、アヒルの右羽をタクリ、左羽を二番、右足を三番、左足を四番、尾を五番が受け取るという分配は、ローテーション制ではな

表7－6　タレジュのプラサーダ（水牛）の分配

部位	肉の部位	受け取る主体	量
頭部	脳	タレジュの世話人（マハルジャン） グティサンスタン	—
	目	タレジュの世話人（マハルジャン）	—
	舌	タレジュの世話人（マハルジャン）	—
	顔の皮（鼻、耳も含む）	タレジュの世話人（マハルジャン）	—
胴体部	肉	タレジュの世話人（マハルジャン） グティサンスタン ラジュバンダリ クマリの家 パリヤル ジニマナヤ ジニマナヤの小売 屠場従業員 屠場の仲買人	4－5kg 3－4kg 2.5kg 7－8kg 2kg 約12kg 20-30kg 約5kg 10kg
	肝臓	タレジュの世話人（マハルジャン） グティサンスタン ラジュバンダリ クマリの家 ジニマナヤ	4－5kg 3－4kg 2.5kg 2.5kg 約12kg
	胃	タレジュの世話人（マハルジャン） グティサンスタン ジニマナヤ	1－2kg 2.5kg 約2－3kg
	腎臓	タレジュの世話人（マハルジャン）	—
	腸	タレジュの世話人（マハルジャン） グティサンスタン パリヤル ジニマナヤ	1－2kg 2.5kg 2kg 約3－4kg
	心臓	グティサンスタン	2.5kg
	肺	タレジュの世話人（マハルジャン） グティサンスタン	2kg 2.5kg
	骨髄	クマリの家 ジニマナヤ	—
	尾	ジニマナヤ	12等分
	足	ジニマナヤ	1人あたり1本

2011年9月時点。

く、固定されている。手伝っていた屠場の従業員にも端肉を渡す。

本項では王宮で供犠をした水牛のプラサーダの分配について検討してきた。二〇一一年現在においては、王宮内に壺を形式的に持っていき、水牛は空の壺とともに王宮から運び出され、商用の屠場に運び込まれる。また、その解体作業においては、時折屠場従業員の手を借りる様子も見受けられる。解体作業においては、ジニマナヤたちのあいだで、儀礼的な序列とは関係なく、水牛の解体技術の熟練度合いに応じた役割分担がなされている。

そして、この商用の屠場に、タレジュの世話人、グティサンスタン、ラジュバンダリ、クマリの家の世話人などの関係者が、プラサーダを受け取るために足を運ぶ。プラサーダの分配においては、ある程度固定的な分配と、流動的な分配とが見受けられる。固定的な分配としては、水牛の脳や目、顔の皮などはタレジュの世話人に渡すことが定着しており、ヤギやアヒルの胴体部や頭もタレジュの給仕係であるラジュバンダリ・カーストが王宮内で解体しこれを引き取る。ラジュバンダリが解体して引き取ったアヒルの余った部分である頭、尾、両羽や両足については、ジニマナヤがその儀礼的序列に沿って順番に、一位右羽、二位左羽、三位右足、四位左足、五位尾を受け取ることとなっている。分配を受け取る範囲内であるが、そのつど分配が流動的に変わるものとして、肉や肝臓、腸などの分配があり、これは供犠をする個体の大きさや、受け取りにくる人の要望によっても変動することがある。たとえば、パリヤルの老人は肉を受け取ったあと、もう少しくれと要求しジニマナヤはこれに応じていた。足の分配においては、ジニマナヤたちのあいだで「ローテーション」が組まれていて、一二人のうち四人ずつが交代で一本ずつ受け取れることになっている。

儀礼上のプラサーダの分配を受け取る範囲外にみられる流動的な分配として、表7-6において白文字で示されている屠場の従業員や仲買人への転売や分配、また、ジニマナヤが経営する小売店での転売がみられる。儀礼関係者以外への分配についてジニマナヤに尋ねたところ、これがみられるようになったのはタレジュへのプラサーダの解体に商用屠場を使うようになってからであり、比較的最近の話だという。屠場従業員に肉を分けているのは作業を手伝ってくれたお礼としてであり、また、屠場を使用させてもらっているオーナーに対しても、お礼として肉のもっとも市場価値の高い部位であるサーロインを渡している。

以上のようにタレジュのプラサーダをいかに分配するのかその方法の変化を整理してみると、タレジュにお供えするための目、脳、などの定められた部位の分配は変化していないことが指摘できる。一方で、変化した部分として、大きくは一般に開かれていたプラサーダの分配が、関係者内に閉じたものになったということが挙げられる。さらに、分配の対象に市場関係者が組み込まれたこと、分配を屠場で行い、カドギがイニシアチブをとるようになったことも挙げられるだろう。そして、もっとも大きな変化として、プラサーダの一部を、商品として扱うようになったことが挙げられる。たとえば、ムスリムの仲買業者に、市場での高価な部位であるサーロインを日ごろのお礼として提供するなど、これはプラサーダではなく商品としての価値を見出してのお礼であったとみなすことができる。

さらに、自身が肉の小売をしているジニマナヤのビクラムさんは、毎回、タレジュへのプラサーダである水牛の肉二〇〜三〇キログラムを、自身の小売店での転売用に確保している。このことについては、グティサンスタンやタレジュプジャ関係者も知っており、これを容認している。彼らはなぜプラサーダを販売しているのだろうか。以下、次項において、プラサーダの販売をめぐるカドギたちの解釈を検討したい。

4-5　プラサーダの販売をめぐるカドギたちの解釈

ジニマナヤたちによるタレジュプジャにともなう血の供犠とその後の解体作業は、王宮内と商用屠場の双方にまたがって行われている。ジニマナヤからみると、どこまでが儀礼的な役割で、どこからが市場を介した取引なのだろうか。

4-2で明らかになったように、ジニマナヤが主体になって実施しているプジャがある。なかでも、ジニマナヤたちが正装で行うダサイン六日目のタレジュの祠における血の供犠では、グティサンスタンや政府からも費用の補助や供犠獣の提供はみられず、彼ら自身が費用を負担して工面したアヒルとその卵一二個の供犠を行う。

ジニマナヤたちには、グティサンスタンから給料が支給されている。ジニマナヤたちの衣装（四年に一回新調）、衣装につける花、水牛などの供養獣も、グティサンスタンから供与されている。しかしながら、プラサーダを入れる壺であるファーデヨへの日々のプジャや、前記のように彼らが主体となる血の供犠では、グティサンスタンや政府から家畜の供与はなく、自分たちで工面しなければならないという。

このような自分たちの儀礼の経費をどう工面するのか、ジニマナヤたちは仲間内で相談し、その結果、プラサーダをビクラムさんの小売店で売り、その売上からこれらの経費を捻出していくことにした。ビクラムさんは、家の裏庭で解体した水牛一頭分の肉を、家の一階部分にある肉屋で売って生計を立てている人物である。こうしてジニマナヤたちは、グティサンスタンから支給される供犠獣や給与と、市場で獲得するお金とを組み合わせながら、自分たちのプジャの経費を捻出しているのだ。そしてこのことを、彼ら自身は「バランスをとっている」と表現している。

彼らによる「バランスをとる」実践は、ほかにもみられる。屠場のオーナーや仲買人など、タレジュプジャにおける儀礼上の役割分担が特にない人びとにも、お礼として、余ったプラサーダを提供している。また屠場の仲買人に対してジニマナヤは肉を渡し、それと引き換えに金銭を受け取っている。このお金も、ジニマナヤは、ファーデヨなどへの日々の儀礼に充てているという。

ジニマナヤたち自身は、その役割を、呼び出される機会や拘束時間も長く、損得勘定ではとうていできるものではないと語る。彼らにとって、タレジュプジャは、損得勘定を超えた「ボランティア」であるといい、彼らはタレジュを「クシ」（嬉しい）状態にすることができるのは喜ばしいことだし、自分たち以外にはできないことだと、やりがいを感じている。ジニマナヤたちは、世俗面・儀礼面などの領域を超えて、それにかかわる人びととの関係性をうまく組み換えながら、彼らのなかでは、自分たちにしかできないジニマナヤという役割を維持しているといえるだろう。

5　カースト役割の組み換え

では、タレジュプジャの動向や、そこでの分配の変化に端的にみられるような市場取引の儀礼的分配への浸透は、ほかの儀礼的役割においてはどのように現れているのだろうか。本章の章括に入る前に、本節において近年のカドギたちをめぐるカースト役割の変容の様相を読み解いていきたい。

5-1　ジニマナヤのクマリ巡行行列への参加

二〇〇八年に、ネパールはヒンドゥー教を国教とする君主国から世俗主義の共和国となった。しかしながら、ここまでで論じてきたように世俗国家になったネパールにおいて、これらの年中行事での供犠獣への政府からの拠出はいまだに続けられている。

王制廃止後、タレジュ女神は王の守護神というよりは、ネワールの伝統の象徴とみなされる機会が多くなった。特にこれが顕著に表れた例として、二〇〇八年の王制廃止後最初のインドラジャトラ祭におけるネワールの暴動が挙げられる。二〇〇八年当時のマオイスト政権は、政教分離政策の一環として、インドラジャトラ祭における供犠獣のための政府からの拠出廃止を決定した。これを受けて、広くネワール社会から、人びとが街頭に出てバイクや車、店舗を破壊するなどの暴動を起こし、クマリの山車を引くことがボイコットされるなどの大混乱が生じた。彼らは、クマリ信仰はネワールの伝統であり、クマリへの儀礼を軽んじることは彼らの伝統を軽んじることになると訴えた。事態を重く受け止めた政府は、王の儀礼というよりはネワールの「伝統儀礼」の存続のため結局給付に転じた。この例にみるように、国家守護神とされていたタレジュ女神は、王制廃止後には、ネワールの伝統の象徴とみなされるようになってきているのだ。

　インドラジャトラ祭のハイライトは、クマリの山車の巡行である。二〇一一年より、クマリの山車の巡行に、これまでは認められていなかったジニマナヤの参加が認められるようになった。このきっかけは、ＮＫＳＳの依頼によりタレジュプジャの筆頭司祭であるカルマチャリアがインドラジャトラ運営委員会に進言したことである。ここで彼は、「ジニマナヤたちにとって自信になることだし、タレジュの化身であるクマリにとって、ジニマナヤはセキュリティガードだから」という主張を通して、同委員会を説得したのである。

クマリ巡行に参加するジニマナヤ

　クマリ巡行の当日一六時ごろ、ジニマナヤたちはナェキンを演奏しながら王宮前に到着した。西洋式の軍服を着て西洋式の音楽バンド演奏を奏でる国軍と同列で、白い正装でナェキンを打ち鳴らしながらクマリの出発を待つ。大統領や首相も白い宮殿のバルコニーに並び、儀礼を見守るなか、一六時二〇分ごろ、ガネーシャ、クマールの山車に続いて、クマリの山車が出発した。順番として、最初にプルキシ[4]、ラケダンス[5]、マハルジャンによるディメ太鼓の演奏、ガネーシャの山車、クマールの山車、パンチャーブッダ[6]、クマリの山車、国軍の演奏、これに続いてジニマナヤによるナェキバジャとなっている。いずれも、インドラジャトラ祭の行進にクマリとのかかわりにおいて儀礼的な役割を背負って参加してきた人びとであり、そこにジニマナヤが新たに加わることとなったのである。
　白い服で正装してナェキンを叩きながら歩くジニマナヤを、見物していた人びとが携帯電話でいっせいに撮影する。人びとが、「あなたたちはどういうグループですか」と聞き、「ジニマナヤだよ」と答えていた。その後、行列にまぎれ込んで一緒に歩いている私を振り返って、「これまではいつも寺院の中にいたので、自分たちのことを知らない人が多かった。こうやって歩くようになると、知ってもらえるようになる」と嬉しそうに話してくれた。

翌日の巡行では、国軍と行進の並び順が入れ替わり、ジニマナヤが国軍の前を歩くことで、さらなる人びとの注目を浴びながら行進した。二〇一一年を初回として、ジニマナヤがクマリの巡行に参加することは、翌年以降も恒例行事へと定着しつつある。

インドラジャトラでの山車の巡行への参加を、ジニマナヤ自身はとても誇らしく名誉なことであると捉えている。NKSSも同様にこの新たな役割を喜ばしいものとみなしており、王宮前でクマリの山車の出発を待つジニマナヤたちの写真を引き伸ばして横断幕を作り、その後のプログラムの際にこれを飾っている。ここでみてきたように、ジニマナヤたちは、「タレジュのセキュリティガード」としてのジニマナヤというカースト役割を断片的に取り出して強調するなど、いったん儀礼的な要素を持ち出してこれを根拠とし、新しい役割を獲得しているといえるだろう。

5-2　カースト役割の組み換え

第4節でみてきたように、ジニマナヤたちは、タレジュプジャに関しては、かなり積極的にその役割を維持している。この役割を根拠として、ジニマナヤたちは彼らが名誉あることと捉えるクマリの巡行に新たに参列することも可能になった。

しかしながら、タレジュ以外の供犠、たとえば上位カーストの人生儀礼で供犠をすることについては、「忙しい」と言って拒絶するなど、積極的ではないカドギが多い。水牛は供犠後、カドギの屠場に運ばれて解体され肉になる。その際、第3章でみたように供犠のパトロンたちはカドギに五〇〇ルピー程度の金を渡し、多くの場合、プラサーダとして一部の肉をカドギにも分けている。しかし、これらはさほど大きな儲けではなく、さらに、彼らはこれを「従属的な役割」であるとみなしているることから、断るものが増えてきているのである。

同様の状況は、葬式でのナェキンの演奏の事例にもみられる。ナェキンの演奏による葬式の先導には、一回あたり、二〇〇〇～四〇〇〇ルピー程度の金を受け取ることができる。報酬額が多いことから、カドギたちは葬式での演奏は依頼されると引き受けることが多かった。しかしながら、近年、葬式での演奏を嫌がるカドギたちもみられるようになった。二〇一二年、カトマンズ盆地から車で北東に約四時間の距離にあるドルカ村に住むカドギたちが、葬式でナェキバジャを演奏することをボイコットするようになった。よくない機会に演奏をするのは嫌だという理由である。他方で、ナェキンは、カドギのアイデンティティとして、トゥワのなかで積極的に伝承されている。また、祭りの先導についても、若者を中心に再興の動きがみられるようになってきている。これらの野辺送り以外の演奏では、報酬はなくボランティアであるが、カドギたちは、さまざまな儀礼における山車や神輿の巡行を先導するのは楽しいし、「自分たちがいないと祭りが始まらない」とし、この役割についてはかなり積極的に行っている(7)、という。カドギの若い層のあいだで、金銭報酬がなくても、ナェキンをより望ましい機会に演奏するものとしたいという考えをもつものが現れてきている。

ほかにも、第5章で記したように、出産時へその緒を切り胎盤を辻に捨てにいく、死の床を清め死者が亡くなるときに着ていた服を辻に捨てにいくという、生死にともなう清めに関するカースト役割について、NKSSはカドギたちに対して「差別につながる」と、実施しないように呼びかけている。実際には、病院で出産し死を迎えることのほうが多くなってきたので、このカースト役割は自然消滅した部分もある。しかしながら、第3章で述べたように、胎盤やへその緒を捨てるマネだけをするなど、形式だけ続けられている部分がある。そういう形式的な部分においても、従属的なものでありこれを続けることでカドギたちの名誉が脅かされる恐れがあると判断し、カドギたちが自主的にこれを拒否することが起こっている(8)。

このように、カドギたちのあいだで、儀礼的役割の組み換えが起こっているという状況を指摘することができる。

カドギたちは、「カースト間で共有されたカースト理解」のうち自分たちに都合のよい部分を、「儲かるかどうか」「自分たちの名誉を守るものであるかどうか」などを考慮しながら、日々、組み換え、カースト役割として更新しつづけている。

6　経済的機会と社会的威信の両立をめぐる断片的なイメージ操作

本章では、市場化にともなう価値観の変化がカドギのカースト役割にどのように影響しているのかを検討した。具体的には、カドギが商品とプラサーダという肉をめぐる二つの文脈にどのように折り合いをつけているのかに焦点をあて、カースト役割が儀礼面と世俗面を超えて組み換えられるプロセスと、そこにみられるカドギたちの主体を明らかにしてきた。

特に二〇〇〇年代以降の風潮として個々人の意志で寺院に参拝にいくときには、血の供犠自体を自主的にやめる人びとが増えている。また供犠後の解体や共食のプロセスから儀礼的な要素が消失しつつある。しかしながら、街全体での年中行事や人生行事などのように個々人の意志で執り行うというよりはその執行が制度化されているような機会においては、血の供犠は継続されている。そして、グティサンスタンや政府が供犠獣を提供している状況は、二〇〇八年にネパールの王制が廃止され、共和国となったあとにも継続している。

タレジュへの供犠という特殊な役割を担っているジニマナヤたちは、供犠は王宮で行い、その後の水牛の解体作業は商用屠場で行っている。また、ジニマナヤたちは、プラサーダの一部を販売して、自分たちが主体となって行う儀礼の経費を捻出しており、その行為自体を彼らは「バランスをとっている」と解釈している。ジニマナヤたち自身は、その役割を、呼び出される機会が多くて拘束時間も長く、損得勘定ではとうていできるものではないと語る。しかしながら、同時に彼らはタレジュプジャを担っていることについて、自分たち以外にはできないことであると、やりがいを感じている。ジニマナヤたちは、市場と儀礼それぞれにかかわる人びとをそれぞれの領域を超えて巻き込みながら、自分たちにしかできないジニマナヤという役割を維持しているといえるだろう。

プラサーダの分配の変化にみられるような既存の地域の範域を超えた人びとの動員が、カドギのほかの儀礼的役割においてもみられる。第5節で示したように、二〇一一年よりジニマナヤたちは新たにクマリの山車の巡行に参加するようになった。これは、「タレジュのセキュリティガードとしてのジニマナヤ」というカースト役割を断片的に強調し、これを根拠に祭りの運営委員会を説得して可能となったものである。つまり、カドギたちは「カースト間で共有されたカースト理解」のうち、「儲かるかどうか」「自分たちの名誉を守るものであるかどうか」などを考慮して、断片的にカースト役割を捉え返し、その解釈について関係者の承認を経て別の文脈で適用させるという、カースト役割の組み換えをしているといえるだろう。

なお、ここでみられるカドギのカースト役割の組み換えは、歴然とした影響力をもつカースト制度と、カースト間の役割分担を一見踏襲するようなかたちで行われている。つまり、ここでみられる組み換えとは、融通無碍なカースト役割の取捨選択というよりは、カースト役割の維持という体裁をとりつつ、カースト間で共有されたイメージを断片的に強調したり、それを読み替えたりしながら、その中身をなし崩し的に創り替えたものとみることができるだろう。そして、この組み換えは、決して儀礼やカースト役割などの枠内という「制約の範囲内」(Rankin 2004: 147) や解釈の次元に留まることはなく、実際に、プラサーダの分配のあり方や、カースト役割の質の変化をもたらしているのだ。

カドギによるカーストの組み換えに関するここまでの議論を、本章の冒頭で紹介したランキンによる「名誉のエコノミー」という議論とすりあわせてみたい。ランキンが、グローバル市場とローカルの価値体系の接合のあり方として示した「名誉のエコノミー」は、そこに埋め込まれているアクターを、ネワールのカースト社会に限定的で固定的なものと想定していた。しかしながら、本章で検討したカーストの組み換えは、カーストに閉じた社会内ではなく、市場を介してモノの交換とそれにかかわるアクターが広がった状況においてみられている。カドギたちは、経済的機会をめぐる市場で流通する商品と、社会的威信をめぐる「名誉のエコノミー」における象徴的資源とみなされてきたプラサーダという、二つの価値体系を横断しながら肉を扱っているからだ。そして、その際にカドギたちは、社会的威信を求める動きをする際に商品としての肉を使い、経済的機会を求める動きをする際にプラサーダとしての肉を用いており、文脈の異なる二つの価値を組み合わせるような事態も生じている。つまり、カドギたちは、儀礼的役割であることを根拠として自分たちが肉を売ることの妥当性の維持を図ったり、肉を扱う経済的特権を根拠として儀礼での名誉ある役割を獲得しようとしたりしていたといえるだろう。

なお、本章は第Ⅱ部の最後の章でもあることから、以下、展望も入れた第Ⅱ部を通した考察を示していきたい。第1章で示したように、カドギはカースト役割として供犠や屠畜を担ってきた。しかしながら、第Ⅱ部を通してみてきたように、日常的な生活において人びとは常にカースト役割を内面化しているわけではない。特に、食肉市場形成を受けて、市場取引が生活世界のなかに浸透してくるようになった。そのなかで、第6章でみてきたように、個々人の市場取引を介して冷蔵庫の導入などの技術革新も見られ、人びとの職業意識や食肉に関する規範にも変化が生じつつある。このようにして、肉はカースト社会から「離床」し、カーストを巻き込むかたちで社会配置や秩序に揺らぎをもたらしはじめているのだ。他方で、カースト役割が完全に消滅したわけではない。第5章でみてきたように、肉市場での優位性を保つために、カドギたちはカースト内での経済的連帯を強めている。生計を営むうえで、カーストという範疇は、カドギにとって必要な範疇となっているのだ。こうして、個々の取引と、カースト役割とのあいだのズレに、カドギは対応することになった。その際、カースト役割をカドギにとって最大限に好ましいものにするために、カドギたちは、第7章でみてきたように、これを断片的に組み換えて操作するという方法をとっているといえるだろう。

このような肉をめぐる社会関係の断片化と組み換えは、序章で紹介したような、己の属する民族範疇や立場を客体化しながら交渉するアイデンティティ政治に一見似ている。しかしながら、これは、表象上のリアリティ維持だけに留まらない。異なった価値と価値の狭間において、一見維持されているかのようにみえるカースト役割は、グローバル市場と照らしあわせるかたちで断片的に組み換えられたうえでカースト間関係に適用されており、その中身は常に変化しているからである。

以上の点を指摘して第Ⅱ部を閉じるとともに、このような日常的な深層の次元でみられるカーストの組み換えが、ネパールの国家規模での変動にどのように接続しているのかについて、第Ⅲ部で明らかにしていきたい。

第Ⅲ部
国家的変動への下からの接続

第8章 カースト・イメージの読み替え

国王の専制体制と、これに反発するマオイストとの緊張関係が続いていた二〇〇五年八月、カドギたちは司祭になるためのトレーニングを司祭カーストのバジュラチャリアから受けていた。カドギの司祭は一世帯だけであり、カトマンズ盆地だけで一〇万人以上というカドギたちの需要を満たすことは難しい。彼らは、自分たちで人生儀礼などを執り行えるようにしたいと考えたのである。

儀礼面で厳密な役割分担が定められているネワール社会において、本来の儀礼的役割ではないことを新たに始めるのは困難である。しかし、このトレーニングを発案したラトナさんは、血の供犠をするカドギは「壊す力」、司祭のバジュラチャリアは「作る力」を担うが、たとえばバジュラチャリアが執り行う儀礼では水牛に見立てて黒豆を供犠しており、「同じことを表から見るか裏から見るかの違いにすぎない」と語る。このような理解の仕方により、慣習上はあり得なかったカドギが司祭になることを可能としたのである。

第Ⅲ部においては、民主化により民族やカーストをめぐる政治体制が大きく変化するなかで、国家的枠組みへの包摂を念頭にカドギたちがカーストをどのように再解釈し実践しなおしているのか、「行為論的カースト」の様相を明らかにする。第8章では、カドギたちが特に二〇〇八年の王制廃止以降、どのように社会体制のなかに包摂されようとしているのか、その名乗りのポリティクスを、カドギたちの内部的な相互承認のプロセスから明らかにしていきたい。そのなかでみえてくるのは、ラトナさん（3-3）が示したような、アイデンティティ政治に一元化されない、多様な読み替えの技法である。

1　ネパールの民主化とエスニック・カテゴリー

1-1　アイデンティティ・ポリティクスとふつうの人びとの日常

ここまで述べてきたように、ネパールでは一九五一年以降、政治的な移行期が続いている。特にネパールが連邦民主共和国となった二〇〇八年前後より、民族、カーストなどの中間集団を単位とした社会的包摂を求める動きが、連邦制の議論と相まって活発化している。

序論で紹介したように、ゲルナーは一九九〇年代初頭から二〇〇八年までの十数年という短い時間で生じている変化として、人びとによる「政党ベースの投票からカースト・アイデンティティでの投票への移行」を指摘している。そしてこの移行は、二〇〇八年の制憲議会選挙における六〇％の比例代表制の導入と多くの「コミューナル」な政党の出現により、より「劇的で極端なもの」となっているとする（Gellner 2009: 15)。

こうして、それぞれの集団が政治的資源の分配をめぐって互いに差異を強調するようになり、民族間関係が競合関係となる場面が増えつつある。また、政治的資源の分配を少しでも有利に運ぶために、個々の民族やカーストの活動家が、自身の民族範疇の歴史や伝統を主張したり、再解釈したりすることも多くなった。本章の内容をやや先取りすると、カドギたちも歴史や伝承をもとにして、みずからを先住民ネワールの一員であり、ダリットではないと主張するに至っている。

社会体制への包摂や政治的分配を有利に持ち込むことを目的とした伝統や歴史の再想像・再創造は、アイデンティティ・ポリティクスの一環として捉えることができる。アイデンティティ・ポリティクスについて米山リサは、「従来の制度的過程や主流の歴史的表象から排除され、周縁化されてきた人びとが、集合的に共通する要因として特定の文化的・社会的・歴史的差異を掲げ、これに自己同定することによって集団としての社会的代表権を求める社会運動」(1998: 47) としている。ネパールにおいても、一九九〇年の民主化運動以降、人類学者たちにより、儀礼や社会慣行などの差異をもとに、エスニック・アイデンティティを創造したり、再解釈したりする人びとの姿が描かれるようになった (Macfarlane 1997: 185–204)。

しかしながら、ゲルナーは民族表象が活発化する現状において、「これまで、ふつうの人びとの日常を研究してきた人類学者は、むしろ民族活動家の主張と、活動家が代表していると主張する人びとの感覚や理解のあいだにあるズレ (lack of fit) を記録する義務がある」と述べる (Gellner 1997: 22–23)[(1)]。民主化を背景に、自身の伝統や文化を資源として客体化し、政治・文化的分配を求めようとする活動家たちはたしかに存在している。本章で検討するカドギの事例においても、カースト団体NKSSがこの活動家としての役割を有している。しかしながら、対象社会においては、こうした活動に批判する立場をとる人びとや、そもそも声を上げないという選択をする人びともいる。一部の声の大きな活動家の主張だけを拾ってカースト表象であるとみなすならば、それはゲルナーの言う「ふつうの人びとの日常」がもつリアリティを捨象し、時には表面的な活動家が代表する理解に人びとの感覚や理解を一元化させて捉えてしまうような事態を招きかねないといえる。

1-2　日常生活と人びとによる比喩の方法

では、ゲルナーが指摘する民族活動家によって代表される「ふつうの人びとの感覚や理解」と、「民族活動家に表象される理解」とのあいだにあるズレは、人びとにとってどのようなものとして経験されているのだろうか。そして、このズレをめぐる動態は、どのように捉えることができるのだろうか。

アイデンティティ・ポリティクスにおいては、生物分類的な「類－種」の関係のように、個のアイデンティティは全体的カテゴリーとの直接的・無媒介的関係によって定まりがちである。それにともなう問題として、小田亮は「アイデンティティ・ポリティクスにおいては、人びとは、あたかも種的同一性を介してしか、自己を肯定することができないと考えられている。種的同一性によらない自己の肯定の仕方を想像しない限り、アイデンティティ・ポリティクスによる以外の抵抗の在り方も見えてこない」（小田　1997: 811）としている。そのうえで、「誰もが一貫したアイデンティティの形成などなしに、自己を肯定的に形づくる」生活の場に、アイデンティティ・ポリティクスの陥穽から抜け出す契機を見つけ出そうとした（小田　1997）。具体的に、小田は「統合的な全体との結びつきなしに、断片を断片のままつなぐ関係性のあり方」（小田　2004）に注目している。[2]

私は調査するなかで、種的同一性に括りきれない人びとの分類の仕方を目の当たりにした経験が頻繁にある。「はじめに」で紹介したように、肉屋店頭の調査の際、私に対してカドギであるオーナーは、カドギを「彼は僕たちの兄弟なんだ」と説明したうえで、カドギ以外の人びとを「彼はシェレスタ、シャキャ、ムスリム、チベタン、中国人」などと、ネワールのカーストと通常民族、外国人などと括られる範疇を並列して答えていた。この説明にみられるように、日常的な生活のなかでは、人びとのあいだでは常に政府が定めるような集団の分類の仕方が内面化されているわけではない。

他方で、カドギは、本書のなかで繰り返し述べてきたように、カーストを単位として生計を営み、かつ同カーストで集住する傾向をもつものが多い。カーストは、カドギにとって、今日の政治的な動向を受けてなんらかの枠組みに包摂され資源の分配を要求するためにも、生計を営むためにも、必要な枠である。NKSSの会長は、「はじめに」で記したように、私に次のように語っている。

カーストをなくすのは簡単だ。だけど、われわれには実際のところカーストが必要なんだ。だから、名前をよくしていかなければならない。そのために、われわれは活動しているんだ。

本書第Ⅲ部を通して詳しく述べるように、NKSSは、カドギ・カーストの由来や文化について、カースト内外に広く発信する役割を担っている。この語りから、実際のところ、カーストという枠が必要であり、そのためにカーストからもたらされるイメージをよくしていかなければいけない、というNKSSが代表している見解が読み取れる。では、ふつうの人びとの日常における感覚や理解は、ここでNKSSが代表して述べているような「カースト」や「名前」にどのように交錯していくのだろうか。その具体的な相互関係はどのようになっているのだろうか。本章ではカドギを対象として、日常的な関係性から想像されているカースト・イメージが、活動家による表象を受けて一見、一枚岩であるかのように一括りにされ実体化していくプロセス（また、その逆も）について、検討していくことを目的とする。そうすることで、人びとは包摂に向けてどのように声を上げているのか、またその際にはどのような内的な相互承認のプロセスが働いているのかについて明らかにしていきたい。それは、「行為論的カースト」が「存在論的カースト」に帰結したり、「存在論的カースト」が「行為論的カースト」を動機づけたりする、相互補完の具体的なプロセスとしても重ねてみることができる。

具体的には、カドギの政治的活動と自己表象について、新聞記事、NKSS会報、会合の観察、インタビューをもとに検討していく。まず第2節では、活動家によるカースト表象について、ネワールの民族団体であるネワデダブが出版した本である『ネワサマージュ』のカドギの項目と、NKSSが助成してカドギの長老が作成したパチャリバイラヴァのナィアジマに関するパンフレットをもとに検討する。第3節では、カドギのカースト・イメージを、人びとは生活のなかで実際にどのように解釈しているのかについて分析する。第4節では、カースト・イメージが統合的に括りなおされる場面について、NKSSが主催する集会でのやり取りを中心に分析する。最後に、まとめを加える。

2 活動家によるカースト表象

二〇〇六年の民主化運動以降、個々の民族の伝統や文化に関する出版物が多く発行されるようになった。ここでは、活動家によるカースト表象として、ネワールの民族団体ネワデダブの概要を検討したのち、ネワデダブが出版した『ネワーサマージュ』と、NKSSの支援のもとカドギの長老が作成した「パチャリバイラヴァ」の伝承をみていきたい。

2-1 民族団体ネワデダブ

ネワールの民族団体、ネワデダブは一九九五年に結成された。ネワデダブは、ネパール先住民連盟（Nepal Federation of Indigenous Nationalities: 以下、NEFIN）の傘下団体となっている。

NEFINは、一九九一年、国家レベルでの非政治的かつ自立した先住民／固有民族の団体として、民族の権利獲得のために結成された。ウェブサイト(3)によると、NEFINによる先住民の定義とは、次のように列挙されている。

・シャハ王朝によるネパール国家の形成よりも前に住んでいたもの
・抑圧された集団であり、国家機関（state organs）を代表できていない
・支配者とは異なる、自身の言語、文化、宗教を有している
・ネパール政府の先住民法二〇〇二年にリスト登録されている

また、注釈として、ブラーマン、チェットリ、マデシブラーマン(4)はネパールの固有民族ではない、と明記してある。NEFINを構成している民族団体は、二〇一二年現在において国中で四八団体存在する。NEFINは、国連先住民ワーキンググループのメンバーでもある。

ネワデダブは、「ネワールの異なったローカルレベルでの個々の組織により体現される、国家レベルでの連合体」とされる(5)。設立目的は、すべてのネワールをその芸術、文化、言語、文学、そして遺産を向上させることで「国家建設（national building）」をする作業において統合するために結成された、としている。ネワデダブの活動目的として、次の五つが挙げられている。

・民族自治および資源管理と関連して先住民の知識を強化する
・積極的な価値、文化、言語、習慣を強化する
・包摂的な民主主義に向けて声を上げる
・権利、仕事、機会の保障のためポリシーメイカーや利害関係者と対話する
・社会的正義を持ち込む

NKSSは、ネワデダブに二〇〇一年に加盟したが、二〇〇九年ごろにこれを解消した。その理由として、NKS

S側は、NKSSの活動は「カドギのカーストの問題が中心である」が、ネワデダブはこれ以外のこともしており、方針の違いがあったとしている。とはいえ、NKSSは何かプログラムがあるときにNEFINと方針が合えば参加するという形式をとっており関係がまったく途絶えているということではない。

2-2　ネワデダブ出版『ネワサマージュ』におけるカドギの歴史

二〇〇八年、ネワデダブは、ネワールのすべてのカーストのあらまし、文化、歴史、慣習について、それぞれのカーストの代表が自分のカーストを担当するかたちで記述した『ネワサマージュ』を出版した。以下、カドギの箇所を担当して記述したNKSS代表による記述の一部の邦訳（原文：ネワール語）である。なお、意味が通りにくいところは筆者により補足している。

多くの歴史家が言うには、ナヤ（nāyaḥ）、カドギ（khaḍgī）はインドのチェットリ、スルヤバシ（太陽神の息子）やカシャパの子孫である。ダニエル・ライトの文献[6]には、ネパール暦九年（西暦八八九年）スラウン月七日土曜日、カルナタカのナヤルプラデシュからナーニャデヴァ（Nānyadeva）王がネパールに入ってきて、新しい暦を作ったとある。そのとき、ナーニャデヴァはナヤル（nāyarna）／ナヤ（nāya）と一緒に来たといわれている。ナーニャデヴァ王が入ってきたとき、ラリトプルやカトマンズの王をしておられたジャヤ・デーヴァ・マッラ王と、バクタプルの王をしておられたアーナンダ・マッラ王は、ティラフッタ（バラ郡）のほうに怖がって行った[7]。ここから考えられることは、ナーニャデヴァ王はナヤ族の一員であるということだ。そして、インドのナヤル州における状況と照らしあわせてみると、ナヤたちが王宮で主導的役割を果たしていたことを推測することができるだろう。

その後、インドのカルナタカの王様ソメスォルの軍参謀長であり、ナーニャデヴァ王の子孫であるハラシンハ・デーヴァ王が、シマロイナガル国のバダサハ・ガヤシヂィナ・トゥガルカン（ムスリム）の襲撃を受けるという出来事があった。このとき、一度は迎撃をしたが、ムスリムに降伏するよりも逃げるほうがよいという判断に至り、王の家族と一緒に軍のナヤルタ（nāyarta）／ナヤ（nāyaḥ）、そして他のジャーティの人びと（アチャジュ[8]、ジョシ、バダル[9]、バイデ[10]、ブラム[11]、ドビ[12]）と一緒にネパールのほうに向かって逃げた。その際、ジャングルで泊まることになったものの、食べるものが何もなかった。ハラシンハ・デーヴァは、その場所にいる人と共に何も食べないで泊まることになり、守護神であるタレジュ女神にお祈りをした。すると、女神は王に、翌朝、王の家族五人のなかから一人が、水牛の生贄をするよう指示を出した。

翌朝、ジャングルで一頭の恐れを知らない水牛に出会った。恐れを知らない水牛を連れてくるのは簡単な仕事ではないが、勇気のある軍のナヤルタが捕まえ、タレジュ女神のためにバリ（血の供犠）を与えるために王の前に連れてきた。しかし、バリを与える仕事を誰かが担わなければならない。そこで、王様の末息子が水牛を殺し、この役を引き受けることに決まった。その末息子は、カドガ（刀）を使って水牛を殺し、（女神に）バリを与えた。その後、彼が水牛を殺したあとのプラサーダを仲間に分けて与えた。王様と一緒になって逃げている仲間たちは、大きな力を得た。このようにして、王様の刀でもって、バリを与える仕事をする人として、末息子はカドギという立場を与えられた。そのような来歴をもつ人びとの子孫も、カドギに含まれる必要があるということを、ここで要請する。

ナヤについて、ネパールに入ったナヤルが「ル」をなくしナヤになったという見解をもつ歴史家がいる。一方、ネパールの祭り、儀礼について目を向けると、ナヤルよりも前にナヤたちがネパールにいたということを証明できる説もある。

歴史の多くの出来事や多くの本に、ネパールマンダラ[13]におけるナヤジャーティの存在は、ナヤルよりも前に証明できるという説がある。カトマンズのダサイン祭のときに実施される、キラーティ時代のファルピン[14]の王様パチャリバイラヴァの祭りである。その祭りの日、（カトマンズの）下部エリアに住んでいる人たちがパチャリの血の供犠にお供えしたあとのご馳走を食べる必要がある。そのお祭りにおいては、伝承によると、パチャリ神の妾、ナィアジマが外に出てこない限り、どの儀礼も始めることができない。

NKSSによると、カドギ・カーストとされる人びとは、ナヤ、ナェ、カドギ、シャヒなどを苗字とする人びとである。『ネワーサマージュ』の記述では、ダニエル・ライトが記した『ネパールの歴史』を引用しながら、ナーニャデヴァ王という歴史上の人物を取り上げる。そして、ナーニャデヴァ王や王と一緒にカトマンズに来たナヤルたちが、カドギ・カーストのルーツの一つであるとし、彼らは「ル」をとって後にナヤとなったとする「歴史家たちの見解」を引用している。さらに、ナヤルたちは王宮では指導的な立場をとっていたのではないかという推測を立てている。

また、一三世紀後半にカトマンズ盆地に来たハラシンハ・デーヴァ王の末息子が水牛を屠畜し、それにちなんでこの息子はカドギという立場を与えられた。このハラシンハ・デーヴァ王の子孫もルーツの一つであり、カドギ・カーストとして捉える必要があると訴えかける。

さらに、この二つの伝承よりも古くに遡ることができるものとして、パチャリバイラヴァにおけるナィアジマ伝承が挙げられている。ナィとはナェの女性形であり、カドギ・カーストの女性を示す。ナィアジマ伝承については次節で詳述するが、パチャリバイラヴァやナィアジマの主要な儀礼はダサイン祭の時期に実施されており、この儀礼はキラーティ王朝からたどることができるとする。このナィアジマ伝承をもとに、カドギが、ナーニャデヴァ王やハラシンハ・デーヴァ王よりも前からカトマンズ盆地に住んでいたことを訴えているのだ。

『ネワサマージュ』のカドギの項を執筆したNKSS会長のマノージュ氏は、私との雑談中に、次のように語っている。

> カドギたちは、五〇〇〇年前からカトマンズに住んでいる牛飼いだった。でも、ジャヤスティティ・マッラが、今から六〇〇～五〇〇年ほど前に、カドギたちに屠畜の仕事をさせるようになった。きっと、カドギの力を恐れて、政治的に仕組んだことだと思う。ジャヤスティティ・マッラの妻も、カドギである。当時は、女性も政治的な力をもっていた。女性やカドギなど、力をもっている人びとが前に出てこないようにするために、カドギに屠畜の仕事をさせるようになった。

カドギが職業として屠畜や肉売りをするようになったのは、二〇〇～三〇〇年前になってからのことで、そんなに長い歴史があるわけではない。そのあいだ、血がついた服を着ていたり、殺生への抵抗感を持たれたりしたことから、差別が固定されてきた。そういうなかから、袖のついた服を着てはいけない、瓦のある家に住んではいけない、などのルールが作られて、制度化されていったのだと思う。

マノージュ会長は、カーストが制度化される前からカドギがカトマンズにいたことを主張する。そして、一四世紀におけるジャヤスティティ・マッラ王によるカーストの制度化により、カドギは家畜の屠畜を役割とされたが、それは「政治的に仕組まれたもの」であるとみなしている。さらに、屠畜や肉売りをカドギがするようになったのは、より最近のことであり、衛生観念や殺生への抵抗感から、差別が固定化されるようになったという考えを示す。

このように、マノージュ会長は、ナーニャデヴァ王やハラシンハ・デーヴァ王、および「五〇〇〇年前からカトマンズに住む」先住民にルーツをもつ、それぞれ異なった起源をもつ人びとによって構成されるカドギが、のちに「政治的に創られた」カースト制度によって「低カースト」とみなされ、差別を受けるようになったという見解を主張している。そして、この見解はあとに本章で示すように、出版物やＮＫＳＳのプログラムなどを通じて、カドギたちや、ネワールたち、その他の先住民たちに向けて広く発信されている。

2-3　パチャリバイラヴァとナィアジマ伝承

前項において言及されていたナィアジマ伝承について、ＮＫＳＳが出資し、カドギの長老であるケダール氏がパンフレットとＤＶＤを製作した。このパンフレットとＤＶＤは、ネワデダブやＮＫＳＳ各支部に配布されている。以下、このパンフレットにおいて、ナィアジマ伝承についてどのように説明されているのか、みていきたい。

ナィアジマとパチャリアジュ

今よりも八〇〇年前、カトマンズの国の下町の、ウォンデーというトゥワに、ルクマニという名前のとても美しいナィが一人おられました。そのころ、仕事として牛、水牛、豚を川の傍で飼う習慣があり、ルクマニは豚を放牧する仕事をしておられました。ある日の夕刻、家畜に食べ物を食べさせるといって、前の日よりも食べ物を食べさせる仕事が少し遅くなりました。急いで壺とモミの束を手にもって、家に戻る途中に、今まで一度も見たことがない、美しい一人の若い男の人が自分の前に現れました。その日は、何も話をしませんでした。ルクマニの目には夜中その男の姿が何度も何度も見えてきました。それは麗しい男で、顔を見ることを期待して、ルクマニは次の日少し早く（家畜に）食べ物を持っていきましたが、男には会えませんでした。それから、その男に会うことを期待していると、家畜に食事を与えにいく際に、会えるようになりました。その日から、ルクマニは必要・不必要に関係なく、家畜に食べ物を食べさせ、その男に会いました。

一日二日と経ち、二カ月三カ月後、ルクマニは気づいたら妊娠をしていました。ルクマニのお腹が大きくなったのを見て、トゥワの人びとは噂話をしました。家の人たちは、ルクマニに、お腹を大きくした男は誰かと問い、ルクマニは知らないと答えました。ある日、ルクマニの兄弟が、ルクマニが行く道を隠れてついていきました。しかし、その日は男には会えませんでした。驚いたことにその男は、ルクマニが一人で行った場合は会えるのですが、誰かが隠れてついていったときは会えないのです。その男は、夕方と夜以外、朝には会えません。ルクマニは自分に起きていることに不安になりましたが、男は心配いらないとだけ答えました。

お腹にいる子どもが、今生まれるか明日生まれるかという時期になったある日、ルクマニは自分がどうなっても、たとえそれによって死が訪れようとも、その男の名前と住んでいる場所を聞こうと心に決めました。男はルクマニを見てすぐに、今日あなたは心に多くの話を抱えているように見えます、と言いました。ルクマニは、私のお腹にいる子どもがもう今日か明日に生まれようとしています、あなたはいつでも心配はいらないとだけ言います、だけど私は今日、あなたの名前と住んでいる場所を聞かないという約束に背こうと思います、と言いました。男は、あなたは私の名前と住んでいる場所を知ったあと、私にどうしようというのですか、と聞きました。ルクマニは私のすべての人生と若さを、あなたにあげました、ほかにあなたに何をあげるのですか、と聞きました。そして、本当に、あなたと運命を共にするというときには、私はあなたに心臓をお供えしますと約束をしました。そうすると、男は、あなたは本当に私を知る気持ちがあるなら、米を二粒手にとってください、私を知ってから手に持っている米で私に供養をしてくださいと言うと、自分の本当の姿である、長い牙と、顔にかかる長い髪を持つ、恐ろしい姿を見せました。それを見て、ルクマニは手に持っているお米で供養をすることを忘れました。自分のお腹にいる子どもが生まれ落ちても気づかないまま、自分の家に向かって逃げました。男は自分にお米で供養をするように言いながら、逃げるルクマニのあとからついていきました。ルクマニは自分の家の部屋に着くと同時に意識がなくなりました。意識がなくなった娘の世話をしている家族は、ルクマニのお腹に赤ちゃんがいないことに気づきました。子どもをどこに落としてきたんだと言って、ルクマニが来た道を、子どもを探しにいきました。ルクマニからのお米粒の供養を待っていた男は、自分の時間が終わったと言って、戻っていきました。

ルクマニに意識が戻りました。ルクマニは、父と母に、男とのあいだに起きたすべての話をしました。子どもを探しにいった兄と弟たちが、彼女が言った場所から子どもを連れてルクマニの膝に置き、自分の部屋に寝に行きました。翌日の朝方、母親がルクマニの部屋に見にいくと、部屋に娘がいません。どこに行ったのかと家の人びとが、ルクマニを探しにいきました。探していると、ルクマニの太腿が少し見えました。ルクマニは、死んだ人が使う竹の棒に、(15) 自分の右手をかざし、男と一緒に石(神様)になっていました。その場所は、現在、アジュ(母神)が住んでいるパチャリ(バイラヴァ)です。ルクマニが神様になった話を、トゥワの人びとは知りました。話が広まり、それを見に行くことも始まりました。(中略)パチャリアジュに豚の心臓を置く意味は、ルクマニがその男に人生を捧げる約束として、心臓を置いて捧げると言ったことがもとになっています。今、ルクマニの心臓を捧げることはできませんが、飼っている豚を、神様の場所に置いて、脇から針を刺して殺す習慣があります。そして、その豚の心臓を、バイラヴァにお供えします。そのときには、残っている肉を細かい部位に分けてターメリック以外のマサラを入れず茹でたものを「マチャリ」と呼び、これを子どもたちに食べさせる習慣があります。マチャリを食べさせる習慣は、カトマンズのほかの地域にもあります。（中略）ターグティという有名なサナグティでは、マーグ月の満月の日、パチャリアジュに豚の心臓を置いて供養をして、グティのメンバーに食べさせる習慣が今でも実施されています。

このパンフレットでは、八〇〇年前、つまり、ナーニャデヴァ王やハラシンハ・デーヴァ王が来るよりも前に住んでいたとされるルクマニと、パチャリバイラヴァとの恋についての伝承が記されている。また、第3章で紹介した、パチャリバイラヴァを地域の主神とする、ヒューマット・トゥワのリネージ神の儀礼において、豚の心臓をバイラヴァにお供えするようになった由来として、ルクマニがバイラヴァに人生を捧げると言ったという伝承を挙げている。

このパンフレットを書いた長老ケダール氏は、二〇一二年ごろより、カドギからナェへと、名乗りを変えるようになった。そしてケダール氏は、カドギが五〇〇〇年前から盆地に住んでいる先住民であると主張するようになった。

パチャリバイラヴァ寺院。左下にバイラヴァ像、右上にナィアジマ像が祀られている。

私たちのジャートが上に行くために、歴史を書く必要がある。先日、とある大学の学長が、間違った歴史を書いている人がいると教えてくれた。それには、ナヤは、ハラシンハ・デーヴァと一緒にネパールに来たと書いてあった。自分は、これは違うと言おうと思っている。ジャヤスティティ・マッラ王が、人びとにニュースを知らせる必要があって、カドギたちを、太鼓を叩くカースト、肉売りのカーストだと決めた。

だけど、私たちは、ゴーパーラ王朝が八世代続いたあと、マヒシャパーラの時代に三世代王朝を築いていた。たぶん、ゴーパーラ王朝とマヒシャパーラ王朝は、兄弟か何かだったと思う。これが五〇〇〇年前〔ママ〕。その後、八〇〇年前に、パチャリバイラヴァができた。そんな前からの歴史をもっている。

ナェ（nāy）と書くのが、マヒシャパーラのカドギたちの綴りだ。ナヤ（nāyaḥ）と書くのは、五〇〇年前にきた人びとのほう。自分は、五〇〇〇年以上前からここに住んでいる人びとの綴り。ナヤ（nāyaḥ）と書くのは、五〇〇年前にきた人びとのほう。これは、五〇〇〇年以上前からここに住んでいる人びとの綴り。ナヤと書くのは五〇〇年前という説にずっと異を唱えていた。儀礼に豚を使うなど、私たちにはかなり昔からの歴史があることを補強する証拠があるのに。

私のところに、博士たちがたくさん来る。ケシャブ・マン・シャキャ、というネパールラストラ党の人物も来た。自分は書けないし、わからないから教えてほしいと私のところに来たんだ。それで、私は言ったんだ。みんなパチャリバイラヴァという婿だけ尊重して、嫁は尊重しないのはどういうことだよ？と。

［サナグティの儀礼において、終始アガンデョの傍に飾ってあったガネーシャの絵を見ながら］このガネーシャの名前を、私はつけたんだ。名前がないのはよくないと思って。ルプビナヤク。お母さんの名前はルクマニ、お父さんの名前はパチャリ、ガネシュはビナヤクとするから、ルプビナヤク。マッラ・K・スンダル(16)なども家に来たよ。オー、あなたにはびっくりしたよ、と博士たちは言っていたよ。彼らは、私のことをダイ（兄さん）と呼んでいる。

自分の夢に、神様が三回出てきた。一回は、自分が、ガネーシャはどこで生まれたのかわからなかったときだ。誰も知らないと言っていた。すると、夢に出てきた。声だけで、生まれた場所を教えてくれたんだ。そして、「ケダール、なんで、黙っているんだ？」と言った。そのあと、いつもそのことを思い出すんだ。

ケダール氏は、学者、ネワールの活動家たちに、長老として、カドギの歴史を伝える役割を担っている。そのなかで、ケダール氏は、カドギは五〇〇〇年前からカトマンズに住んでいる人びとであると主張している。豚の供犠をすることを根拠として、先住民性を強調している。そして、自身も名乗りを変えながら、カドギの歴史を伝える役割を担っている。そのことについて、ケダール氏自身は、夢に神様が出てきて人びとに伝えるようにというお告げを受けていることを、その根拠としている。

3　カドギによるカースト・イメージの再解釈

第2節では、出版物や政治リーダーとの接触を通して、熱心にカースト表象を行っているマノージュ氏、ケダール氏の記述や語りについて検討してきた。では、日常生活のなかでカドギたちは、カドギのカースト・イメージを、実際にどのように解釈しているのだろうか。本節において、3-1、3-2ではダリットとして救済されることに対置するかたちで語られる「対等な互助関係や平等な仏教徒」という解釈、そして、3-3では従来宗教上では前例がなかった儀礼を新たにすることになった際に発揮された「同じ現象の表と裏」という解釈の方法についてみていきたい。

3-1　対等な互助関係

NKSSの初代代表バブラム氏と、ラリトプルのタパヒティ・トゥワの長老であるハリ氏は、私に対し、NKSSがなぜ活動を始めたのかについて次のように語った。

バブラムさん：　NKSSができた一九七三年ごろには、海外が支援するかたちでNGOの設立が盛んだった。これらのNGOはダリットの人権保護を訴えるものが多かった。でもカドギはダリットじゃない。誰かに助けてもらわなくても生きていける人びとである。そう思って自分たちで組織を作った。NKSSの活動は、まず、自分のトゥワで始めた。その後、トゥワをめぐり理解を求めた。自分が思うに、カドギがダリットだという考えは、カーストではなくほかの観点からきた。水の問題はあるけど、カドギは不可触民ではない。

ハリさん：　そうだ。ネワールには、お布施で食べている人たちがいる。髪を切るジャート、爪を切るジャートは、いろんなところに来て仕事をするだろう。でもお金はあげない。食物をあげる必要はあるけど。そういうのではない。カドギは、もともとはミルクを売る仕事をしていた。朝、肉を切って、そのままの手でミルクを売りにいく。町をうろうろする。そうすると、商品のミルクに血がつくだろう。ああ、汚い、そう思われてしまう。そうすることで、汚い人、怖い人だと思われてきた。でも、もともとカドギは屠畜の仕事はしていないんだ。シーカルヤという言葉を知っているか？　屠畜は、シーカルヤという。シーはネワール語、カルヤはネパール語。屠畜は、ネワール以外のジャートも、インド人たちもシーカルヤと呼んでいる。このように、あとからきたネパール語とまざって屠畜という言葉ができた。屠畜という言葉は、もともとネワール語にはないんだ。それが証拠だ。

バブラムさんは、ＮＫＳＳ設立の背景として、ダリットへの人権保護や救済の観点でのＮＧＯ設立ブームに対してカドギたちが抱いた違和感を挙げている。救済されるのではなく、自助組織として自分の身内から声をかけ、対等な関係を広げつつＮＫＳＳを拡大していった。

また、カドギがダリットではないという点について、ハリさんは二つの根拠を示している。まずは、金銭以外のものをサービスへの報酬として受け取るかどうかであり、床屋や爪切りなどは、上位カーストにサービスを提供することで食べ物などの支給を受けているが、カドギは受け取っていないことを指摘している。次に、屠畜という言葉の語源につき、ネワール語とネパール語とが混じった言葉であり、このことはもともと「屠畜」という習慣がネワール社会のなかになかったことの証拠であるという。

3-2　平等な仏教徒

互助組織として機能しているNKSSとは別に、二〇〇一年、カドギの貧困層自立支援に焦点をあてた団体であるナヤサマージュが結成された。ナヤサマージュ幹部イシュワルさんは、この団体がNGOとどう違うのかを、次のように語る。

NGOは、私たちをダリットとして支援している。でも、自分たちはダリットじゃないんだ。ダリットは、そもそもヒンドゥー教の考えだろう。インドにハリジャンってあるだろう？　ヴィシュヌの子どもっていう意味。そういうインドからきた考えだから。私たちは仏教徒だし、みんな平等だと思っている。ダリットはインドから来たんだし、ネワールのカーストにはないんだ。なんていったっけ、セキュラリズム（Secularism：世俗主義）、それだよ。自分たちも、それをしているんだ。

NGOの活動とナヤサマーズの活動の違いについて、ダリットとして支援しているかそうでないかを根拠に説明している。そもそも、「ダリット」とは、ヒンドゥー教に基づいた定義であり、自分たちは仏教徒なので、平等思想に準じていると語る。イシュワルさんは、「Secularism」の部分だけ英語で説明してくれた。イシュワルさんは、英語教育を受け、海外のニュースに触れて、そこで得た知識から自分たちがしていることを再解釈し、その活動を組み立てているといえるだろう。

3-3　同じ現象の表と裏

第3章で述べたように、カドギのカーストに基づいた司祭ナェグバジュは、ラリトプルに住む一家族だけである。しかしながら、カトマンズ盆地には一二・五万人のカドギが住んでいると推計されており、これだけの人数の人生儀礼を一家族だけでみることには困難もあった。

ラリトプルに住むラトナ・ラルさん（五〇代男性）は、ラリトプルから西南に八キロメートルほどの距離にあるブンガマティ村のバジュラチャリアから、ヴァジュラヤーナ仏教のプジャを学び、カドギの人生儀礼において司祭を務めるようになった。

習いはじめたのは、二〇〇三年ごろのストライキがきっかけだった。その日は、父親のスラッダ[17]の日だった。でも、この日ネパールバンダ[18]になってしまった。私たちは司祭に、どうかブンガマティ村まで歩いてプジャをしにきてくださいと頼んだ。昔は、彼らは歩いてきてくれていた。だけど、再三頼んでも、彼らは来ないと言い張った。

スラッダが始まってしまったら食事をしてはいけない。子どもたちもみんなも空腹を訴えはじめた。気分が悪くなる人も出てきた。それでどうしようもなくなって、モティグルジュと呼ばれるブンガマティ村のバジュラチャリアの家に駆け込んだ。モティグルジュは、カドギに対して今までプジャをしたことはない。してはいけないことになっている。だけど、彼はその日、プジャをしてくれた。その日はそうやって収まったが、今後、同じことがまた起こるかもしれない。だから、私たちはグルジュに頼んだんだ。私たちにプジャを教えてくださいって。そこから、この試みは始まった。

コカナ、ルブ、キルティプル、パンガ、テチョー、チョバールなどの村々[19]を中心に同じような思いをもっている人が集まった。モティグルジュは、一〇八人のカルマカンダ[20]のなかでもトップにあたる人だ。ヴァジュラヨーギニのピュアダルマ、カドガヨーギニのカルマカンダ、どちらもできる人である。プジャを習ったのは、二〇〇五年の八月から、一カ月程

モティグルジュから修了の印を受けるラトナ・ラルさん

度だった。村々に呼びかけたところ、ルブ、トカ、ブンガマティなどから人びとが集まった。教え方としては、グルジュが前に座ってする所作を、後ろに並んで座った私たちがする、という方法であった。最初は二四人が学んだ。修了まで至ったのは、七人だけである。

　何かするとき、たとえば、私が以前仕事にしていた大工の仕事をするとして、そのときには家を壊すこと、家を造ること、そのどちらも必要である。カドガヨーギニ、これは壊すほうの力、「シャイヴァダルマ」である。一方で、ヴァジュラヨーギニ、これはつくるほうの力、「ブッダダルマ」である。カドガヨーギニはバリを与える（血の供犠）の必要がある神様であり、血の供犠をカドガ（刀）でしている。とはいえ、ヴァジュラヨーギニでも、たとえば黒豆を水牛に見立てる、シャーバジ[21]をヤギに見立てるなどし、プジャでは供犠をしている。マチェンドラナートの神様はそもそも、ラクサス（rakṣas）[22]の息子である。それのプジャをバジュラチャリアがしている。だから、これは一つのことをどちらからみるか、ということで同じことなんだ。

　あなたの側からは私と妻の二人の写真が見えている、そして私の側からは二人の神様の絵が見えている。向きあっているので、見えているのは逆だけど、ここにいるということには変わりがない。そういうことなんだと思うよ。

　スラッダがいったん始まると、終わるまで断食をしなければいけない。ラトナ・ラルさんの家族は、これまで儀礼上の決まりにおいては、カドギのプジャをしたことがないバジュラチャリアに頼み込んでプジャをしてもらった。さらに、同様の悩みを抱えていたカドギたちを村々から集めて講習会を実施し、七人が修了に至った。ラトナ・ラルさん自身は、自分の信仰をヒンドゥー教としている。

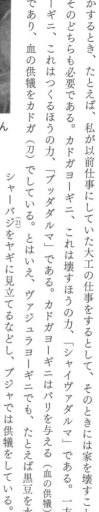

しかしながら、彼は、カドギたちがカドガで血の供儀をするカドガヤーナと、仏教司祭とされるバジュラチャリアたちのヴァジュラヤーナは、「同じ現象の表と裏」なので、同じことであり、そこに矛盾はないと解釈している。

第3節で検討した、カドギたちによるカースト・イメージの再解釈は、いずれも、何かを対置させながら、自分たちの位置取りを再確認している。バブラムさんは、NGOに対置させるかたちで、自分たちで対等な互助関係としてのNKSSを拡大させていった。ハリさんは、サービスの報酬として金銭以外のものを受け取るかどうかで自分たちの立場を解釈しなおしていた。そして、ラトナ・ラルさんは、バジュラチャリアが黒豆を水牛に見立てているように、ヴァジュラヤーナとカドガヤーナは同じ現象の表と裏であるから、カドギでヒンドゥー教を信仰する自分がバジュラチャリアのプジャをすることに矛盾はないとしている。

ここで挙げたような、相互関係からの自分の位置づけの再解釈は、アイデンティティ政治における類-種論理による括りに収斂されることはなく、文脈や場面に依存しながら日々、更新されつづけているといえるだろう。

4 括りなおされるカースト

最後に、ここでは、NKSSによって、カドギ・カーストがどのように語られているのかについて紹介したい。つまり、第3節で検討したような、文脈・場面依存的な再解釈が、ふたたび、一枚岩的なカーストへと実体化される、カーストの括りなおしのプロセスについて考察する。

以下、NKSSによる対内活動と、NKSSがネワデダブやネワールの他カースト団体を招いて実施した大規模なイベントでのスピーチを中心に検討していきたい。

4-1　NKSSによる対内活動――「リーダー」としてのカドギ

二〇〇九年三月、NKSSのパナウティ支部開所式が開催された。この集会は、地域の映画ホールで開催され、地元のカドギ一五〇人が集結した。女性子ども大臣（当時）、国家計画委員会幹部、NKSS幹部などがゲストとしてスピーチを行った。コングレス党、人民戦線ネパール、マオイスト、ネパールラストラ党など、各政党からの祝電も届いた。

NKSSパナウティ支部の長老のスピーチ

パナウティにおいては、パンチャーヤット時代、私たちは大変な苦しみを強いられた。役人は、私たちが野菜を作るために耕していた土地を勝手に押収した。また、学校に私たちが入ることを拒絶した。それに対して私たちは別の学校を自分たちで作った。カドギたちはダリットとはされておらず、自分たちで自分たちの発展を考える必要がある。コミュニティの人びとが立ち上がること、私たちが一つのかたちになることが大切である。

NKSS会長のスピーチ

これまで、カドギで大臣になった人はいない。また、カドギの国会議員もいない。市民権があれば得られるはずの権利を得られていないカドギたちがいる。今こそ、国中で動いて、カドギたちの権利を訴える必要がある。先日、NKSSの総会を実施した。ネパール全国の多くの場所から多くの人びとが訪れた。私たちは、自分たちの兄さん、弟、姉さんが、どこで何をしているのかを知る必要がある。みんなで協力して、カドギたちの権利を訴える必要がある。また、ナヤは、リーディングをしていく必要がある。ナヤという名前はリーダーという意味をもつ。どの祭りにでも、いちばん前にいなければならないのは、ナヤである。門の前で国を護衛していたのはナヤである。ナヤが後ろになってしまったのはなぜか？　それは、当時の支配者が政治的にそうしてしまったからだ。ナヤは後ろにいる必要はない。前に出て、ネワールの運動を、国を、引っ張っていく必要がある。

「ナヤ」という名前は「リーダー」を意味しており、カドギは国に侵略者が来たときも、祭りのときにも、最前線に立って先導する存在であり、カドギがいなければ動かない行事もたくさんあると訴えかける。この場面においてNKSSの代表は、歴史的言説をたどって、カドギを「リーダー」として括りなおし、議席の配分や民族表象をめぐる競争に参入しようとしているといえるだろう。

4-2 盆地外への「伝導」

二〇一〇年八月、NKSSのボジュプル支部からのリクエストを受けて、本部メンバーがボジュプル[23]に赴いて、二日間の啓発プログラムを実施した。NKSS本部から代表と、ビラトナガル支部、ダラン支部からのメンバー、そして私が参加した。

ボジュプルには、カドギ約四〇世帯が住んでいる。豚を飼っている世帯が数世帯あるが、あとは小作をしている。しかしながら、ボジュプルに住んでいるネワールの他カーストや、ブラーマンたちから、カドギは「カサイ」と呼ばれ、水場に来るなと言われている。差別されている状況をなんとか打開したくて、支部からNKSS本部に相談が寄せられたという。

NKSS会長マノージュ氏は、プログラムにおいてネワール語で書かれた『ネワサマージュ』を傍らに置きながら、ネワール語がわかるカドギがいないため、第2節で示したようなカドギの歴史についてネパール語で口頭で伝えた。翌日、村のカドギが集められて、たとえば、水場で嫌がらせをされるなどの「困っていること」について報告を聞く会が設けられた。会長は、カリキュラムをボジュプルで開催して、カドギの歴史や誤解を解くようにすると約束した。

その五カ月後、NKSSとネワデダブがこの地を再訪し、カドギ以外の地域の政治家や活動家も招待し、カドギの歴史を説明するとともに、ネワールにはダリットはいないと主張した。

この例でみられるように、カースト団体NKSSを介して、中央での括りが、そのまま地方に伝導されている。こうして、NKSSを介して、国中に分散しているカドギたちに、「国中一体となったカドギ」としてのアイデンティティ形成が促されているといえるだろう。

4-3　ナヤディワスにおける括りなおし

NKSSは二〇〇八年より、チャイト月のさまざまな女神の祭りが開催されるパハーチャレの時期を、「ナヤディワス（ナヤの日）」としてカドギのプレゼンスをアピールするプログラムを実施している。ナヤディワスのパンフレットには、開催目的について、次のように記されている。

NKSSは、毎年、さまざまなプログラムによって、カドギ・コミュニティの歴史的アイデンティティを強化するため、そしてネワール社会の卓抜した部門としてのカドギ・コミュニティ、社会における先住民族の存在の認識のために、〃ナヤディワス〃祭を宣言する。

2012年度ナヤディワスの様子

以下、二〇一二年三月の第四回ナヤディワスの描写をもとに、ここでカドギというカーストをめぐって、どのような括りなおしが実施されているのかを検討してみたい。

ナヤディワスは、カトマンズの王宮広場において実施された。壇上にはNKSS代表、ネワデダブ、ネワール活動家、市役所職員、コングレス党員、ネパールラストラ党員、ネパールバサモンカカラ[24]、ジャプサマージュ（マハルジャンのカースト団体）、カパリ・サマージュ（カパリのカースト団体）、デヨラサマージュ（デヨラのカースト団体）、シェレスタサマージュ（シェレスタのカースト団体）などの代表が座る。NKSSからは二二支部[25]の参加がみられた。聴衆は約三〇〇人程度であった。

まず、ネパール国歌が流れ、その後、ネワー・ラストラ・ギート（ネワール民族歌）が流れる。NKSS創立者の追悼のため黙想をする。つづいて創立時メンバーが登壇し、医者になったカドギ、ラトナ・ラルさん（子どもたちにナェキバジャを教えたこととナェグルジュとしての功績への表彰）、ナェキバジャを習った子どもたち、それぞれの支部の代表、SLCで八〇%以上のスコアをとった学生、献血ボランティアに賞状を渡す。以下、壇上から発せられたスピーチやメッセージの概要である。

冒頭アナウンス

今日はパハーチャレで、友だちが集まる日である。アジマ（母神）たちがトゥディケル[26]で会う。これらの祭りには、いつもナェキバジャが必要である。ヨーマリプルニの日に、マハルジャンたちがジャプディワス（ジャプの日）をした[27]。同じように、ナヤたちがいつも必要であるこの日に、ナヤディワスを開催している。

NKSS会長によるスピーチ

ネワールとは、一つの国として理解される。政治的な過程で、カドギが不当に扱われることもあった。カドギを、ダリットとする動きさえもあった。カドギのなかで成功する人が増えてきた。NKSSでは、SLCに合格した人、医者になった人びとを対象に、この人びとを讃えるべく、ジェト月に表彰プログラムを行う予定である。

地元政治家のスピーチ

ネワールのなかには、カパリ、カサイと呼ばれる「低カースト」たちがいる。だけど、ネワールのなかにはダリットはない。デヨラなどもダリットではない。私たちは、アディバシ（先住民）運動をしている。カドギは、カパリ、クスレ[28]などと同じように、先住民としてやっていく。ダリットは政治的に後から作られた。私たちには、ネワール自治州が必要である。ジャーティは二五〇〇年前からの話である。カトマンズにブラーマン、チェットリたちが来てからの話である。ネワール語を話す人たちは、すべて先住民なんだ。

ナレンドラ・ジョシ議員[29]のスピーチ

民主化運動はカドギがよくサポートしてきてくれた。私たちも、よくカドギの人たちに食べさせてもらってきた。BPコイララ[30]から、次のような話を聞かせてもらったことがある。タクシーに乗っていると、タクシー運転手がカドギだったのだが、お金はいらないよ、民主化してよい国にしてくれ、と言ってきたという。ダリットだと名乗ると議席が手に入るから、みんなダリットになろうとしている。でも、私にはカドギの友だちもいて家にも上がっている。ネワールのなかにはダリットはないんだ。だけど、スビダ（subidha：便宜的措置）のため、一〇年だけ先住民という枠組みが必要になる。

さまざまな仕事をするとき、祭りのときに、いつも前に白い服を着た人びとがいる。カドギのジニマナヤたちである。カドギ、ナヤは、後ろにいるというイメージはない（拍手が起こる）。カドギたちは、いつも前にくる。よい仕事、よい話をする、そういう人に、よいものが来るようにしていこう（拍手が起こる）。

ケシャブ・マン・シャキャ博士[31]のスピーチ（ネパールルラストラ党員）

私たちは、先住民である。ネワールの文化慣習を、もちろんカドギの人びともしている。さらに、カドギは、ネワールのなかでももっとも古い社会である。カドギは、ハラシンハ・デーヴァ王の末の息子よりも前からカトマンズ盆地にいる。

パチャリバイラヴァに、ナィアジマがいる。これは、ファルピンのキラーティ王の時代に、王がヒューマット・トゥワ付近を訪れた際、トライブである実際の女性との恋愛の実話に基づいた伝承だと思う。この女性は、ナィ・サマージュにいた。つまり、カドギたちは、キラーティ王の息子の末裔なんだ。だから、ハラシンハ・デーヴァ王の末子の子孫よりも前からいるんだ。

呼び方としては、ナヤではなく「ニャー（nhya:）」。ネワール語で前を意味する、「ニャー」として呼ぶのがよい。マッラ王朝のニャー、ハリシンデヴァ王のニャー、リッチャヴィ王のとき、ネワージャーティのなかでももっとも前からの存在なのだ。

「水牛をつぶす」のは、ジャヤスティティ・マッラ王のときに、ヒンドゥーの司祭が考えたものだ。また、ジャンガ・バハドゥール・ラナのとき、ネワールの一部を下のジャートだとした。[32] 私たちネワールには、上下はない。ダリットもない。ダリットはヒンドゥーが作ったものだから。ネワールは一つのジャナジャーティ（固有民族）である。

ナヤディワスを通して、NKSSは、カドギのSLC合格者、医師免許取得者を表彰し、カドギたちに成功を鼓舞している。また、外部に向けては、カドギの成功者がいることを広く知らしめ、その社会におけるプレゼンスを高めようとしている。

また、開会に際しては、ネパール国歌のあと、つづけてネワール民族歌が流されている。ここでは、カドギ以外の政治家、ネワール活動家によるスピーチが中心であり、その内容も、先住民としてのネワールとは何なのかが中心である。そのなかでは、たとえば、「ネワールは一つの民族である」「ネワールにダリットはない」「カーストは二五〇年前に政治的に作られた」などの言説が繰り返し語られている。また、一部の政治家からは、一〇年間は先住民としてのスビダ（便宜的措置）を得て、その後は、経済状況など、生まれではなく状況からのスビダを得るように呼びかけられている。

「先住民としてのカドギ」の具体的な解釈は、ケシャブ・マン・シャキャ氏のスピーチのなかで明確に示されている。つまり、パチャリバイラヴァの伝承をもとに、ネワール語で「前」を示す「ニャー」の表現を、カドギの苗字である「ナェ」にかけあわせながら、「カドギは、もっとも前からカトマンズに住んでいる先住民」だとしているのである。

このように、活動家による表象、再解釈が、ナヤディワスなどの民族表象の場で発信されることで実体化していく。ナヤディワスは、ネワール民族のなかの類・種関係としてのカドギ・カーストが括りなおされる場面であるといえるのではないだろうか。一方で、その際には、提喩的ではない比喩の表現が、括りのための資源として読み替えられて用いられていることが指摘できる。たとえば、「リーダー」としての「ナヤ」「もっとも古くから住んでいる」人びととしての「ナェ」などがこれに当たるといえるだろう。

5　カースト表象の多層化

本章は、カトマンズの先住民であるネワール社会において、カドギを対象として、日常的な関係性から想像されているカースト・イメージが、活動家による表象を受けて一見、一枚岩であるかのように実体化されていくプロセスについて検討してきた。

特に王制廃止以降、カドギの活動家たちは、カーストの文化や歴史を積極的に表象している。こうした歴史や伝承のなかから、「ナヤ」(リーダー)、「ニャー」(前)など、いくつかの言説を選び取り、活動家たちはアイデンティティ政治の際の資源として読み替えて利用しているということを指摘することができるだろう。こうして、統合的な全体との結びつきなしに、断片を断片のままつなぐ関係性のあり方、一貫しない断片的な解釈が、カースト・アイデンティティ政治の「括り」の相に接続していくのである。

では、このような、多層的なカースト表象は、国家的な変動にどのように結びつく可能性があるのだろうか。たとえば、「カドギはダリットではない」という言説について、第4節で示したように、先住民としてのネワールにはカースト・ヒエラルヒーはなかったというアイデンティティ政治上の解釈がある。しかし、第3節で示したように、カドギは「ダリットではない」という言説をたどって、ダリットのための「外からの」救済措置に対抗して、「内側からの（カースト内の連携に基づいて）」対等な互助関係としてNKSSを作っている。また、ダリットはヒンドゥー教の考えに基づくものである。カドギはダリットではないという論理は、カドギは仏教徒であり、仏教徒として平等思想に基づいた組織活動を展開する動きにも表れている。つまり、一義的な「類‐種」論理には収斂されない多様な解釈が可能になっているといえるだろう。また、カドギがバジュラチャリアからプジャを学ぶことにも前例はなかったが、「黒豆が水牛に見立てられるように、カドガヤーナもヴァジュラヤーナも、同じ現象の表と裏」であるという解釈によって矛盾なくこれが可能になっている。何かに対置することで想起される断片的な関係性は、文脈、場面、状況依存的であるが、これが現実世界を組み換える可能性ももっている。この多層的なカースト表象によって、アイデンティティ政治に一元化されない、断片的な読み替えが可能になっていると言えるだろう。

以上のように、本章は、民族活動家と活動家でない「ふつうの人びと」の双方に眼を配りつつ、カドギの表象が、一見、ネパール全体のアイデンティティ政治の展開と呼応して一枚岩的に実体化していくように見えつつも、たとえばネワール内部での交渉や仏教徒としての再定位といった多様な解釈と運動にふたたび開かれていく様子を明らかにしたものであった。

第9章 交錯する関係性とその操作

カンケショリ地区にあるＮＫＳＳの本部事務所には、実に多様な相談が持ち込まれる。事務所は、ネパールでもっとも屠場が密集している地帯にある。私はいつも、午前中の仕事が引けた昼前ごろを見計らって、解体後の水牛の骨を咥えた犬や空から肉片を狙うカラスを眺めながら事務所に向かう。事務所では、たいてい数人のカドギたちが集まり紅茶を飲みながら談笑している。相談内容は、翌月に迫ったＮＫＳＳ大会の打ち合わせ、新しい支部の開設についてなど全体にかかわることが多いが、カースト違いの相手との結婚を親に反対され駆け落ちをした若いカップルが逃げ込んでいることもあり、個人的な相談も多く持ち込まれる。中央本部役員たちは、全体的な事業の運営を行ったり、カップルと親のあいだを取り持ったり、あちこちの結婚式や子どもの成人儀礼などの披露パーティに顔を出したり、私のインタビューにつきあわされたりと、常に大忙しだ。さらに、二〇〇六年以降になってＮＫＳＳが力を入れるようになったのが、ネワデダブや地域の政治家、政府に対するロビー活動だ。会長は、「今、声を上げておかないとおいていかれるんだ」と口癖のように言い、バイクに跨ってネパールの各地を飛び回っている。

民族誌の最終章にあたる第9章では、民主化の過渡期が続くネパールの国家的な変動にカドギたちの日常的実践はどのように接続しているのか、カドギのカースト団体であるNKSSの役割に注目しながら明らかにしていきたい。

ネパールは、ここまで論じてきたように一九五一年、一九九〇年、二〇〇六年に大規模な民主化運動を経験し、二〇〇八年には王制が廃止された。特に、二〇〇八年前後より、民族自治による連邦制案を民族活動家たちが主張するなど、カースト、民族などの範疇がどのように国家のなかに組み込まれるのかが、重要な焦点となっている。

NKSSはネワールのほかのカーストに先駆け、一九七三年に結成された。結論をやや先取りすると、NKSSは政治・経済活動を含む幅広い活動領域を有し、首都カトマンズを拠点として民主化にともなう社会環境の変化に敏感に反応し、その役割を変化させている。以下、NKSSの結成以来約四〇年間の活動やその役割の変化を時系列で検討することを通じて、カーストを取り巻く社会状況の変遷と、そういった社会状況にカドギたちの生活はどう接続しているのかを、その位相から動態的・多面的に検討していきたい。

1　近代化とカースト団体

1-1　カースト団体研究の動向

カースト団体とは、カースト名を団体名につけ、そのカーストの社会的厚生を図ることを目的とする団体である。カースト団体はインドで最初に形成されたが、その背景には国勢調査があった。特に、一九三一年の国勢調査においては、カーストの社会的席次と分類の変更を求める請願団体として、多くのカースト団体が設立された。

カースト団体を研究することの意義について、藤井毅は、これにより「近代化の媒介過程」を展望することができるとしている（藤井 1989）。つまり、カースト団体を、変化する社会環境へのカーストの適応と民主主義に則った再生をするための団体とみなすのである。

ネワール社会においては、一九九〇年の「民主化」をきっかけとし、個々のカースト団体が相次いで結成されるようになった（Toffin 2007: 371）。トファンは、ネワール社会におけるカースト団体は、インドにおけるカースト団体と、その結成の意図や活動目的が大きく異なるとしている。そしてその違いを、ネパール政府が、インド政府が実施したような元不可触民たちや抑圧された立場にいる人びとを「指定カースト（SC）」や「その他の後進諸階級（OBC）」などとして枠取り、公務員などに優先雇用をするなどの優遇政策を、二〇〇三年までまったく取り入れてこなかった点から生じているとする。そのうえでトファンは、ネワール社会におけるカースト団体は、なんらかの優遇措置や議席を得ることなどの特定の政治的目的をもっているわけではなく、全般的なカースト・イメージの向上や、カースト・アイデンティティの強化を意図していると特徴づける。

トファンが示した一九九〇年代におけるカースト団体の特徴は、二〇〇六年の「民主化」運動をきっかけとして大きく変化した。その背景には、二〇〇八年の制憲議会選挙において比例代表制が導入され、民族自治を求める政党が相次いで結成されたことが挙げられる。つまり、人びとの関心は自民族、自カーストへの裨益へと移っていった。こうして、それぞれの集団が、政治的資源の分配をめぐって互いに競合関係となる場面が増えつつあり、そのなかで、ネパールにおいても政党の下部組織、支援組織などの政治団体として議席の獲得などの特定の目的をもったカースト団体が結成される傾向がみられるようになってきている。

1-2　カーストからの解放と新たな結束

カーストが、議席の獲得や優遇政策に向けて、カースト団体を介して新たに意味づけなおされていく一方で、近代化や都市化を背景にカーストに関係のない新しい社会環境に直接つながる人びともみられるようになった。インドの大都市ベナレスに住む清掃人カーストたちについて調査したサール=チャタジーは、清掃人カーストたちが彼らの名誉を守るため、また、経済的上昇の機会を得るため、「民主主義」や「平等」などの西洋近代の概念を用いながら、政府などと直接交渉する様相を描いている（Searle-Chatterjee 1979）。都市化などを通してカーストから解き放たれ、人びとにとってカーストと関係のないより広い社会環境のなかにまぎれ込むという方法を選択することも可能となってきている。そしてもう一方で、カーストという括りで、たとえば職業組合として、圧力団体として、カースト団体を形成して広域の結束を強めるという動きが同時進行しているのだ。

カドギに関しても、これまで第Ⅱ部を通して検討してきたように、食肉市場が形成されたことを受けて、カーストという括りはカドギたちにとって、肉売りという職業を既得権益として囲い込むために有用な資源となっている。一方では都市化によりカーストの解き放しが進むなかで、もう一方でカーストという括りは肉売りという職業上、有用になるという錯綜した状況が生まれているのである。では、カドギ自身は彼らにとってのカーストをどのようなものとして客体化し、再創造しているのだろうか。

以上の問題関心と先行研究の整理に基づいて、第9章ではカーストをめぐる社会状況とそのなかでの人びとによるカーストの利用をめぐる動態を捉えるべく、NKSSの時系列での活動展開を、社会環境の変化とカーストの内的関係の変化がどう結びついているのかに注目して検討したい。そのための方法として、まず、第2節においてNKSSを中心としたカドギの政治活動を、大きくⅠ一九五一〜一九九〇年（パンチャーヤット体制下）、Ⅱ一九九〇〜二〇〇六年（民主化と市場化の推進）、Ⅲ二〇〇六年以降（民族間の差異の強調）というネパールの民主化過程の転機ごとに区切って、それぞれの区分での傾向を整理していく。つづいて第3節においては、NKSSを取り巻く社会環境の変化として、カーストからの解放が進む現況を検討する。第4節において、新しい社会環境と接するなかで、どのようにカドギたちは彼らにとってのカーストを捉え返しているのか、またカドギたちはネパールという国家の変動にどのように接続しているのかを、NKSSの対外的・対内的役割の変化から検討する。最後に第5節で分析を行う。

2 NKSSの政治活動の展開

2-1 第Ⅰ期（一九五一～一九九〇年：パンチャーヤット体制期）

2-1-1 NKSS設立以前における政治運動

カドギの政治運動はNKSS設立以前よりすでにみられていた。

一部のカドギたちは、ラナ専制を崩壊に導いた一九五一年の民主化運動のころから盛んに運動を展開していた。以下、NKSS設立以前の運動を牽引した女性活動家であるスリジャナさんの語りをもとに、当時の運動の動向について検討していきたい。

スリジャナさんは、一九三三年にラリトプルに生まれた。彼女は、第4章で紹介した家畜市を形成したロケンさんの母方のオバにあたる。スリジャナさんは、子どものころから、ラナ専制崩壊のきっかけとなる運動に兄やオジたちが従事している姿を見て育ってきた。

カドギのなかで、いちばん政治活動をしていたのは私たちの家族だ。私の兄はとても熱心な活動家だった。一九五二年六月、牢獄に入れられていた兄は一九歳で毒を盛られて獄死した。コミュニストで最初の殉死者だった。兄はナクー(1)の牢獄にいたが、シャンカムール(2)で弔わなければいけないと、約一万人のコミュニストたちが集結しラリトプルの道を行進した。政府は外出禁止令を出し、デモ行進に向けて催涙ガスを発射したが、私たちは怖くなかった。

一九四八年に、私のカカ（父方のオジ）は投獄された。一九五一年にラナの政権が終わってから、カカは刑務所から釈放された。当時は政党もなくて、みんなで政党政治の実現のために動いていた。カカたちは、釈放されてから、一九五一年に、サマージュ・スダール・セワ（Samāj Sudhār Sewa）という組織を作った。これは、「サーノ・ジャーティ（sāno jāti：小さいジャーティ）」たちが集まってできた組織である。カドギのほかに、デヨラ、クスレ、[3]ドビたちがいた。カトマンズのドビが代表、カカは事務局長、お兄さんは会計をしていた。カトマンズではドビが、ラリトプルでは私たちが中心的に活動していた。カトマンズ、ラリトプル、バクタプルに四軒の学校を作った。当時はデヨラたちに手を洗うこと、鼻をかんだり服を作ったりすることを教え、勉強してはいけないとされていたが勉強も教えた。学校のかたちではできなかったので、家の中でプライベートでしていた。

一九五四年には、寺院参拝運動を実施した。これは、何度警察に追い出されても、寺院に繰り返し突撃して寺院参拝を無理やり行うものだ。これを繰り返して、「サーノ・ジャーティ」がパシュパティに入れなかったのを、入れるようにした。この運動をリードしたのはカドギで、他に、ダマイ、[3]クスレ、デヨラなどがいた。

この証言にみられるように、NKSS設立直前期においてカドギたちは、「サノ・ジャーティ」として、ダマイなど非ネワールの被差別カーストとともに団体を形成するなど、ネワールという民族を超えて連帯する動きをみせている。また、スリジャナさんの兄は、ネパールで最初のコミュニストの殉死者とされている。獄死した彼を、ナクー刑務所内の火葬場ではなく、正統なネワールの火葬場で弔う必要があるとして、カーストを超えて人びとは「コミュニスト」として集結し、デモ行進を行った。「サノ・ジャーティ」として、コミュニストの同胞としてなど、そのときそのときの主張に合わせて、連帯する範疇が変化しており、時には、カーストや、ネワールという民族の枠さえも超え出ることもあったのである。

ラナ専制が崩壊し、パンチャーヤット体制が確立されたのちも、スリジャナさん一族による政治活動は続けられた。スリジャナさんは、一五歳のときにインドに留学し、インドの政治家や官僚の師弟たちと机を並べて学んだ。その学識を買われて、スリジャナさんは一九七〇年から六年間、ネパールの唯一の国立大学であるトリブヴァン大学の中央オフィスで働いた。スリジャナさんは、ネワールの活動家であり、のちにネワールの民族団体であるネワデダブの代表にもなるマッラ・K・スンダルと同僚であり、共に政治運動を行うなど、大学勤務当時、多くの活動家と交流し人脈を形成した。

スリジャナさんの家には、マッラ・K・スンダルらと共に、ネパール統一共産党の女性リーダーであるサハナ・プラダン(4)と同党初代書記長であるマダン・クマール・バンダリを議員にするために、国会議事堂の前で決起集会をした際の写真が飾ってあった。スリジャナさんはサハナ・プラダンと並んで最前列で写真に写っている。スリジャナさんは議員などにはならなかったが、ネパールにおける政党活動の黎明期に、熱心に活動家をサポートしてきた。スリジャナさんやその一族は、さまざまな政治活動を行うとともに、貧困層への支援も積極的に行ってきた。前述したような、衛生指導や学校の設置に加えて、貧困世帯でのトイレの設置事業も積極的に行っている。これらの活動の功績を認められて、第4章で紹介したように、スリジャナさんの父方のオジにあたるシッディ・バハドゥールさんは、パンチャーヤット体制下において、カドギ・カーストから初めて国会議員に選ばれた。以後、シッディ・バハドゥールさんは、国王による慈善事業や地域開発事業において、地域との橋渡し役として活躍している。

2-1-2　NKSSの設立

前項で検討してきたように、NKSS設立以前の運動は、カドギのある一族が中心となり、主にカースト差別やラナ専制体制への異議申し立てが中心となってきた。一方で、NKSS設立の背景はこれらの政治運動とは少し異なる。第5章で述べたように、一九七〇年ごろから問題化した家畜市場でのムスリムとのあいだで価格交渉を有利に進めるため、それまで個々に交渉していたカドギたちがまとまりはじめたのである。開始当初、カトマンズとラリトプルの一〇〇人程度が集まった。前述のスリジャナさんやシッディ・バハドゥールさんらすでに政治活動をしていた人びともNKSSに合流した。

最初のミーティングは、私の家で開いた。当時、自宅でホットポットロッジという店を開いていた。私は一九六七年にロッジを開けた。当時は、お店を開けることが許されなかった。店がオフィシャルになったのは、一九七三年のことである。

ラッジャさん（六〇代男性）の語り

レストランを開いていると、警察が来て看板を壊し、店を荒らしていく。「水不浄」だから、店をするなと言われるんだ。だから、看板なしで店を開けることもあった。しばらくして、様子をみて、また看板を出した。何度壊されても、何度も出したんだ。

バブさん（カトマンズ在住、七〇代男性）の語り

開設後、NKSSが最初に行った大きな事業は、「水不浄」差別に異を唱えるための、公共飲料水タンクの設置である。上位カーストがカドギから水を受け取れないという差別をなくすために、「カドギファミリー」と書いた公共飲料水タンクを設置し、広く公衆に水を提供することをその目的としている。NKSS名義での最初の公共飲料水タンクは、一九七五年にカトマンズ中心部のバスターミナルに建設した。これに続けて、ほかのバスターミナルや寺院などにも公共飲料水タンクを寄贈した。

NKSSの定款（ビダン：bidhān）によると、その結成のあらましについて以下のように記されている（原文はネパール語）。

国内のさまざまな場所に住んでいる、ナヤ（nāyaḥ）、シンハ（siṃha）、カドギ（khaḍgī）、シャヒ（śāhī）の集団が、一つの組織のもとで、社会的、経済的、教育的、行政的、商業的、文化的なさまざまな向上をしながら、ジャーティ、言語、文化的困難を抱えているカドギ社会がその対抗の声を大きくする必要性から、一九六九年に（その前身組織である）カドギサマージュ（khaḍgī samāj）を設立し、より明確にするために一九七三年にネパール・カドギ・セワ・サミティを結成した。

ＮＫＳＳのメンバーは全員がカドギ・カーストの人びとである。ＮＫＳＳのメンバーシップは次の六形態である。

①　通常メンバー：成員資格は一六歳以上であり、会の目的を理解しネパールの市民登録（ナガリカタ：nagarikata）を有する者としている。

②　活動（sakriya）メンバー：中央委員が認めた中央事務所、支部に常勤しているメンバーを指す。

③　生涯メンバー：一万一ルピーを収めたものがその資格を得る。生涯メンバーは中央メンバー選挙の投票権をもつことができる。

④　名誉メンバー：会員の三分の二の合意を経て、社会に貢献したとみなされた人物がその資格を得る。

⑤　功労メンバー：ＮＫＳＳの活動に貢献をしたものであり、中央委員会が認定することができる。

⑥　設立時メンバー：ＮＫＳＳ設立時の活動に貢献したものであり、中央委員会が認定することができる。

活動資金として、各支部より、中央委員会に年間一万ルピー程度が送られている。また、寄付金なども寄せられている。通常メンバーは、会議での発言権や、各支部にいる活動メンバーに自身の要望を伝える申請書を出す権利がある。活動メンバーは中央委員会に支部での動向を伝え、中央委員会の動向を支部に伝える橋渡しの役割を有する。

会長および中央委員の選挙はＮＫＳＳの三年に一度の全国集会にて選出される。会長・中央委員の選挙の立候補者になるには、所属する各支部からの承認が必要である。会のすべてのメンバーに投票権があり立候補権がある。全国集会の投票では、各支部から二五人あたり一人を送り込むこととしており、送り込まれた一人が一票の投票権をもつ。選出されるのは、会長一名、副代表一名、事務局長一名、副事務局長一名、会計一名、中央メンバー七名、ほか、一七名の中央職員である。中央委員会会議は三カ月に一回実施される。

ＮＫＳＳの定款には、数点挙げられたＮＫＳＳの活動目的のうち、第一の目的として太字で、「国中にいるさまざ

表9－1　NKSSの活動目的

1.	国中にいるさまざまなカドギが、「私たちはカドギである」と名乗ろうとする思いを発展させる。
2.	カドギであることの誇りを構築し、カドギとカドギのあいだの相互支援で発展する。
3.	カドギの文化、伝統、文学、言語、文献、芸術・音楽的背景を学び、それをより隆盛させる試みをする。
4.	伝統的に続けられてきたしきたりを時間の変化に沿って受け入れ、そこから見える悪い伝統を変える支援をする。
5.	カドギ・カーストに対するネワール社会のなかにあるさまざまな差別を終わらせ、カドギ・ジャーティと共通する集団を促進する。
6.	国際連合によって宣言された権利を得るために戦う。
7.	私たちの団体の目的と似ている先住民のカースト団体と協力する。
8.	平等、平和、自立、友好関係、社会的活動の支援をする。
9.	ネパール社会の悪い慣習を根こそぎにする、さまざまなカリキュラムをもって活動をし、環境を近代化させていく。
10.	経済的に後発に置かれたカドギたちを支援する。
11.	貧困状況にある子どもたちに教育を与え、状況に応じて訓練プログラムやさまざまなセミナーを開始する。
12.	文化や、伝統的音楽（nāyaḥ khin（ナヤキン）*）を保全、保護する。

NKSS定款（原文ネパール語）を翻訳。

＊一般に、カースト名のナェ（nāy）に則ってナェキ（nāykhī）とされているが、ここではナヤ（nāyaḥ：リーダー）の言葉を用いて、伝統的音楽のなかでも重要な役割をもっていることを強調する意図が込められている。

まなカドギが『私たちはカドギである』と名乗ろうとする思い（bhābnanā）を発展させる」と書かれている(5)。

一九七五年にはＮＫＳＳが主催し、国際赤十字と提携するかたちで献血事業を実施した。献血キャンプを主催することは、社会奉仕事業であると同時に、血液はカーストなどを超えて人類に必要なものであることから、これには献血を通してカースト差別に異を唱えるという政治的な狙いもあるという。寺院や広場における献血のためのテントの設営をＮＫＳＳが行い、実際の採血や問診・血圧測定などは赤十字のスタッフが行うという方針で実施された。献血したドナーには、ＮＫＳＳが軽食を提供し感謝状を手渡すという流れになっている。ドナーにはカドギが多いが、近隣地域に住む人びとの有志らほかのカーストもテントを訪問し献血を行う。

このように、第Ⅰ期においては、カドギの運動は差別への異議申し立てが中心となっていた。その際には、カーストを単位としての連帯だけではなく、彼女たちが「サーノ・ジャーティ」と呼ぶ差別を受けてきた人びとや、「コミュニスト」など、さまざまな範疇の人びとと連帯して運動が展開されている。ＮＫＳＳが結成された直接的な動機は、食肉市場での対ムスリムの交渉を有利にするためであった。ムスリム商人との交渉のため、カドギが開いていた不定期的なミーティングに、当時レストラン経営などにおいて問題を抱えていたカドギたちも参加し、これが発展して、NKSSが設立されるに至った。

設立当初は政治活動が禁止されていた時期でもあり、NKSSは社会奉仕のための団体として、公共飲料水タンクの寄贈や、献血事業を積極的に行っていた。第I期のNKSSの活動は、社会奉仕活動を軸としながら、差別に異を唱える活動が中心的にされていたと言える。

2-2　第II期（一九九〇～二〇〇六年：民主化と市場開放）

一九九〇年の民主化運動によってパンチャーヤット体制が廃止され、複数政党制が実現した。第II期は、これまでパンチャーヤット体制として制御されていた統治体制の解放が進み、市場化が一気に進んだ時期でもある。食肉市場にも、カドギ以外の人びとによる参入がなされ、個人主義化が進んでいる。このなかで、カーストを取り巻く社会動態や、カーストという枠に対する認識に変化がみられるようになってきた。

私の父や祖父は水牛の屠畜を仕事としていた。父親は（上位カーストたちに）触ってはいけないと言われたり、水に触るなと言われたり、レストランで茶を飲んだあとはコップを自分で洗わされたりしてきた。私は学校では勉強をがんばって、SLCにもパスしたし、大学にも少し通った。法律を学んでいた。あと三年勉強したら、弁護士になれていた。だけど父親が、お金がないからこれ以上は勉強をさせられないと言った。だから、勉強をあきらめて仕事をしたんだ。やめるときには泣いたよ。子どもには同じ思いをさせたくないから、大学にまで行かせている。私たちのジャートには、勉強するか仕事をするかという選択肢があるんだ。勉強しなくても、水牛の仕事はある。それで、努力をやめてしまう人もいるんだ。

ハリさん（六〇代男性、レストラン経営、水牛仲買商）の語り

カドギ・ジャートの人たちは、家業があるから、子どものころから屠畜をしてお金を稼いでいる。逆にシェレスタ（ネワールの他カースト）たちは、家業がないから、必死になって勉強して役人や銀行での地位を得ている。昔はシェレスタたちのほうが貧乏だったんだ。私の子どものころには、シェレスタたちが、食べるに困って（私の）家にご飯を食べにきていたんだ。恥ずかしいから周りに内緒にしといてね、と言いながら食べていた。今は、みんな仕事ができたから、それぞれの家でご飯を食べられるようになったけどね。シェレスタたちは、役人や銀行のなかに人脈を築いているから、今はどこに行っても人脈で助けてもらえる。カドギたちは人脈がないから大変だよ。自分で切り開いていかなければならない。成功すると、周りから足を引っ張られる。いいことをすると、でもあいつはカドギだからと言われるし、悪いことをするとやっぱりカドギだからと言われる。何をしても、カドギだからと言われるんだ。

ラムさん（三〇代男性、語学学校教師）の語り

この時期、第Ⅱ部で検討してきたように、肉の市場化も進んでいる。小売の形態は、家の軒先での販売からバザールでの販売へと変化した。肉売りが、カーストの踏襲というよりは、仕事として再確立されるようになってきたのである。

この時期には、もともと肉屋をしていなかったカドギが、新たに肉売りになるケースもみられる。しかしながら、ハリさんとラムさんの語りのなかでみられるのは、家業としての肉屋があり、だから、カドギたちは現状維持の方向に向かいやすいという見解である。この見解は、前記の二人に限らず、多くのカドギたちが語っている。他のカーストが学業や仕事に専念することで社会的な成功を果たそうとする上昇志向をもっているなかで、カドギは家の仕事を継げばお金に困ることはないので、「努力をやめてしまう人もいる」とし、自由競争のなかでしっかり自己研鑽をす

ることを美徳とする考え方を示している。

一方で、現金収入を資本として教育投資に成功し、オフィスワークに就くなど肉売りから離れるカドギたちもみられるようになってきている。第4章で紹介したように、工場を経営したり、医者になったり、国際NGO職員になるカドギも増えつつある。

第Ⅱ期は、肉売りを再開したり、オフィスワークに従事したりと、市場化が進むなかでの個々人の利益の追求が進められた時期であったといえる。この時期においては、市場化を背景にカーストの踏襲というよりは、個々人での努力や自己研鑽により現金収入や社会的地位の上昇を求める意識が高まり、NKSSとしての活動はいったん停滞する。

2-3 第Ⅲ期（二〇〇六年以降：カースト間・民族間の差異の強調）

二〇〇六年の大規模な民主化運動は、ついに王制の廃止をもたらした。二〇〇八年にネパールは連邦民主共和国となり、新しい国家の体制のなかに個々の民族やカーストが、どのように組み込まれるのかが問われている。このころよりマオイストやネワールの民族活動家を中心に、①ネワールが先住していた地域をネワール自治州とする、②公用語をネワール語にする、③ネワールの優先的な雇用などを訴える、といった運動が生じる。また、ネワールの民族団体であるネワデダブは、ネワール語、ネワール文学、ネワールの儀礼の保全継承や、文化的啓発事業を実施している。また、ネワデダブの傘下には、ネワールの各カースト団体が参加している。

この時期より、第8章で検討したように、NKSSの活動は、「先住民カドギ」イメージの構築に傾倒していく。この時期におけるNKSSの活動のなかでもっとも大きなものは、ダリット・リストからの離脱である。[6] 二〇〇八年三月、NKSSは、国家ダリット人権評議会（National Dalit Human Rights Council）に対し、カドギをダリット・リストから除外するように訴え、同評議会もこれに応じた。これは全国紙に次のように報じられた。[7]

ネパール・カドギ・セワ・サミティ（ＮＫＳＳ）の抗議により、ネワール・コミュニティの一カーストである「カドギ」は、国家ダリット人権評議会の条文のダリット・リストから削除された。「われわれは、われわれのカーストをダリット・リストから削除するために、国家ダリット評議会と政府に対し、多くの圧力を行使しなければならなかった」とＮＫＳＳ会長は語った。

国家ダリット人権評議会は、繰り返し、カドギがダリットのための基金と便宜を受けられるようにカドギをリストに入れた旨説明した。これに対し、ＮＫＳＳ会長は、「われわれのあいだの問題や不満は、内部の協議を通じて解決される。カドギ・コミュニティは、ダリット・リストに入れられたあとで、いくつもの問題に直面せざるを得なかった」と述べた。一八日、国家ダリット人権評議会は、ＮＫＳＳに書簡を送り、カドギをダリット・リストから除外した旨通達した。

ダリット・リストに入っていることにより、政府からダリットとしての公務員への優先雇用や、奨学金制度を受け取ることができる。国家ダリット人権評議会が記事のなかで述べているように、さまざまな便宜を受け取るために、このリストに組み込まれることを望む集団もいる。しかしながら、ＮＫＳＳは内紛や不満は、内部の協議を通じて解決するとし、ダリットとして括られることを拒否した。ＮＫＳＳ会長は、ダリットと名乗ることは、額に「アビール」[8]をつけることと同じだと言う。それをいったん受け取ると、何をしても「ダリット」だと言われてしまう。そうではなく、自分たちでできることから内部の問題に対処していきたいとしているのだ。

ＮＫＳＳが選んだのは、ダリットとして括られることではなく、先住民として括られることだった。その一環として、第8章でも検討してきたように、民族団体ネワデダブと提携するかたちで先住民としての歴史や文化の表象を盛んに行っている。これに加えて、近年、カドギたちは改名運動を盛んにしている。ＮＫＳＳは、本部メンバーを国内の支部に派遣し、「カサイ」として市民登録をしている人びとの登録名を変える運動を積極的に展開している。その際の呼びかけのロジックとしては、「カサイはもともとネワールにない言葉。ムスリムの言葉で屠畜人を意味する。外の人たちが、屠畜しているカドギを見て、カサイと呼び、自分はカサイなのだと思い込んだもの。もともとない外来語で、わざわざ屠畜人だと名乗るのはやめよう」という言い方になっている。もともとカトマンズに住んでいたネワールの一つのカーストであるカドギとして、外来語でありかつ蔑称であるカサイという名乗りをやめることで、先住民らしさを強調しようとしているといえるだろう。このように、第Ⅱ期にいったん停滞したNKSSの活動は、第Ⅲ期に再度、カースト表象を中心に活発化しているといえるだろう。

第2節においては、カドギやNKSSの活動の変遷を検討してきた。以上を小括すると、第Ⅰ期においては、カーストを超えた連帯もみられていたこと、NKSSの活動としては差別に異を唱える運動が中心となっていたことが明らかになった。第Ⅱ期にあたる一九九〇年の民主化以降、経済の自由化が進み、市場が急速に拡大した。人口も急増し、食肉の消費量は爆発的に増加した。生計の資が個々による市場での競争へと移ったのち、いったん、NKSSの活動はやや停滞気味となる。民族やカーストが、社会的な包摂の単位となった第Ⅲ期以降において、ふたたびNKSSの活動は活発化する。その際には、被抑圧集団とされた「ダリット」として括られることを拒否し、「先住民」としてのイメージを構築し、先住民として国家に包摂されることをめざすように方向転換が図られた。つまり、ネワールの民族団体であるネワデダブと協調しながら、先住民としてのカドギという自己定義を多く用いるようになったのである。

では、このようなNKSSの活動方針の変化に、カーストからの解放と、市場化がもたらしたカーストのヨコの結束の同時進行はどのようにかかわっているのだろうか。以下、第3節において、「民主化」や「市場化」にともない出現したカドギを取り巻く新たな社会環境について検討していきたい。

3 新たな社会環境への接続

主に第Ⅱ期の一九九〇年以降より、カーストと関係のない社会に直接つながる人びとが増加しつつある。そのなかでの、①生活面、②労働面、③経済面における人びとの新しい紐帯のあり方について、それぞれ象徴的な事例をもとに検討していきたい。

3-1 カーストを超えた互助講の形成――生活面での変化

第2章で検討したように、ネワール社会における特定のカースト、特定の地域の社会成員としての身元保証の役割を果たすものとして、サナグティと呼ばれる葬送儀礼の執行を目的とした組織が挙げられる。サナグティは毎年、数日かけて大規模な儀礼と共同宴会を開き、それを通じて成員の紐帯を確認し更新してきた。

しかしながら近年、オフィスワークに従事する人びとを中心に、儀礼や宴会に手間暇をかけることを敬遠する風潮がみられるようになってきた。一九九〇年代後半ごろから、カトマンズを中心に、葬送の人手を貸すための講であるグワリ（gwāli：手助け）グティが、カーストを超えて形成されるようになった。[9]

私は、これらのグワリグティのうち、もっとも古くメンバーも多いものの年次総会と宴会に参加した。[10] このグワリグティは一九九七年、ネパール・コミュニストリーグという政党の活動家が設立した。二〇一二年現在、約一〇〇世帯が参加している。ネワールであれば、どのカーストの人でも参加できる。聞き取りによると「不可触民」とされてきたデヨラも含む、すべてのカーストの人がこれに参加している。

このグワリグティでは特定の寺院や聖地をもたず、儀礼もしない。年間に一人あたり二〇〇ルピーを会費として支払う。この会費をもって年に一度、共同宴会を開き、メンバーが顔を合わせ、親睦を深める。共同宴会では、炊いた米や酒はふるまわれず、サマエバジ(11)などの軽食を立食スタイルでふるまう。席次も特に決められていない。また、代表は三年ごとに実施される選挙で決められる。

総会は午前一〇時ごろ、カトマンズの街の北端に位置するピートで行われた。一一時ごろ、寺院の傍の公堂でスピーチが始まる。まず、マッラ・K・スンダル元ネワデダブ会長がスピーチを行った。ほかにも、マオイストや、共産党UMLの党員、ネワール語のFMラジオプログラムのDJなど、ネワールの政治家や著名人らによるスピーチが行われた。つづいて一三時半ごろ、会計報告として共同宴会経費や運営費などの報告がなされた。最後に、新規参入者の紹介がされ、共同宴会が行われた。

グワリグティの総会

このグワリグティには、もともとのサナグティに入っている人も、入っていない人も、参加することができる。メンバーに死者が出た場合は、故人が希望していた火葬場にグワリグティのメンバーが赴き、火葬の手伝いをする。人手だけを貸すというスタイルであり、葬送に関する儀礼やサービス・モノのやりとりは交わされない。このグワリグティの元会長であるバジュラチャリアのアルン氏は次のように語っている。

これは、体系立っていて科学的なものである。儀礼をしたり数日にわたる供宴をしたりはしない。基本的には遺族の文化に寄り添うものであるが、宗教的なものについてはこちらからはやらないように要請はする。だけど、介入はしないんだ。要請した結果、それに準じるか準じないかはその人次第だ。お寺はないできるだけ宗教的なものはやめて、シンプルなものにするんだ。お寺はないし、ガイジャットラ〔四二頁の表0-2参照〕などの追悼儀礼にも支援はしない。だけど、先ほども言ったように、死者の文化に寄り添うから、たとえば土葬の習慣をもつカパリが亡くなったときには、私たちも土葬の手伝いをするよ。

――なぜこのグワリグティに入ったのですか？

サナグティのときには、三日間仕事を休まないといけない。夜中までお寺にいて酒を飲み、喧嘩をする。必要のない話で喧嘩をしてすごすことが、意味がないように感じた。私は「革新派」(leftist) だ。だけど、コミュニストではない。政党活動はしていない。新しい考え (new thinking) のために動いている。だから何の政党にも属していない。私たちは文化や伝統は重んじるよ。合理的でないものを変えようと思っているだけだ。私はサナグティにも入っている。だけど、その慣習が古いからこのグティで学んだことを伝えているんだ。いろいろ変わってきているよ。

( ) 内は、アルン氏の表現のママ

ここでのアルン氏の語りのなかでは、グワリグティは「手伝い」のグティであるという見解が貫かれている。ここには、寺院もなく、儀礼もしないが、手伝いだけをしている。そしてそれは、「合理的」ではないとみなされる深夜までの供宴などについての違和感とともに語られる。都市化や近代化とともに、身につけられたこの「合理性」という基準によって、どこまでを「要請」するべきか、どこからが「介入」とみなされるのかの判断が下されている。また、グワリグティのなかでは、カーストを超えた親密な交友関係が築かれている。このグワリグティの共同宴会に私を招待してくれたカドギのディリップ氏と、インタビューに応じてくれたバジュラチャリアのアルン氏は、友人どうしである。帰り際に、話を聞かせてもらってありがとうと礼を言うと、アルン氏が、よかったら今度ディリップ氏と一緒に家にご飯を食べにきたらいいと誘ってくれた。一九七〇年代にネワールの農村で調査をした石井のエスノグラフィのなかには、カドギが上位カーストの家に上がらなかったり、食事の席次が厳格に決められていたりするエピソードが描かれている（石井 1980a）。石井の描写と比較すると、食事や家に上がれるかどうかなどのカーストに関する社会慣行上の規制が、和らいできているということを指摘することができるだろう。そして、それが可能になった背景には、さまざまなカーストが入り混じったかたちで儀礼の執行の「手伝い」が交わされるなかで「合理的」思考の浸透などがみられるようになったことが、カーストの上下を超えた人びとの紐帯が形成されつつあることの一つの要因として指摘できるのではないだろうか。

3-2　カースト間の食肉業組合の結成——労働面での変化

二〇〇六年の「民主化」運動は、政党が呼びかけたゼネストや、これを取り締まろうとする政府による外出禁止令の頻発により、人びとの労働環境を不安定化させた。労働環境の保護や労働者の権利を守るために、この時期、さまざまな分野において労働組合が形成されている。また、政党の下部組織としての労働組合もこの時期数多く形成された。なかでも、マオイスト傘下の労働組合が、レストラン、タクシー運転手、ホテル従業員など、特に都市部のサービス業関連分野に浸透している。

政党傘下の労働組合の動向について、マオイスト傘下の食肉業労働組合の幹部であるクベルさんに話を伺った。クベルさんは、ラリトプルの近郊の村出身であり、市営バザールで豚肉の小売店を経営している。この組合の代表はカドギであるが、クベルさん以外の幹部は、ネワールではないヒンドゥー高位カーストが占めている。メンバーは一日五～一〇ルピー程度をこの組合に寄付している。

クベルさんがマオイストになったのは、「ジャートに関する差別をなくし、貧しい人たちの暮らしをよくしたいと思った」のが一番目の理由であるという。二番目の理由としては、「商売を安定的にするため、身の保障のため」という理由が挙げられるという。父親から小作農を引き継いだクベルさんは、パンチャーヤット体制期から政治活動に参加してきた。雇用条件の改善を求めて小作人どうしで相談する際には、警察に邪魔をされるので場所を転々としながら秘密裡に会議を開いてきたという。一九九〇年の民主化運動ののち、政党活動が公になり、クベルさんはそのリーダーシップが認められて村落開発委員会の地区代表にも選ばれた。また、一九八〇年代ごろより、現金収入が見込めることから、豚肉の小売を始めた。ところが、コングレス党政権下の一九九五年ごろに、突然警察が店に来て、自分たちの店のものを全部没収していった。また、夜間にバイクに乗っていると、警察にどこに行くんだと訊問されたり、金銭を要求されたりすることもあった。政府による妨害をこれ以上受けなくて済むよう、二〇〇八年の制憲議会選挙を経てマオイスト政権が発足すると、クベルさんはマオイストになった。マオイストになりそのIDカードを見せると、小売店経営も夜間の外出も、妨害されることはなくなったという。クベルさんは、商売を安定的にするため、また身の保障のために政党傘下の労働組合に入る人びとが、増えてきていると語る。

一方、政党の労働組合とは異なるが、同業者でカーストを超えて対政府でまとまる動きもみられる。ヤギの定期市は、カトマンズ盆地内に三カ所設置されており、このうち最大のヤギ市を運営しているヤギ肉の小売業者労働組合は一九九六年に設立された。現会長であり、設立時のメンバーであるガネシュさんによると、労働組合結成のもっとも大きな理由は、政府との交渉の窓口とするためであるという。二〇〇八年に王制が廃止され、ヒンドゥー教が国教ではなくなり世俗国家となる前には、ヒンドゥー教の教義では殺生をしてはいけないとされる月回りであるエカダシ、アウンシ（新月）に肉売りをしていると、警察に捕まえられた。ところが、月によっては二日つづけてエカダシがある場合があるが、その日得た収入で生計を立てる人びとが多く、二日連続で店を閉めると、たちまち食べるための金に困ってしまう。そのために、警察から妨害されないように、「肉屋休店」「肉屋開店」と記入した組合公式のカレンダーを作った。このカレンダーを、組合メンバーに配布し、店頭に貼って、警察が妨害してきたらこのカレンダーを見せるようにメンバーに伝えたという。このようにして、労働組合は、ヒンドゥー教規範にともなう規制とは異なる、自分たちのルールをもって動いていることを主張し、営業活動を守ってきたのである。

ネパールが世俗国家となってから、ヒンドゥー教の慣習にともなう、エカダシ・アウンシの際の営業への警察の妨害はなくなった。そして、労働組合のカレンダーからも、「肉屋休店」「肉屋開店」の記述はなくなった。現在、この労働組合が力を入れている事業は、衛生基準の認証制度である。二〇〇〇年ごろから急激に肉屋を始める人が増え、カドギ以外の人びとのなかでも、現金収入を求めて肉屋を始めるものが増えた。なかには、不衛生な状態で肉売りをしているものなどもいて、肉屋のイメージが悪くなるなど、問題も増えてきている。よってこの労働組合では、二〇〇五年から、組合による衛生基準の認証制度を始めたという。店にタイルを敷いて汚れを簡単に洗い流せるようにし、エプロンを着用するなどの衛生向上の工夫をしている店に対して、二〇一〇年現在、六五六軒に証明書を発行している。

以上みてきたように労働面において、より安定した環境で商売をするため、利害関係が一致した同業者によって、カーストを超えて組合が形成されるようになってきている。特に政党傘下の労働組合は、カーストの差異ではなく政党の差異により、人びとのまとまりのあり方を草の根レベルで編成しなおすような影響力を有しているといえる。

3-3 サハカリの形成——経済面での変化

二〇〇〇年代以降、ネパールにおいて、サハカリ（小規模の頼母子講）の形成が流行している。人びとは、地域単位、親族単位、友人単位などで、病気などの急な出費に備えお金をプールしておくために、サハカリを形成している。構成しているメンバーシップは、同カースト、同トゥワなど、日常的に顔を合わせる範囲内であることが多い。これらの備蓄目的だけでなく、近年の高金利を受けて投資目的でサハカリに預金をする人が増加しており、その数やシェアは急増している。カドギを取り巻く新たな社会環境の象徴的な一面として、最後にこのサハカリにみる経済面での人びとの新たな紐帯のあり方について検討を加えたい。

カドギたちのサハカリには、大きく、ＮＫＳＳベースのもの、地域ベースのもの、食肉業協同組合ベースのものが形成されている。

NKSSベースのものとして、NKSS本部が運営しているサハカリについて以下検討する。なお、サハカリは、カースト団体などによって一本化されていないことも多く、NKSSにおいても、たとえば、バクタプル支部やボーダ支部などの支部ベースで個々に設置されている。

NKSSの中央本部が運営しているサハカリは、二〇〇八年に形成された。二〇一二年現在、シェアホルダーは四〇人程度であり、本部があるカンケショリ地区周辺のカドギのみで構成されている。ウェブサイト上では、その目的として、①零細経営のビジネスマン、農民、肉売り、労働者、非雇用者、低所得者層に財政的支援をする、②相互での投資を促し、金貸しによる搾取からメンバーを保護する、③仲介者を廃し、より安くより質のよいものを提供するなどとされている。商業銀行は、開発事業や中規模・大規模企業への貸付などはしているが、小規模な事業への貸付はあまりみられないという問題があり、相互で貸し付けをしあうことで小規模事業者への融資を可能にするという狙いがある。

口座の種類は大きく三種類あり、当座預金、定期預金、定額預金である。当座預金は一〇〇ルピーから開設でき、通常の年利は六%である。定期預金は最低六カ月単位で預金でき、年利は一〇%である。これは、満期になる前にも受け取ることができる。定額預金は一万ルピーから開設することができ、預け期間により一四~一八%の利子を受け取ることができる。最低一年単位であり、満期になる前には受け取ることはできない。貸出は、不動産ローンの年利が二〇%　教育ローン一九%　産業・商業ローン二〇%　農業ローン一九%　住宅ローン二〇%　雇用購入ローン二〇%　その他二一%である。銀行と比べてそれほど安いとはいえないが、銀行からは貸出の対象とならない小規模事業者なども借りることができるという利点がある。

地域ベースのものとして、カトマンズ中心部にある商業地スンダラのサハカリを例に検討する。このサハカリには、スンダラに店舗を出しているカトマンズ、ラリトプル、バクタプル、キルティプル、ブンガマティなどに住むカドギ約一六〇人が参加している。その金利などは、前記のNKSSのものとほぼ同じである。二〇一二年現在のデポジット総額は三〇〇〇万ルピーであり、大規模な部類に入る。ここでの貸付金は、新たに店を開けるときの準備金、教育、健康のためなどに用いられているという。

カドギたちにより構成されるサハカリのなかでシェアがもっとも大きいものは、カランキにある食肉業協同組合ベースのものである。カランキは、カトマンズ盆地とインドとを結ぶハイウェイに面しており、カトマンズ盆地最大のバザールが設置されている。バザールには、野菜や果物、マサラや肉などの食料が運び込まれる。二〇〇八年に、カドギの食肉業従事者たちが、カランキのバザール付近に事務所を構えてサハカリを設立した。二〇〇九年には、このサハカリの提携組織として、協同組合を形成した。二〇一二年現在、サハカリのシェアホルダーは、一六〇〇人ほどになっており、全員がカドギである。年利が二〇一一年時点では一五%程度であり、ほかのサハカリに比べて高い点も、多くの人びとを呼び込む理由になっている。

協同組合には、カトマンズ、ラリトプル、キルティプルなど、カトマンズ盆地中のカドギたちが入っている。すべて、屠畜・解体や肉の販売にかかわっている人であり、仲買などはこれには入らない。協同組合は、サハカリ参加者とともにもともとは二〇〇人程度で始めたが、第6章で論じた屠場近代化計画によって、モデル屠場予定地住民なども加入し一気に増加し、二〇一二年現在、五五三人が加入している。

カランキのサハカリと協同組合の創始者は、一一年間NGOのボランティアスタッフを経験してきた人物、ディネス氏である。そこでは、プロポーザルの作り方など、いろいろ教えてもらったという。そのうえで「必要なことは勉強させてもらったし、これからは必要なことは自分たちでやろう」と思い至り、最初に資金が必要であるとしてサハカリを作り、その後の協同組合形成に至ったのである。彼は次のように語っている。

NGOのしている仕事というのは、たとえば怪我をしたらその傷を見せて、いろいろもらおうとすることである。納得いかないことが多くて、それでやめた。自分で協同組合を作って、プロポーザルをたくさん作り、実務をやるようになった。直接、政府から、たくさんの支援を取りつけた。

サハカリは、従来は病気などの急な出費に備えてお金をプールしておくために作られたが、高金利を背景として投資をする人が増え、ブームとなっている。そのなかで、最後の協同組合の例にみられるように、さまざまな活動を政府やNGOなどによる支援に依存するかたちではなく自立的に行うための手段として、サハカリを用いている人びとがみられるようになった。ある程度自由に運用できる資金を手にしたことで、大きな国家事業を取りつけるなど、サハカリは、カドギたちが国際NGOなどからの援助や政府からの優遇政策によりかかるのではなく、より主体的かつ自律的にその活動を展開することを可能としているといえるだろう。

4　交錯する関係性

4-1　NKSSの対内役割と対外役割

第3節でみたように、都市化や市場化が進むなかで、従来の社会紐帯から社会関係が解放され、直接に新しい社会環境で人びとと交流することが可能となった。そのなかで、カーストの枠を超えて、人びとが「手伝い」グティを形成したり、労働組合を形成したりする動きがみられるようになった。また、サハカリはカーストの枠内で形成されることが多いが、その財力を背景に、直接、自律的にグローバルな活動を展開することを可能にしている。では、これらの新しいつながりが形成される今日、カースト団体にはどのような役割があるのだろうか。本節においては、新し

表9－2　NKSSの対内・対外活動概要

対内活動	対外活動
・年長者、SLC合格者、修士号取得者、その他成功者の表彰 ・政治的啓発カリキュラムの開催（プレゼン能力向上プログラムなど） ・合同成人儀礼（ケタプジャ*、バラテーグ**）の実施 ・「カサイ」の改名 ・学生の奨学金申請のための推薦書発行 ・ブランチの増設 ・太鼓（ナェキバジャ）の伝承事業	・衛生的な肉、経済的向上、教育に関するインタアクション・プログラムに参加 ・献血事業の継続実施 ・ダリット・リストからの離脱 ・バイオガスプラント***の建設 ・家畜輸入の効率化に向けたネットワーク形成と政府との交渉 ・ウェブサイトやFacebookのアカウント作成

NKSSウェブサイトをもとに作成。

＊男子成人儀礼である。第3章に詳述。
＊＊女子成人儀礼である。第3章に詳述。
＊＊＊屠畜時に廃棄される、水牛の腸内の廃棄物を集めて、そこからバイオガスを発生させる大規模な設備を2011年にカンケショリ地区に設立した。

い社会環境の形成を受けて、NKSSの役割がどのように変化しているのか、内的役割と外的役割の変化に注目しながら検討していく。

二〇一二年現在のNKSSの活動を、ウェブサイトと参与観察をもとに表9-2にまとめた。ここでみられる主な対内活動は、SLC合格者・その他成功者の表彰、政治的啓発カリキュラムの開催、合同成人儀礼の実施、支部の増設に加えて、改名運動、カドギの「文化的アイデンティティ」の象徴とされるナェキバジャの伝承事業などが挙げられる。また、対外活動として、食肉事業、教育支援事業などに関するインタアクション・プログラムへの参加、献血事業の継続実施、ウェブサイトやFacebookのアカウント作成に加えて、ダリット・リストからの離脱が挙げられる。

4-2　NKSSの年次総会における意見交換

NKSSの活動の意思決定プロセスとして、年次総会などの意見交換の場が挙げられる。年次総会は毎年三月ごろに実施されている。年次総会の概略として、冒頭、一年間の活動報告を会長が行い、つづいて、会議のかたちで各支部から二人ずつが順に一年間の活動状況を報告するという形式になっている。

私は、二〇一二年度の年次総会に参加した。出席者は幹部として、

NKSS本部メンバー、カトマンズ盆地代表、東部ネパール代表、西部ネパール代表、各支部代表（カトマンズ市街：一二区・一七区・一九区、カトマンズ盆地：ボダナート・キルティプル・バネパ・バクタプル・パナウティ、東部ネパール：ダヌサ・ボジュプル・ウダヤプル・シンドゥリ、西部ネパール：ゴルカ・タナフン）である。合計六〇人程度が参加していた。ラリトプルからの参加がまったくみられないなど、最大の人口を擁するカトマンズ盆地での参加度はそれほど高くないが、人口比ではそれほど多くない村落部からの参加率は高い傾向がみられる。

冒頭のスピーチにおいて会長より、カドギからまだ誰も大臣になっていないという問題を抱えており、カドギの社会的な認知度を高める必要があると提起された。つづいて活動報告として、支部を村落部に増設したこと、ダリット・リストからカドギを外したこと、「カサイ」という名前の改名を進めていることなどの報告がなされた。その後、第二部として、ネパールの集会によくみられる壇上のスピーチを聞く形式ではなく、円卓会議の形式をとり、各支部の活動報告が行われた。表9-3は、各支部が報告した主な活動内容である。

円卓会議の流れとして、最初にこの日のチーフゲストとして創立メンバーより、NKSSを始めたときには、カトマンズ盆地においてのみ一〇〇人程度で連帯してやっていたが、徐々にこれが広がって全国規模になったと、これまでの経緯が説明された。つづいて、中央本部より、今のところ、ナエキバジャの継承などの文化活動や献血だけをしているがそれでよいのか、他に必要な事業がないか検討する必要があるという意見が示された。

東部ネパール代表のプラカーシュ氏より、以下のような報告があった。東部ネパールのバザールでは、食肉業を仕事とするカドギが多く、水場に寄るなと言われるなど、「ヘプネ」（hepne：下にみる）を受けるカドギもいた。この問題に対処するために、二〇一〇年にネワデダブの代表や歴史家に来てもらって、ボジュプル支部が中心となり先住民の文化プログラムを実施した。このプログラムに同行したネワールの歴史家が、カドギは「カサイ」ではなく、カースト差別が始まる前から住んでいた先住民であると明言したという。また、東部ネパールの支部では、「カサイ」と名乗っている人たちの改名事業を進めており、先住民であると「スビダ」（優遇措置）をもらえることもあるので、そ

表9-3　NKSS総会における各支部の活動報告内容

参加支部名		主な活動報告
カトマンズ市街	12区	ナェキバジャの子どもへの継承事業
	17区	献血キャンプの実施 SLC合格者への証書授与
	19区	道路の清掃ボランティア 衛生的な問題を抱えている人、病気の人びとへの支援事業 「カサイ」の改名
カトマンズ盆地	ボダナート	2010年に女性部会、サッカーチームを設立 サハカリを開設
	キルティプル	ナェキバジャの子どもへの継承事業 献血キャンプの実施 アガンデヨの寺院を改修
	バネパ	ナェキバジャの子どもへの継承事業
	バクタプル	サハカリを開設
	パナウティ	2008年に新設 スペインやフランスのNGOに支援を受けて寺院を改修
東部ネパール	ダヌサ	約50名の「カサイ」の改名 市役所と掛けあい、サルラヒ、ウダヤプル、シンドゥリ、シラハなどの近隣郡に改名運動を普及
	ボジュプル	2008年に新設 2010年に、ネパール東部の10カ所の郡のNKSS支部と合同で、ネワデダブ共催で、先住民の文化振興プログラムを実施
	ウダヤプル	「カサイ」の改名 SLC合格者への証書授与
	シンドゥリ	2009年に新設 「カサイ」の改名
西部ネパール	ゴルカ	2000年に新設、2007年に女性部会を設立 サハカリを開設
	タナフン	2000年に新設 「カサイ」の改名（タナフン郡から始めた事業） 文化振興事業（仮面舞踊の復興） SLC合格者への証書授与

2012年の総会の参与観察をもとに作成。

れぞれの地区にどのようなスビダがあるのか調べる必要があると呼びかけがあった。実際に、ボジュプルでは、先住民としての支援を受け取りはじめたことが報告された。

西部ネパール代表ラトナ氏より、西部ネパールのカドギたちは、カトマンズや東部ネパールのカドギたちに比べて貧困状態にあるものが多い旨が報告された。また、移住後、ネパール語で日常生活を送り、ネワール語を話せないものも増えていることからネワール語の教室を開く支援をしてほしいという要望があった。また、ラトナさんは、改名運動はタナフン郡のカドギから始めたものであり、「カサイ」(屠畜人)という「アビール」をつけるのではない発展の方法を考えていると話した。具体的に農村地域なので大規模な事業は難しいが、たとえば、ヤギ、鶏、水牛などを集めて農場をつくり、市役所と共同で運営するなどの事業を実施することを考えているという案の報告があった。

その後、表9-3に示したような各支部の活動報告がされた。特に、カトマンズ市街地の一九区からは、カトマンズ盆地に住んでいるカドギのうち約八万人のカドギが、「スクンバシ」(スラム)のようなところに住んでいるとされていると報告された。また、いまだに「ティチョミチョ」(thicomico : 蹂躙)されるような差別は残っており、カドギの供宴には、シェレスタ、マハルジャンたちは来るようになったが、マハルジャンらの供宴にはカドギは参加できないことが多いことが訴えられた。そのうえで、「ネワーラッジェ」(ネワール自治州)といっているが、ジャート間でも上に行くようにしてほしいという要望が出された。

商売の活動から学ぶことができる事業をしている人がいるとして、第5章で取り上げた皮の加工工場経営者であるキランさんの活動が紹介された。キランさんは、ボダナート地区から納入される水牛の皮の売上のうち、一頭あたり一〇ルピーを、NKSSのボダナート支部に寄付している。その資金を受けて、女性部会やサッカーチームを設立するなど、ボダナート支部がとても活気づいていると報告された。また、同様の事業を、二〇一二年度より、カンケショリ地区から納入される水牛の皮の売上のうち一頭あたり一〇ルピーをNKSSの本部に寄付することが報告された。キランさんより、働いた分だけコミュニティに還元できることから労働者の意欲の向上にもつながるという意見が出て、拍手が起こった。

総会の総括はマノージュ会長が行った。なお、二〇一二年度は、中央本部メンバーの三年間の任期の最終年度でもあり、近年の活動の総括としての報告であった。マノージュ会長は、カドギ・サマージュ(社会)に生まれたら、必然的に自分はNKSSに帰属すると思うようになることが私たちにとって必要であり、今後はそうなるようにしていかなければいけないと呼びかけがあった。マノージュ会長は三期、約一〇年間会長を務めたが、そのあいだ、約四〇カ所の支部を開設している。他の活動として、これまでダリット・リストから離脱したことや改名、カドギの司祭を増やしたことを挙げたうえで、これだけ広がったカースト団体はほかにないと思われると総括した。NKSSは私たちの「名前」のために必要なものであり、今後の方針として、ダリットという言葉はいっさい使わないようにしていこう、カドギ・ジャーティには五〇〇〇年の歴史があるのだから、という言葉をもって総括が終わった。

最後に決定事項として、①支部ごとにサハカリをつくって経済的な上昇を図る、②ビジネスダイヤリーを作り、全国にいるカドギたちがどのような仕事をしているのかについて、名簿や連絡先一覧を共有する、③支部ごとのプログラムの実施やウェブサイトの作成などを進めるという今後の方針が決定された。

以上、NKSSの年次総会の動向を検討してきた。会長が何度も述べているように、NKSSはカドギという「名前」のために活動している。カドギの社会的認知をよくするために、高い地位に就くことを奨励し、差別を受けないように改名をするなどの運動を繰り広げている。そして、活動の方針は、年次総会などの場においてカドギに関するさまざまな問題を洗い出し、共有することに基づいて更新されていくのである。近年のNKSSの活動にみられる傾向として支部の新設が挙げられる。特に、二〇〇六年民主化運動以降、特に盆地外の村落部において支部を増やし、全国規模のネットワークを広げつつある。

4-3　NKSSの役割の変化——活動の外的拡大と部分的深化

では、NKSSの役割はどのようなものであり、それはどのように変化してきているのだろうか。最後に本項において、ここまで検討してきたNKSSの活動を、その役割という観点でまとめることにする。

NKSSは儀礼に干渉し、カドギの儀礼上のカースト役割の一部を強調している。第7章で論じたように、国家儀礼でもあるインドラジャトラにおけるクマリの行幸に、二〇一一年より、カドギが参加するようになったのは、NKSSが、タレジュ（クマリ）の司祭カーストを説得したことがきっかけである。このように、カドギにとって名誉となり得る儀礼的役割については、積極的に、むしろ強調するかたちで取り組んでいるといえる。一方で、出生と死にまつわるケガレの廃棄などカドギにとっては不名誉であると捉えられる役割に関しては、やらないように呼びかけるなど、NKSSはどの儀礼を積極的に強調し、どの役割を行わないのかなどの取捨選択を行う媒体となっているといえるだろう。

一部の伝統や伝承の強調は、儀礼以外のイベントにおいてもみられる。NKSSは二〇〇八年より、毎年、ナヤディワスというイベントを開催している。第一回のナヤディワスは、M・K・ネパール首相（当時）を招待して実施され一万人程度が参加した。二〇一二年の第四回ナヤディワスにおいては、NKSS関係者ではなくネワールの他カースト団体とネワデダブ、各政党有力者らが登壇した。そのなかで、たとえば、「どの祭りにおいても太鼓で先導しているカドギは、実際に社会を先導する必要がある」など、カドギの一部の伝統がこの場で強調して示された。また、先住民であるネワールにはダリットはいない、ダリットはあとから政治的に作られたとされ、「一〇年間は先住民としての優遇政策を受け取る。その後は、状況に根差して優遇政策を受け取る」という呼びかけも示されている。第8章で検討してきたように、これらの言説が、ナヤディワスのようなカースト表象の場で発信されることで実体化されていくのである。

ここで、NKSSの役割の変化を整理したい。NKSSの対外役割は、水不浄差別への異議申し立てから「先住民」性の表象へと変化しつつある。また、対内役割の変化として、二〇〇〇年代以降、約一〇年間で四〇カ所の支部を新設するなど、全国規模のネットワークの拡大が挙げられる。他方で、近年においては、都市部の参加度は低く反対に村落部では、改名運動を通じて影響を深めつつある。これらの傾向を整理すると、NKSSは、薄く活動拠点を拡大し、そのなかで一部の活動に特化する傾向をもっており、そうすることで都市化による新しい社会環境とそこで形成される新たな紐帯から漏れた人びとを、「先住民」や「カースト」というフレームに組み込むことで底上げを図っていると位置づけることができるだろう。

5　多面的なカーストの適応と再生

本章では、民主化の過渡期が続くネパール社会の変動に、カドギたちがどのように対応してきたのか、NKSSの結成以来約四〇年間の活動史を中心に検討してきた。

ネパールの民主化過程とNKSSの活動の展開として、第Ⅰ期においては、カドギおよびNKSSは、「低カースト民」「不可触民」とカーストを超えて提携する傾向がみられた。この時期に設立されたNKSSは、市場での連帯、水不浄差別への抵抗が主要な活動目的となっていた。第Ⅱ期においては、市場化と個々人の利益の追求により、NKSSの活動は一時停滞する。第Ⅲ期に入ってNKSSは、先住民性の表象を活発に行うようになった。

一方で、一九九〇年ごろより、特に都市部においてカーストと関係のない世界に直接つながるカドギたちも増加しつつある。合理的思考などが浸透し、これまで社会慣行などにより阻まれてきたカーストを超えた人びとの紐帯もみられるようになった。また、サハカリの浸透などによって、人びとが直接的により広い社会環境のアクターと交渉し、自律的に運動をすることが可能になっている。

NKSSはこれらの新たなつながりとすみ分けるように、カトマンズ盆地外のカドギへの啓発活動や貧困層の底上げへと特化しつつある。つまり、NKSSは、薄く活動拠点を拡大し、そのなかで一部の活動に特化する傾向をもっている。そうすることで、NKSSは都市化による新しい社会環境とそこで形成される新たな紐帯から漏れた人びとを、「先住民」としてのフレームに組み込むことで底上げを図っている。これは、カーストという枠を、部分的に強く打ち出し、また別の部分ではカーストが関係ない社会のなかにまぎれ込ませていくという、錯綜したカーストの再解釈と再創造のプロセスであると位置づけることができるであろう。

本章で検討した事例から示唆される社会動態とは、数度の民主化を通して、より広い社会的文脈に接続することで、対外的・対内的な相互交渉が起こっており、そのなかで、カーストが、カースト団体を通して、そのつど最大限に利用するために戦略的に流用され、流用しているカースト自体も変わっていくダイナミズムであると位置づけることができるだろう。

なお、この社会動態は、カースト団体を介した変化する社会環境への多面的なカーストの適応と再生とみなすことができ、トファン（2007）やゲルナー（2009）らが指摘してきたような、固定されたカースト・アイデンティティを起点とするカースト間の覇権争いであるという見方では説明しきれない動きである。時に「サーノ・ジャート」として、時に「先住民」として、また、時に政党メンバーとして、ある地域の住民として、労働組合メンバーとして、カドギたちはさまざまな層に接続して自身を捉え返し、生きている。ネパールのエスニック・アクティビズムを捉える際、カースト間・民族間の覇権争いだけでなく、その水面下にある動きへの注目の必要性と、その社会変動との接続の位相に目を向けることの重要性を指摘したい。カドギたちの国家的な変動との接続の位相においては、自身をさまざまなアクターのあいだで捉え返しながら、さまざまな関係性をカーストという枠組みのなかに位置づけなおす柔軟で力強い創造力が発揮されているといえるだろう。

終章　下からのカーストの再創造

本書は、大きく変動するネパールにおいて、これまで「低カースト」とされてきた人びとが民主化や市場化を背景にどのように生きぬいてきたのか、そのなかで人びとはカーストという範疇に改めてどのような意味を見出してきたのかを、食肉市場の拡大による特に大きな変化を経験しているカドギたちの民族誌から明らかにしてきた。

地域のカースト間関係に埋め込まれていた肉は、市場化により地域を超えて流通するようになった。カドギたちは、肉の流通の変化に対応するべく、個々人による市場での利益の追求と地域に埋め込まれたカースト役割の遂行を相互に補完しながら、カーストという範疇を捉え返しており、それが国家体制の変化に結びついて現実の民族範疇として具現化され、下からのカーストの再創造に結実していた。こうして、従来の研究がカーストや民族集団などといった特定の集団を前提として、いわば理念的に定式化しているのに対し、本書では個々のカーストという範疇が、どのように生成、変成しつづけているのかを動的に開示したのである。

本書では、全体を大きく三つのパートに分けて、カドギたちがカーストを再創造していくプロセスを、「存在論的カースト」と「行為論的カースト」の相互補完関係に注目しながら立体的に描き出すことを試みた。まず、カドギというカーストはどのように制度化され、それはネワールの街や村などの一定の地域の範域内で、どのようなカースト間関係のなかの役割として埋め込まれているのかを、主に「存在論的カースト」の様相として描き出した（第Ⅰ部）。つづいて、一定の地域内の価値体系のなかで埋め込まれてきたカースト役割が、地域の範域を超えて人びとの相互行為が交わされるグローバル市場に包摂されることにともない、どのようにずらされ組み換えられてきたのかを示した（第Ⅱ部）。そのうえで、民主化運動が国家規模で展開されるなか、個々人の意図とローカルに埋め込まれた役割とのはざまで、国家的な変動に包摂されるためカーストという範疇がどのように捉え返され、現実の枠組みとしてのカーストの再創造に至っているのか、主に「行為論的カースト」のあり方を中心に明らかにした（第Ⅲ部）。

カーストは、カドギたちに「不浄」とみなされるスティグマをもたらし、彼らはこのスティグマに苦しめられてきた。しかしながら同時にカーストは、生計を維持し婚姻関係を結び儀礼を営み、生きていくうえで切り離したくとも切り離せないものでもあった。一九七〇年代以降の食肉市場の急速な拡大は、カドギたちにとって大きな転機をもたらす。カーストのなかに埋め込まれていた肉は市場経済における商品となり、カドギ・カーストであるという属性は肉を扱うための必然ではなくなったのだ。こうして、カースト役割に大きく依拠してきた肉売りはそれ自体として、カーストとは別の次元で自在に行われるようになってきて、彼らのカースト役割と市場のなかで獲得してきた地位とのあいだに乖離がもたらされることとなった。ゴッフマンが指摘するところ（ゴッフマン 2001）の、「対他的な社会的アイデンティティ」と「即自的な社会的アイデンティティ」との乖離傾向が強くなったのである。

大きく変動する社会状況に適応するなかで、カドギたちは市場化や民主化にともない新たに出会うことになったアクターたちと交渉し、カーストを再解釈し、より豊穣的なものに創り直すという戦術をとってきた。彼らは、日常的な交渉のなかで、絶えずカースト役割が遂行される文脈をずらし組み換えつづけ、同時に、国家的変動に寄り添うかたちでカーストの表象を行い、国家に規定されるのではなく彼ら自身で具体的な枠をもったカーストをそのつど「下から」再創造しつづけてきた。つまり、カドギたちは、カースト制度に規定された役割をただひたすら踏襲するのではなく、カースト制度を完全に否定し個人として生きるのでもなく、カーストという具体的な範疇を維持しながらその中身を状況に適応するように再創造しつづけてきたのである。つまり、カーストは、カドギたちにとって、変化に対応する際にさまざまな価値のはざまに立ち現れる、己の生のあり方を幾分かの振れ幅をもたせながら肯定するための拠点として立ち現れており、また彼らもそのように創りなおしつづけてきたのだ。

そうすることによって、カドギたちは、彼らが解消したくてもしきれないカースト社会におけるスティグマを、少しでも彼らがそうありたいと望むものに近づけようとしていたといえるだろう。その際には、地域のなかに埋め込まれ共有された役割体系におかれた「存在論的カースト」と、彼ら自身が実践するなかで生成する「行為論的カースト」を相互に補完しながら、カースト役割と経済的地位とのあいだの乖離状況を多角的に捉え返し、これに折り合いをつけてきたのである。さらに、この動きは相互行為におけるアイデンティティ操作に留まらず、日常的な経済活動や国家との政治交渉を通して、カースト制度における社会配置を実際に内側から揺さぶり、変質・変化させることともなっている。こうして、彼らは、一見、カーストを踏襲し維持しているように見せかけながら、すでにあるものとしてのカースト、つまりカーストという縁どられた場所を拠点として、表象された生ではなくみずからの生を表現してきたのである。

以下では、まず第1節において、第Ⅰ・Ⅱ・Ⅲ部でそれぞれ論じた課題に対する実証の結果を、下からのカーストの再創造という観点から再度まとめる。

つづいて第2節において、序章で述べた先行研究の議論を参照しながら、本書で得た知見を、第一に市場との相互関係のなかから立ち上がるカーストの重層性と可変性の提示というカースト論への貢献、第二にスティグマ研究への展望というメタ次元での貢献として示していきたい。

最後に、「おわりに」において、本書で示した動態はネパールのカースト社会に限定されたものではなく、現代を生きる私たちの日常にも同様の動きが立ち上がる場が遍在していることを指摘し、それをもって本書を閉じることとしたい。

1　肉の市場化にともなう「カースト」の再創造

1-1　地域に埋め込まれたカースト役割

第I部では、カドギたちが日常生活を送る生活の場はどのような空間であるのか、そのなかでカーストがどのように制度化され、どのような生活組織が営まれ、役割としてカースト間でどのような財とサービスの交換関係があるのかを明らかにした。つまり、肉が地域にどのように埋め込まれてきたのかをみてきたと位置づけることもできる。

カドギというカースト間のサービスのやりとりの背景には、王権をめぐる中心／周縁関係、「浄／不浄」の儀礼的序列、市場による新たな社会配置など位相の異なる原理が働いていた（第1章）。基本的には日常生活上ではカーストで集住し、カースト内で完結している状態にある。カースト間関係が顕在化するのは、主に儀礼においてである。そして、その複雑な関係は、交換関係において読み解くことができるのである。

つづいて、カドギをめぐる家族・親族関係、生業、社会組織について検討した（第2章）。そこでは、儀礼・祭祀の執行単位としてあった親族関係は、肉売りという生業を営む世俗的な仕事の単位として経験される機会が増えてきたことを示した。

第I部の最後に、儀礼の執行という観点から、ネワールの宗教空間について検討した（第3章）。ネワールの街・村落は、中心に王の神であるタレジュ女神、個々のカーストの居住地にガネーシャなどの地域の神、市壁の外の聖地付近に母神が祀られており、この街の構造が、住民たちの信仰世界に色濃く影響を与えている。タレジュ女神の儀礼を中心とした街全体に参加機会が開かれる年中行事では、さまざまなカーストの参加がみられる。儀礼の主催者にそのつど都合がつくカドギが呼び出され家畜の供犠のみを実施し、儀礼の主催者から金銭報酬を受け取る。一方で、ジニマナヤなどの特殊な役割を担うカドギは政府やグティサンスタンから経費や給与の支払いを受ける。しかしながら、カドギたちの信仰世界の基層になっているものは、親族単位で営まれるリネージ神信仰であった。カドギたち自身は、神々に序列をつけず、リネージ神も血の供犠を受ける神も受けない神も、等しく敬意を払い、神々を「姉妹」など彼ら自身の解釈の仕方で関連づけている。

以上のように、第Ⅰ部を通して、カーストという範疇が、中央から規定されて形成されてきた制度的側面であると同時に、儀礼的役割分担と一体になった地域の宗教空間という範域のなかで、人びとの日常的実践を介して常に捉え返されるものとしての側面ももっていることを示したのである。

1-2　肉の市場化にともなうカースト役割の組み換え

第Ⅱ部では、肉が市場化され地域の範域を超えて交換されるようになるなかで、カースト役割がどのように組み換えられているのかを検討してきた。つまり、経済的な商品としての価値をもつようになった肉が、文化的にカースト役割をどのように再編しているのかをみてきたともいえるだろう。

まず、カースト制度のなかで実施されてきた生業が、市場経済の浸透を受けて変容する過程を、生業とカーストとのズレに注目しながら、時間軸で明らかにした（第4章）。ラナ専制が終焉を迎えた一九五一年ごろまでは、中央の統制のもとで、肉の売買が身分制度のなかで行われがちであった。しかしながら、ラナ専制の終焉やその後に繰り返される民主化運動により中央からの統制が緩んだところに、市場経済の波が押し寄せた。水牛定期市開設にかかわり、今日の水牛流通網の礎を作ったカドギは、築いた富を寺院や神像などに積極的に寄進しており、彼らの経済的な成功を、文化的な威信に結びつけている。また、この広域の流通網は、グティサンスタンを介して行う王の供犠のための供犠獣の流通網にもなっている。これにより、肉を取り巻く社会関係は、地域に埋め込まれた文化的なものと地域を超えてみられる市場経済的なものとが入り混じったかたちになったのである。

つづいて、カトマンズにおける食肉市場の形成やその展開を検討するとともに、そのなかで、カースト間でどのような交渉や折衝がされているのかを検討した（第5章）。カドギは、食肉市場の拡大にともない、同様に食肉業にかかわるほかのカーストと新たな関係性を築きつつある。このようにして食肉市場は、各々の文化的・宗教的背景や価値規範を内面化した特定のカーストに属する個人や団体による交渉、折衝などの商取引を介して、多様な価値規範を取り込みつつ形成されてきたといえる。他方で、カースト単位ではなく個人単位での取引への完全移行が進んでいるかというと、そうでもなく、現状としてカドギはカースト単位での連帯を生かして生計を立てる傾向が強い。特に、骨と皮の加工においては、その傾向は顕著にみられる。カドギたちの場合は特にカーストが肉売りという職業を営むうえでの資源となり得ることから、カースト団体が仲介するかたちでこの動きが組織的かつ戦略的に推し進められていた。

第5章でカドギたちがカースト団体を仲介させるかたちで組織的かつ戦略的にカーストという枠をうまく生かしながら食肉市場の拡大に適応していく姿を捉えたのに対し、第6章では、個々人レベルで食肉市場を取り巻く状況の根本的な変化にどう対処しているのかを捉えた。つまり、食肉がもはやカースト社会からは離床し、地域に埋め込まれた文化的価値から切り離され、グローバル・スタンダードな流通網のなかに直接取り込まれていく過程において、食肉や職業の価値基準自体が揺らいでいく過程と、そこでの個々の商取引における対応を示した。カトマンズ盆地において従来カーストに基づいて肉売りを担っていたカドギたちは、仕入れ、解体・加工、小売などの一連のプロセスにおいて影響力を保持しており、流通体系の広域化や近代化に適応することにひとまずは成功している。そしてそれは、個々のカドギたちが既存のカースト役割のなかに安住するのではなく、都市の流動性のなかで近代的な価値観を身につけた消費者とのやりとりに直接さらされることで、グローバル市場に適応しようとする主体を有するようになったことにより可能になっている。

第II部の最後にあたる第7章においては、食肉市場に呼応していくかたちで、カースト役割が主に儀礼を介して組み換えられていくプロセスと、そこにみられるカドギたちの主体を検討した。つまり、肉を取り巻く経済的な価値観が、地域に埋め込まれた文化的な価値観にどのような影響を与えるのかを検討したのである。具体的に、タレジュ女神への血の供犠を担うジニマナヤたちは、供犠は王宮で行い、その後の水牛の解体作業は商用屠場で行っている。また、ジニマナヤたちは、プラサーダの一部を販売して、自分たちが主体となって行う儀礼の経費を捻出している。ジニマナヤたちは、世俗面・儀礼面などの領域を超えて、それにかかわる人びととの関係性をうまく組み合わせながら、彼らのなかでは、自分たちにしかできないジニマナヤという役割を維持しているといえるだろう。さらに、プラサーダの分配の変化にみられるような役割の組み換えが、カドギのほかの儀礼的役割においてもみられる。つまり、カドギたちは、「カースト間で共有されたカースト理解」のうち、状況に応じて、「儲かる」もしくは「自分たちの名誉を守る」部分を断片的に持ち出し、カースト役割を組み換えているといえる。このカーストの組み換えは儀礼面や世俗面などの領域を横断しながら日々実践され、カースト間に共有された役割の分担を実際に変質させている。

以上のように、第II部を通して、主に食肉の市場化に焦点をあてながら、カドギたちがカースト役割を一見踏襲しているようにみえながらも、その内実を組み換えている様相を実証的に示したのである。

1-3　国家的な変動へのカーストを介した接続

第III部においては、カドギたちが、何度も重なる民主化運動がもたらしたネパールの国家的な変動にどのようにみずからを接続しようとしているのか、それがどのように現実的な範疇としてのカーストの再創造に結実しているのかを明らかにした。

まず、カドギたちが、特に二〇〇八年の王制廃止以降、どのように社会体制のなかに包摂されようとしているのか、その名乗りのポリティクスにおけるカドギたちの内部的な相互承認のプロセスを通じて明らかにした(第8章)。その際には、民族活動家とそうでない「ふつうの人びと」の双方に眼を配りつつ、「カドギ」の表象が一見、ネパール全体のアイデンティティ・ポリティクスの展開と呼応して一枚岩的に実体化していくようにみえつつも、たとえばネワール内部での交渉や仏教徒としての再定位といった多様な解釈と運動にふたたび開かれていく様子を示した。

エスノグラフィの最終章にあたる第9章では、民主化の過渡期がつづくネパール社会の変動に、カドギたちはどのように対峙してきたのか、カースト団体NKSSの結成以来約四〇年間の活動史を中心に検討した。その結果、NKSSは、カースト団体を介して変化する社会環境への多面的なカーストの適応と再埋め込みを図っていると位置づけた。時に「サーノ・ジャート」として、時に「先住民」として、また、時に政党メンバーとして、ある地域の住民として、労働組合メンバーとして、カドギたちはさまざまな層に接続して自身を捉え返し、生きている。

特に一九九〇年の民主化とそれ以降に一気に押し進め得られた市場化にともない、カーストに関係のない新しい社会環境に接続するカドギが増えている。合理的思考が浸透し、これまで社会慣行などにより阻まれてきたカーストを超えた人びとの紐帯もみられるようになった。また、マイクロファイナンスの浸透などによって、人びとが直接的により広い社会環境のアクターと交渉し、自律的に運動を展開することが可能となってきている。カーストと関係のない社会環境でさまざまなアクターと直接つながるカドギたちが増加する過程において、NKSSはこれらのつながりとすみ分けるように、カトマンズ盆地外のカドギへの啓発活動や貧困層の底上げへと特化しつつある。つまり、NKSSの活動は、薄く広く活動拠点を拡大し、そのなかで一部の活動に特化する傾向をもっている。そうすることで、NKSSは都市化による新しい社会環境とそこで形成される新たな紐帯から漏れた人びとを、カーストのフレームに組み込むことで、カドギ・カースト全体の底上げを図っている。こうした動きを、カーストという枠を部分的に強く打ち出し、また別の部分ではカーストが関係のない社会のなかにまぎれ込ませていくという、錯綜したカーストの再創造のプロセスであると位置づけた。

このようにして、第Ⅲ部においては、数度の民主化を通してより広い社会的文脈に接続することで対外的・対内的な相互交渉が起こるなか、人びとがそのつど最大限に利用するためにカーストを戦略的に流用し、流用されているうちにカースト自体も変わっていく動態を示した。こうして生活面において、労働面において、そして経済面において、さまざまな次元における人びとのヨコの紐帯が形成されつつある状況において、幾層にも形成されたネットワークのなかでもっともふさわしいものをその場その場で取り込みながら、質的に新しいカーストが、その体裁は維持したまま不断に再創造されているのである。

2 下からのカーストの再創造と生の肯定

本書の第Ⅰ部から第Ⅲ部を通して、カドギたちの微細な日常的実践を空間軸・歴史軸で検討することで明らかになった点は前節の通りであった。これらの考察結果から導き出された本書の研究史上の理論的貢献は、第一に市場とカーストの連関関係を深く掘り下げることから得られるカーストの実践的編成論での貢献（2-1）、第二に下からのカーストの再創造論に基づくスティグマ研究への貢献（2-2）に集約される。以下、具体的に示していきたい。

2-1 アイデンティティの狭間としてのカースト

すでに序論で示した通り、クイグリーやトファンらは、ネワールを、カトマンズ盆地社会に歴史上のさまざまな期間に参加するようになった、異なった起源をもつ複数の集団により構成されているとしている（Quigley 1999; Toffin 2007）。つまり、ゲルナー（Gellner 1999a）が示した司祭を上位とする浄／不浄の序列や、ムルキアインにおいて示される序列は、一部のカーストからみた序列であって、これはネワール社会全体で共有されたものではないとする見解である。しかしながら、実際に儀礼や世俗的分業において財やサービスの交換に関するカースト間関係が成り立っており、このカースト間関係が成り立つ場面においては、個々のカースト役割が立ち現れている。石井のエスノグラフィ（石井 1980a）は、カースト間の財やサービスの交換関係から、ネワールのカースト間関係を読み解いたものであった。本書は石井のアプローチを参考にしながら、カドギのカースト役割の変容を軸にカースト間関係の変容を読み解いてきたものであるが、ネワール社会のカースト全体の変容を捉えたものというよりは、カドギという一つのカーストが再創造される微細なプロセスを描くことに主眼をおいた。そうすることで、地域内で共有されたカースト役割が組み換えられていく、これまで見過ごされがちであった動態を浮き彫りにしたのである。

本書と関心が近い研究として、序論でも紹介したパリッシュおよびランキンによるエスノグラフィが挙げられる（Parish 1996; Rankin 2004）。パリッシュは、バクタプルに住むネワールの個々のカーストへのインタビューに基づき、ネワールたちがどのようにそれぞれのカーストに対峙しているのかを、個々人レベルでの言説や解釈を中心に描いている。また、序論および第7章でも紹介したように、ランキンはパリッシュのアプローチを参照しながら、個々のカーストがグローバルの語り口を、ローカルに埋め込まれた「名誉のエコノミー」にどのように用い彼らの社会的威信を保っているのかを描いている。

しかしながら、カーストの実践的編成を捉えるうえにおいて、パリッシュやランキンの分析枠組みは、固定的なカースト体系を前提とした解釈の多様性や言説の比較に拠っており、それぞれのカーストにおける個々人の主体が均質的かつ平板に描かれてしまいがちであるという弱点をもつことになった。パリッシュのエスノグラフィは、不可触民が高カーストの儀礼を「模倣（replication）」しており、デュモン（Dumont 1966）が指摘した浄／不浄の序列の観念が彼らの世界観も支配しているとしたモファット（Moffatt 1979）に対する批判を企図したものであった。パリッシュと同様のアプローチや意図をもって、ランキンは、「低カースト民」は、「制約された状況下で」、象徴的な資源の最大化を模索し、彼らの物質的な要請を満たすためにカーストのスティグマ化の局面と交渉している様相を示した。とはいうものの、個々のカーストという人びとを均質的に描いているという意味においては、ランキンやパリッシュのアプローチは、モファットのそれと同じ問題を抱えてしまっているといえる。本書のエスノグラフィを通じて実証してきたように、人びとは、常に一義的なカースト役割を内面化しているわけではなく、おかれた状況に踏み留まりながら生きぬいていくなかで、人びとの思考の仕方に揺らぎは生じる[1]し、またそのなかでカーストという表象は変わっていくからだ。人びとは、常に固定された主体を有しているわけではない。常に変化しつづける境遇を生きぬくなかで、時には相反したり、矛盾したりするような思考も、一人の人間のなかで共存し得る。さらに、この揺らぎこそが、これまで論じてきたように、「存在論的カースト」と「行為論的カースト」を相互補完的に用いたカーストの再解釈と、それにともなう具体的な枠をもったカーストの再創造をもたらす原動力となっている。

ネパールにおいて、特に二〇〇六年の民主化運動以降、エスニック・ムーブメントが隆盛をきわめている（Hangen 2010; Gellner 2009）。この状況において、人びとの差異は強調され、カースト間、民族間の対立関係が深まる様相をみせている。しかしながら、本書で検討した動態は、民主化の過渡期にあるネパールにおける、カースト間の覇権争いに終始するようなものでなく、むしろ具体的な相互関係のなかでカースト役割自体を内側から微細に組み換えていく動きであった。つまり、人びとの差異に基づくものではなく、おかれた状況のなかから立ち上がる動きであり、政治的、文化的、経済的アイデンティティの、まさに狭間のような場所としてのカーストを拠点として、下から社会関係を揺さぶり、ズラし、解体していく作業であった。

以上のように、本書はこれまで一貫したカースト役割やアイデンティティをもつ人びととして均質的に描かれがちであったカースト社会理解に対し、カドギという一つのカーストを例として、カーストの状況に応じた可変性や、カーストのなかにある重層性と、それがもたらす展開を、具体的な民族誌のなかで描き出したのであった。

2-2 スティグマから生の肯定の拠点を創り出す

本書では、カドギの日常的実践というきわめてミクロでローカルな位置に視点を据えながら、グローバル化時代において人びとはいかにスティグマに対峙できるのかを探究してきた。以下、南アジアにおける「低カースト民」「不可触民」によるカーストの再創造論への本書の貢献を示したうえで、最後に本書からのスティグマ論への展望を示したい。

南アジア社会において、カースト差別に苦しんできた「低カースト民」や「不可触民」たちを例として、人びとによるカーストの客体化を捉えた研究の蓄積が豊かにみられる。イギリス植民地時代における動態として、序論でも紹介したように、ハードグレーヴは、インドのタミルナードゥ州でカーストに基づいてココナツヤシを採集していたナーダールと呼ばれるカーストが、鉄道網などにより形成された広域のカーストというまとまりを生かし、ココナツヤシをもとに製糖産業で成功し、総合的な上昇を図る動きを捉えている（Hardgrave 1969）。ナーダールの例は下からのカーストの客体化に成功した例であるといえる。しかしながら、第6章で引用したように、押川文子は皮革職人カーストが、カーストに基づく仕事を市場化や近代化のなかにうまく適応できずに、「再編された経済構造の底辺に組み入れられてしまった例」として報告している（押川　1995: 289-326）。この二つの対照的な例からは、植民地時代におけるセンサスを介した人びとの管理体制に、周縁に生きる人びとが意図的にもしくは上からの力により、ひとまとまりに組み込まれていく様相が見て取れる。

インド独立以降、ダリットやその他の後進諸階級ＯＢＣへの優遇政策などを背景として、人びとが議席などの政治的資源をめぐって競争に取り込まれている様子も見受けられる。そのなかで、たとえば、「不可触民」とされた清掃人カーストたちが、まとまって公務員として雇用されるような動きがみられるようになった。サール=チャタジーとシャルマは、カーストが近代の都市において別の近代の政治形態のなかでエスニシティとして経験され、それは、親族と国家とのあいだを仲介する自己同定の次元を提供していると示す（Searle-Chatterjee and Sharma eds. 1994: 20）。エスニシティとして捉え返されたカーストをもとに、たとえばカースト団体が設立されて、まとまって権利主張が図られるような動態も生じている。さらには、ますます流通するようになったグローバルな権利言説を、日常生活を送るために流用するなど、場面に応じて彼らが管理できる財を読み替え、組み合わせながら用いていく様相が捉えられるようになった（Searle-Chatterjee 1979; Searle-Chatterjee and Sharma eds. 1994）[2]。ときには、エスニック・アイデンティティの取捨選択が行われるなど、場面に応じた人びとのカーストの切り替えという現象さえも報告されるようになっている（鹿野 2001; 金 1992）。

本書が示した動態は、サール=チャタジーらが示したグローバル化を背景とした下からのカーストの客体化であり、場面に合わせたカーストの組み換え・読み替えという、カーストの再創造のプロセスを捉えた研究の潮流のなかに位置づけることができる。そのなかでも、本書は、「存在論的カースト」と「行為論的カースト」がいかに相互に補完しているのかを具体的な民族誌のなかで展開し、カーストを踏襲するかたちで文脈の異なる関係性が取り込まれ、カーストが変成するダイナミズムを提示するという貢献を果たしたのである。つまり、本書は、固有の地域社会のなかに埋め込まれた役割遂行を志向する「存在論的カースト」と、グローバル社会のなかで触発されながら個々の価値を追求していく「行為論的カースト」とが相互に補完しながら、具体的な人びとの日常生活や相互行為が切り結ばれていくような、いわば二つの次元の間合いといえるような場所からの再解釈のプロセスが、差別に対峙するための実践を生み出してきたことを呈示したのである。

最後に、ここまで論じてきたカドギたちの下からのカーストの再創造から、スティグマ論への若干の展望を論じたい。これまで、カースト差別や部落差別、人種差別や先住民やエスニック・マイノリティ、宗教的マイノリティなど、集団に帰属するスティグマを抱えた人びとによる社会運動やアイデンティティ形成に関する研究が蓄積されている。これらの運動に通底してみられる傾向として、さまざまな機会の不平等の改善を訴える階級闘争として開始され、つづいて運動が分裂、細分化する時期を経て[3]、再度、グローバル市場主義下においてグローバルに普遍的な人権や反差別という概念のもと、先住民運動や反人種主義運動として連帯する経緯をたどることが多いといえるだろう。本書で示したカドギによるカーストの再創造も、一見、この潮流に沿った経緯をたどっている。

しかしながら、カドギたちのカーストの再創造は、ここまで論じてきたように、世界潮流に機敏に呼応し首尾一貫したアイデンティティに導かれたというよりは、市場経済のなかで獲得した新たな行為の体系と既存の体系との狭間において、一貫したアイデンティティをもたないままになされる具体的な状況の操作からもたらされている。そのなかでカーストは、急速に変化する社会秩序と、その変化にやや遅れて変化する価値体系の狭間において、己のおかれた状況そのものを交渉の表舞台に持ち込み操作することによって、己の生を肯定し、内側から社会配置を揺さぶる拠点となってきた。

ギアーツは、文化的意味体系と社会的相互関係様式の変化のあり方は、完全に一致するわけではなく、両者のあいだに不調和があることをジャワの葬儀の事例から描き出している（ギアーツ 1987: 243–290）。市場経済の浸透や都市化は、人びとの社会的相互関係のあり方を劇的に変化させた。しかしながら、文化構造と社会構造は単に一方が他方の反映であるような関係にあるのではなく、「それぞれが独立の、しかし相互に依存した変数」（ギアーツ 1987: 288）であり、文化的意味体系は旧来のものを引きずっていたという。市場経済が浸透し、新たな社会的相互関係のあり方が可能となったネパールにおいても、いまだにカーストが、共食を拒否され、社交の範囲が制限されるなどスティグマをもたらしていることは、ギアーツが指摘するように社会的相互関係様式の変化のスピードに文化的意味体系が追いついていないことの表れであるとも考えられる。

流動的な世界状況においても、いったん付与されたスティグマは、通奏低音のように時折現れ、少しずつ形を変えながら、生き残りつづける。カドギたちによるカーストの再創造は、社会的相互関係様式と文化的意味体系のズレを逆手にとったものだということができるだろう。このズレは、社会的相互関係様式のなかでの「即自的アイデンティティ」と、文化的意味体系のなかでの「対他的アイデンティティ」との乖離をもたらしている。しかしながら、カドギたちは、カーストという属性そのものを拠点として、そこに彼らが新しく獲得した社会関係を持ち込み、それをもとに、カーストで説明できる領域を切り開いている。乖離が大きくなるほどに、新しい価値を取り込み、新しい状況に適応したカーストが下から立ち上がる余地は大きくなる。そして、それは単なる印象操作に終わらず、実際に枠をもち、その意味で、はっきりと陣地をもった生の肯定の拠点として立ち上がっている。

自分に不名誉かつ信頼を失わせるようなスティグマが貼られ、これにともなう他者からの性格付与に納得がいかないとき、しかしながらスティグマをもたらす属性が自分の生活や生業、もしくは存在そのものを支えるものであり、それを否定したくない、もしくは否定すること自体考えられないとき、私たちはどうしたらいいのか。グローバル市場経済とカースト社会の狭間でカドギたちが巧みに生きぬく姿は、レッテル貼りに満ちた現代世界を生きている私たちにも、スティグマから逆に生の肯定の拠点を創り出すための道筋を照らし出しているのではないだろうか。

おわりに――互いの生を肯定するための場所と私たち

本書は、カドギたちの日常的な実践が、市場化や近代化にともなうネパールの大きな社会変動のなかにどのように息づいているのかを描き出そうとする試みであった。「はじめに」で示したように、本書を構成するフィールドワークは、私が肉屋の佇まいに興味を引かれたところから始まった。そこでは、「地域固有の・伝統的な・慣習としての」ものと、「世界共通の・現代的な・個々人の取引としての」ものとが、いわば渾然一体となっているようで、私は、そこに今まで知らなかった世界の成り立ち方があるのではないかと期待を抱いてフィールドワークを始めた。

フィールドワークの開始当初、私はこれまで「低カースト」とされてきたカドギたちが、市場化やグローバル化のなかでカーストをうまく利用し経済的に「上昇」していく、成功の物語を描くことになるのだろうという見通しをもっていた。しかしながら、調査の過程で、彼らがより切実に望んでいたことは、単純に経済的な成功を摑むことではないことを知った。彼らは、カーストを取り巻く二つの次元に、どう折り合いをつけるのかという問題に常に引き戻されていた。ある者は企業家となり、ある者は主婦になり、ある者は政治家となり、ある者は肉屋となり、ある者は海外に出稼ぎにいった。「こうありたい自分」に近づくように、それぞれの道で、それぞれの力を発揮し、一見、個人としてそれぞれの人生を自在に組み立てているようにもみえた。

しかしながら、彼らが日常生活を送る空間は、自分が何者であるかというレッテルを貼られる契機に溢れていた。社交範囲に制限を課し、帰属する範疇を理由に個人には関係のない侮辱や不条理がまかり通る、カースト差別は現代でも根深くあった。カーストは彼らにとって、親族関係や年中行事・人生儀礼を執行するための単位として、また通婚の範囲として必要な単位であった。さらに、カーストは、彼らに肉屋という資本主義市場での稼業をもたらした。つまり、カーストは、彼らに困難をもたらすと同時に、彼らの生活の基盤であり金銭を稼ぐための手段をもたらしていた。そして、そのジレンマこそが、彼らが抱えているもっとも大きな悩みであり、彼らの生活の根底を支える手段としてのカーストと、暦や人生のサイクルを形成する環境のなかにあるカーストとが、引き裂かれることなく自然に重なりあうことを、彼らはより切実に望んでいるようにみえた。

カドギたちは、彼らの言葉でカーストを捉え返し創りなおすことで、この矛盾を乗り越えようとしていた。つまり、自分たちの互助をベースとして、国や制度による序列化されたカーストに異を唱えていくことをめざしていた。私は、カーストのなかに踏みとどまりながら「こうありたい自分」に近づくべく生きる姿を、「存在論的カースト」と「行為論的カースト」の相互補完関係から検討し、彼らがやっていることは何なのかを位置づけることを本書の狙いに据えた。私はカーストという想像上の場所に、グローバル市場と対峙する際にさまざまな価値の狭間に生じる、互いの生を肯定するための緩衝地帯を見たような気がしたのである。

カドギたちはグローバル市場へのより直接的な取り込みと、民主化プロセスの停滞という、さらなる困難に直面している。水牛肉の価格は、二〇一二年にはキロあたり一八〇ルピーだったが、二〇一三年には二五〇ルピー、三〇〇ルピーと、一年間で約二倍に跳ね上がってしまった。その理由は、インドから輸入される水牛が中国市場に流れるようになったことであった。ネパールは、二〇〇四年に自由貿易協定であるＷＴＯに加盟していた。インド／ネパールの国境沿いに数件、中国資本で大規模な近代屠場が建設され、そこから直接、中国に水牛肉が輸出されるようになった。もっとも儲けが出るプロセスだった解体の工程が、外国資本にもっていかれたのだ。こうして、屠畜、肉売りは、もはやカドギたちの専売特許ではなくなりつつある。ある肉屋のオーナーは私に、「今、日本だと、牛、豚、鶏の値段はいくらで、どれがいちばん高いか」と尋ねた。それぞれの大まかな値段を答え、およそ鶏、豚、牛の順番で高くなると答えた。すると彼は、だからかとつぶやき、考え込んでいた。これまでネパールにおいては水牛、豚、鶏の順で値段は高くなり、水牛肉はもっとも安かった。この一年の値動きで、鶏、豚、水牛の順に値段は逆転した。つまり、商品ごとの価格も、ネパールという国の固有のあり方ではなく、グローバル基準に編成されてしまったのだ。

カドギたちのあいだで、この水牛価格高騰問題について協議が重ねられている。水牛肉は文化であり、ネワールたちの儀礼の維持にも欠かせないと、農業協同組合省の大臣に窮状を直談判しようと気炎を上げるグループがいる。黙々と技術革新を図り、中国資本の屠場に負けない近代的な大規模屠場を作ろうという計画に取り組むカドギたちもいる。そのなかで、前述した肉屋のオーナーは、代々引き継ぎ彼自身も四〇年間従事してきた肉売りの仕事を、やめることを決意した。これからは小さな家に移り住んで、肉売りで貯めたお金で建てた家を賃貸に出し、息子を海外出稼ぎに送り出し、食べていくことになるという。ひっそりと、同じ判断を下すカドギたちもきっと多くいるのだろう。

無秩序に拡大を続ける市場に、人びとの暮らしは翻弄されている。一刻も早い国家体制の確立が望まれているにもかかわらず、二〇一五年の春現在、ネパールの新憲法はまだできていない。カトマンズの街の至るところに、「ネワール自治区を作ろう」などのスローガンが書かれた貼り紙が見られ、ネワール・アイデンティティの啓発集会が開かれている。盆地を抜けると、「ようこそタマン自治区へ」など、カトマンズ盆地の周囲の中山間地を故地とするタマンたちの民族自治を訴える標識が目に飛び込んでくる。状況が苦しくなるなかで、人びとの不満は「わかりやすい」ターゲットに転嫁され、排他主義や、自民族中心主義に向かおうとしている。ネパールにおいて、「トップダウン」による均質的なカーストや民族の固定化が、政治次元のみでなく、人びとの生活の場に確実に浸透しつつある。

本書がカーストの再創造として示してきたような細やかな実践では、目の前に迫る喫緊の事態への特効薬にはならないかもしれない。しかしながら、このような状況にあるからこそ、何かにターゲットを転嫁し、表象された枠組みのなかで己を漂泊させていくような世界の成り立ち方を根底から覆していくような実践を、下から積み上げていく必要がある。カドギたちの実践は、自分のおかれた状況に踏みとどまりながら、状況を操作し、内側から周りの環境を組み換えていくものであった。それは、上からの均質な枠組みを換骨奪胎する柔軟性と、具体的な枠を再創造しそれを更新しつづける力強さを有していた。これらは、日常的で微細なものであるものの、上から押し付けられた排他的な社会秩序・社会配置を実際に下から着実に創り替え融解させる試みであり、実際に小さな風穴を開ける動きも示していたのだ。

今日、グローバルな市場経済は世界中に浸透し、同時に人びとによる差異の表象が進んでいる。己を取り巻く枠がない完全に自由な主体として、みずからの可能性を投企していくことは不可能であり、私たちは自分の居る場所にともなう境遇を引き受け、生活や人生を組み立てていくことになる。しかしながら、表象の渦のなかにも、「こうありたい」と踏みとどまって生きていくと覚悟された場所は、さまざまな相互関係が世界規模で交通するようになった今、異なる位相のものを織り交ぜながら切り返せる潜在的な可能性ももっている。そして、こうした場所は私たちの生活の場のなかにこそ遍在していることを、カドギたちによるカーストへの対峙の仕方から、私たちは今、改めて学ぶことができるのではないだろうか。

*　*　*

二〇一五年九月、一歳になったばかりの娘を連れて、二年ぶりにネパールを訪れた。到着した日は、待望の新憲法が公布された四日後だった。しかし、それは新たな混乱のはじまりでもあった。特に連邦制のあり方について、多くの民族団体が自分たちの要求が十分に反映されていないと不満を訴えている。なかでもタライを故地とするマデシやタルーの団体は、抗議活動の一環としてインド／ネパール国境の物流を封鎖しはじめた。さらにインド側からも国境検問所における物資輸送車のチェックを強化するというかたちで、非公式の物流停止が行われている。街を走る車やバイクは激減し、レストランではガスを使うメニューが自粛され、ガソリンスタンドには数キロにもおよぶ列ができていた。

この半年前、ネパールはおおきな悲劇に見舞われていた。二〇一五年四月二五日、地震がネパールを襲い、九〇〇〇名近くが命を失い、人びとが誇りをもち愛してきた街や村が一瞬にして崩れ去った。日本にいた私は、SNSや携帯電話を通して、お世話になった人びとに連絡をとりつづけた。直接会った友人たちの命は無事だった。だが、家族や親族を失ってしまった人がいた。家を失った人もいた。余震が続くなか、震災後半年近くが過ぎても、テントや学校に設けられた避難所で生活する友人がたくさんいた。どう声をかけていいのか言葉に詰まっていると、決まって、「大丈夫。で、次はいつ来るの?」と言われた。彼らは、悪夢のような現実を前にしても、努めていつもと同じようにあろうとしている。でも、そうしないと自分を保っていられないのかもしれない。冷静さと強い不安とが同時に感じられて、この半年間、早くネパールに行きたい気持ちでいっぱいだった。

瓦礫の山、支え棒だらけとなってしまった旧市街を友人たちと一緒に歩いた。「家から土埃がたちあがり、悲鳴をあげる子どもたちを両脇に抱えながら、動けずにその場でうずくまるしかなく、もう自分は死ぬんだと思った」「家から逃げ出して広場のテントで二週間避難生活を続けた。小売店は食べ物や飲み物を、薬屋は薬を無料で提供し、皆で助けあった」と、友人たちは、この半年間のことを聞かせてくれた。話が途切れたとき、ふと「カナコ、子育てで老けたね」と言われて「え!」と慌てて顔をひっぱってシワ伸ばしをしたら、どっと笑いが起こった。あたりまえではあるが、苦しいばかりではないいつもの姿が見られたことに安堵した。

ユネスコの世界遺産に指定されているカトマンズの美しい町並みは、大きな被害を受けた。カトマンズの地名の由来となったネパール最古の木造寺院カスタマンダップは跡形もなく崩れ去った。王宮広場の美しい寺院の多くも消えてしまった。旧市街の家々には、即時退去、修理したら住める、修理せずとも住める、の三つに色分けされたシールが貼られている。一〇月のダサイン休暇以降、即時退去に該当する家々の取り壊し作業が始まるとされている。ただ、壊すにも経費がかかる。建てなおしているあいだの一時的な住居も準備しなければならない。政府からの支援金だけでは、とうてい足りない。

政府の采配の問題により支援が行き届かないとメディアで報道がされている。コミュニティから周縁化された人びと、アクセスがよくない地方の人びとへの援助は、このようなときでさえも後回しになってしまう。だが、そもそも政治的な混乱期には慣れっこになっている彼らのこと、政府からの配給をただ待っているはずがない。カドギの友人たちは、まずはトゥワで食べ物、水、薬を融通しあい、老人や子どもたちに優先的に毛布や食料を提供した。NKSは車をチャーターして、被害が大きかった村々にテント、米、豆を届けた。彼らの名刺を見せてもらうと、細かい字で真っ黒になるまで実にさまざまな組織に入り、いろいろな役職に就いている。「彼の親戚はこの団体に知りあいがいるからそこから医療品をもらってくるはずだ」「彼はあの委員会に入っているので政府の支援については彼に聞けばいい」、時々顔を出してはつないでいた細やかなネットワークは、こういうときに威力を発揮する。広場に設けられた避難テントではカーストを超えて助けあうコミュニティが生まれ、明日の自分の身も不確かななかでボランティア活動に身を投げ出す若者もたくさんいた。連帯のあり方、拠点のあり方は、これからまた変わっていくのかもしれない。

土台だけで何もなくなってしまったシヴァ寺院を背に、今年もジニマナヤによるインドラジャトラのクマリ巡行における行進が始まった。二〇一一年から始まった彼らの行進の位置は、回を追うごとに前に進んでいき、今年はまさに先頭で巡行の開始を街に告げることとなった。例年は酒の匂いが充満するなか夕方から夜中にかけて行われる山車の巡行は、今年は崩れた道や支え棒などが多いことを配慮し、昼過ぎから始められた。ガソリン不足で交通の手段が限られている。鈴なりになった公共バスに乗って、もしくは歩いて、たくさんの人びとが祭りの見物にやってきた。ヒビが入った家の窓から、道端に座り込んで、今年も開催されたクマリの巡行を眺める人びとは、この日ばかりは笑顔だ。

大きな悲しみと試練に襲われたネパールの社会を、問題や苦しい現状をリアルに描き出す切り口で描くことのほうが、いま必要なのではないかと本書の構成を変えることも一時は考えた。とはいえ、いま私が描けることは、ネパールのなかでも一つのカーストをとりまく動態、それも私が見知ることのできたほんの断片にすぎない。そのなかで、見聞きし体感することができた、そこにたしかに息づいていた人びとの日々の営みは、きっとこれからも脈々と続いていくはずだ。「大丈夫」と言う力強い声、真っ黒な名刺を持ってあちこちの団体に毎日顔を出しにいくおじさんたち、クマリの巡行に目を輝かせていた人びとの姿に想いを馳せながら、いつもの彼らの底力を信じ、そこに寄り添うことにした。

謝辞

本書に登場した人びとのうち何名かは、天国に旅立ってしまった。ハリ・クリシュナ氏は、私を娘と呼び、ことあるごとに家に招待してご馳走し、話を聞かせてくれた。NKSS初代代表のバブ・ラトナ氏と、ブッダ・ラトナ氏は、これまでの人生を伝えてくれた。彼らの魂が今、安らかであることを祈っています。

マノージュ会長をはじめとするNKSSの皆様は、数多くのプログラムに招待し、話を聞かせてくれた。アンジッタ女史、スリジャナ姉、カルナ姉、カルパナ姉たち女性陣には、さまざまな社会活動を紹介してもらい、おしゃべり相手をしてもらった。ネパール・ラストラ・カドギ・サマージュの皆様も、たくさんのイベントに招待していただき、話をする機会を下さった。

ネワール語とネパール語を教え、かつ家族や地域社会のなかに私を受け入れてくれたラクシュマン・シャヒ兄と家族の皆様、多くの人びとを紹介しネワール語の翻訳を手伝ってくれたディリップ・シャヒ兄と家族の皆様、歴史伝承についてたくさん話を聞かせてくれたケダール・ナイ・ブアと家族の皆様、スレンドラ・シャヒ兄一家、ビシュヌ・バハドゥール・カドギ兄一家、イーティ・トゥワのナェキバジャの皆様、クベル兄、ジニマナヤの皆様、ラトナ兄一家、アショク兄一家、ホストファミリーとして文字通りネパールの家族として私を受け入れてくれたアマッティア一家、ネパール政府関係者の皆様、カトマンズ市役所をはじめとする皆様に、心から感謝いたします。

右も左もわからない状態でただ「ネパールに行きたい」と言ったわたしを、主指導教員として一〇年も導いてくださった古川彰先生は、「フィールドワークの最初一年間はとにかく言葉を覚えろ、たくさんの人脈をつくれ、ネパール生活を楽しめ」と、三つの教えを授けて送り出してくださった。この教えを胸にカトマンズの街をウロウロするなかでの数々の出会いは、研究だけでなく私そのものを支えてくれている。博士論文の副査をしていただいた関根康正先生は論文をまとめあげるのに悪戦苦闘する私に常に真摯に耳を傾けて下さり、研究の深みへと誘って下さった。同じく、副査をしていただいた三浦耕吉郎先生には、調査の初期の段階から特にフィールドワークに関してのアドバイスや重要な批判をしていただいた。隔週の古川松田合同ゼミで、松田素二先生そしてゼミ仲間の皆様には、一〇年以上にわたって研究を見守りコメントしつづけていただいた。長い院生生活でお世話になった関西学院大学社会学研究科の先生方、先輩、友人の皆様、先端社会研究所の皆様に、深く感謝します。

博士論文の副査をしていただき、かつ学振特別研究員として私を受け入れていただいた京都大学大学院アジア・アフリカ地域研究研究科の藤倉達郎先生からは、常に的確なアドバイスで研究を広げ深める新鮮な知的刺激をいただいている。アジア・アフリカ地域研究研究科の先生方、院生、ポスドクの皆様との日ごろの雑談も含めた議論や交流から、多くのことを学ばせていただいている。

数多くの学会や研究会でいただいたコメントや議論にも深く感謝しています。なかでも、名和克郎先生を代表とする「ネパールにおける『包摂』をめぐる言説と社会動態に関する比較民族誌的研究」のメンバーの皆様からのコメントやアドバイス一つひとつが、研究の道筋を照らしてくれた。特に、石井溥先生には、折々に研究の方向性を指南していただき、ネパール社会、ネワール社会研究の深みに目を開かせていただいた。さらには、博士論文に目を通して下さり重要な問題や修正点を丁寧に指摘していただいた。南真木人先生、森本泉先生には、調査を始めたころからなにかと気にかけていただき、相談にのっていただいた。ケシャブ・ラル・マハラジャン先生からの、「カドギの調査はまだ十分されていないからぜひ頑張って」の一言が、この研究に着手するきっかけとなった。皆様に深く感謝します。

フィールドワークは、トリブヴァン大学アジア・ネパール文化研究所（CNAS）のミリゲンドラ・カルキ先生に外来研究員として受け入れていただいたことにより可能となった。専門調査員として勤務させていただいた在ネパール日本国大使館の皆様には大変お世話になった。在留邦人の皆様、ネパールでフィールドワーク中の若手研究者の皆様、友人との交流にいつも元気づけられた。

本書のもとになっているフィールドワークは、以下の助成によって可能になった。記して感謝申し上げる。日本学術振興会特別研究員奨励費（二〇〇五年八月～二〇〇六年一〇月）、関西学院大学大学院海外研究奨励金（二〇一〇年八月～九月、二〇一二年三月）、関西学院大学先端社会研究所リサーチコンペ助成（二〇一一年三月）、関西学院大学先端社会研究所指定研究助成（二〇一二年八月）、共同研究「ネパールにおける『包摂』をめぐる言説と社会動態に関する比較民族誌的研究」文部科学省科学研究費研究助成（二〇一三年七月）。

本書の出版は、平成二七年度の日本学術振興会研究成果公開促進費の助成を受けて実現した。世界思想社の編集部の皆様には、本書の構成や表現に的確な助言をいただいた。ここにお礼申し上げたい。

本書の挿絵は、夫小笠原伸氏が描いたものである。最後になりましたが、たびたびネパールに行っては帰ってこない私を暖かく見守りつづけてくれた夫、双方の家族、天国にいる父と祖父母、本書のタイトルが決まった数時間後にこの世に生まれてきてくれた最愛の娘舞子に、この場をかりて心から感謝申し上げます。

初出一覧

本書は、関西学院大学社会学研究科に提出した博士論文「ネパールにおける食肉の市場化と『カースト』の再創造をめぐる民族誌的研究――供犠、肉売りを担う人々の日常的実践を通して」（二〇一三年度学位授与）をもとにしている。また、各章の内容の一部は、主に以下の論文として発表している。

第4章
「二重に生きる――カトマンズの『肉売りカースト』による市場とカーストの布置」『関西学院大学先端社会研究所紀要』六号、九一～一〇八頁、二〇一一。

第5章
「食肉市場の形成とカースト間関係の変容――カトマンズ盆地における『カドギ』の商実践を中心に」『南アジア研究』二三号、七四～九九頁、二〇一一。

第6章
「流通の広域化と『肉売りカースト』――ネパールの食肉業に携わる人々の日常実践」山口覚・中川加奈子・鈴木晋介・林梅・川端浩平著『フィールドは問う――越境するアジア』、関西学院大学出版会、二〇一三。

注

序章　カーストとして生きる／個人を生きる

(1) ネワールのカーストであり、「khaḍgī」「nāy」「śāhi」などを姓としているが、本書では、対象カースト自身が総称としてもっとも用いる機会が多い「カドギ（khaḍgī）」で統一して論じる。

(2) これには、外国人なども含まれており、ネパール国民だけだと六〇となる。

(3) 二〇一一年の国勢調査に基づく。なお、もっとも人口が多いグループは、チェットリ（全人口の約一六％）、次いで多い順にブラーマン（同一二％）、マガル（七・一％）、タルー（六・六％）、タマン（五・八％）となる。

(4) どこまでをカーストとして捉えるのかについては研究者間での意見の相違がみられるが、ここでは、第1章で詳述する記録書であるバサ・バンサバリの記述に基づいた三六カーストという見解を用いる（Gellner 1999a）。

(5) 「勝利を実践する」という意味の、ヴィジャヤヤィエ（vijaya yāye）の最上級の敬語補助動詞である。

(6) 通常の敬語補助動詞である。

(7) ビジャイェを用いられる司祭・僧侶がブロックⅠ、ディエを用いられる司祭・僧侶がブロックⅡとされる。

(8) ブロックⅢには、ネワールのなかで人口がもっとも多いマハルジャンと呼ばれる農民カーストが含まれる。ブロックⅣには、油絞りカーストや菓子作りカーストなど、一部のサービス業カーストがこれに含まれる。

(9) この三つのアプローチ以外で、カースト社会の原理を理解する重要なものとして、ラヘジャ（Raheja 1988）による吉・凶論を含めた王権的イデオロギーに注目したものや、バーガート（Burghart 1996）によるブラーマン、現世放棄者、王により体現される階属性とその動的な相互関係に注目したものが挙げられる。さらに、近年の民主化に伴う動きとして、田辺明生は供犠などにおいてカースト間で「分有」されるとする「存在の平等性」という価値が、民主政治などの場面においても体現される動態を提示している（田辺　2010）。

(10) クイグリーがより好ましいとしているのは、王権主義的アプローチをもとにした、理念上のその中心には王を据え、個々のカーストをその周りに配置した、彼が「マンダラモデル」と名づけた図式である。これによると、司祭であっても、床屋であっても、不可触民であっても、中心に王を据えている点で、類似した関係にあるといえる。クイグリーの指摘は、観念主義的アプローチにみられるカースト間関係の単線的で静態的な理解に対し、各々の独自の解釈に根差した動態的な展開への示唆を与えてくれる。しかしながら、王を介さないサービスやモノの交換の存在など、一部のカースト間関係の成り立ちについてはこの図式では説明しきれないなど、一定の限界も有しているといえる

(Quigley 1993, 1999)。

(11) 詳しくは、バクタプル市の宗教・儀礼・社会構造について、特に仮面舞踊と王権との関係を中心に捉えたレヴィの研究(Levy 1990)や、建築人類学的視点でのネワールの街の空間構造を分析したグッチョウの研究を参照されたい(Gutschow 2011)。

(12) このようなグローバル化とローカル化の同時進行について、「グローカル化」現象として捉える研究もみられる(前川 2004他)。

(13) 近年の研究の潮流として、人と人との社会関係だけでなく、それぞれの文脈をかたちづくる人、モノ、場などの配置に注目した研究がみられている。ラトゥールは、集合体「collective」という概念を用いて、人間の集団としての「社会」ではなく、人間的な要素とさまざまな技術や人工物といった非人間的な要素との「連関」のネットワークを捉えるアクターネットワーク理論(ANT)を提起している(ラトゥール 2008; 松村 2009)。本書では、人びとの日常的な生活実践を介した社会配置の再編に主眼を置くため、前記の視点での考察は割愛している。

(14) 内澤旬子は、屠畜をめぐるローカル文化や技術の多様性を描いた(内澤 二〇〇七)。比嘉理麻は、沖縄の戦後復興と近代化にともない、豚が一地域の生業経済から多地域にまたがる産業経済という別種の世界に組み込まれることにより、豚をめぐるミクロな意味づけや態度にも変化が生じている様相を捉えている(比嘉 2015)。

(15) 関根は、これが宗教や民族というカテゴリーと結びつくことで、深刻な宗教対立や民族対立も引き起こすことさえあると指摘している(関根 2006: 61-63)。

(16) マオイストの英語名称は、Communist Party of Nepal (Unified-Maoist) である。武装組織「ネパール人民解放軍」(約二万人)を擁し、経済基盤整備が遅れていた山間農村部に拠点「人民政府」を構え、政府に対して武装闘争を繰り広げた。二〇〇八年の制憲議会選挙では第一党となった。

(17) 一方で、これらのアイデンティティ高揚を称賛する立場とは異なる見解も同書には示されている。同書の序文においてゲルナーは、当時世界で唯一のヒンドゥー教を国教とする王国であったネパールにおいて、カーストや民族の多様性が、その反動として、極端なナショナリズムや民族主義に結びつく恐れについて言及している(Gellner 1997: 26-29)。

(18) 本書が捉える生活の場は、大きくはバーガーとルックマンによる主観的現実と客観的現実とが、そこに生活する人びととの社会的相互作用のなかで重なりあい一定のリアリティを有する「日常世界」という概念(バーガー&ルックマン 1977)を措定しているが、より具体的には、日常生活のなかで直接的で対面的な社会的相互作用がみられる範囲とする。

(19) 第9章で詳述するが、カースト名を組織名につけた組織であり、ネワール社会においては主に、それぞれのカーストの権利拡大や、文化保護などを目的としている。

(20) たとえば奨学金制度、優先雇用制度などがこれに入る。ネパールの優遇政策の動向については南(2008)に詳しい。

(21) 有賀の生活論については、鳥越皓之がその枠組みを明解に整理している(鳥越 1982)。これによると、複雑に込み入った実体としての生活を生活形態(社会関係)とし、生活形態を一般化するために「類型」という概念を用いる。このとき、①社会的機能の違う社会関係を一緒にして分類することはできない、②同一民族文化圏内部での類型設定でなくてはならない、③同じ時代に存在するもののあいだでつくられなければならないという三つの条件が現れる。そして、これらの条件を満たすもののあいだでは、「相互転換の可能性」がある。生活形態の内実は個々の生活組織である。生活組織は生活条件によって拘束を受けている。そして、生活条件を統括し、許容される範囲内で条件選択をするのが生活意識である。そしてこの生活意識によって個人は、多様でいっけん背反的な社会関係を相互に転換させながら生活を営んでいくことが可能になる。こうして、生活形態もその内実としての生活組織も、固定的永続的なものではなく、生活条件に合わせて、生活意識のもとで柔軟かつ自在に変異するものとなっているのである。さらに、古川彰は有賀の生活論の立場から、日常生活の改善と改良のために、さまざまな社会制度の改良が柔軟かつ自在におこなわれる様相を捉えている(古川 二〇〇四)。

(22) この点に関連して三浦耕吉郎は、日本の屠場調査を通して、屠場が隠蔽されることの背景には、文化的、制度的、国家的な拘束という構造的な問題が存在していると指摘する。そして、このことを実証的に論じる際に、実体としては存在していないにもかかわらず、一定の人びとに、「部落」「部落民」という範疇を表象させるメカニズムを、ふだんは潜在している多様な価値や規範が顕在化していくプロセスから捉えるという方法をとっている(三浦 2009)。三浦のアプローチは、生成プロセスからカーストという範疇を捉え返すという本論のアプローチに近しいといえる。しかしながら、三浦は日本の部落差別問題を「見えなくする」問題と描いたのとは対照的に、本論ではカドギをめぐる動態は交渉の表舞台に当事者自身がカーストという範疇を持ち出すなかでの「見えるものの見方」をめぐる問題と描かれる。それぞれの動態がもつ特徴や傾向、およびなぜこの違いが生み出されるのかについては、構造的な差別の比較研究として重要な論点であり進めていく必要があると私は考えているが、この点については別の機会に検討することとしたい。なお、日本の屠場で働く人々の生活史や技術、伝統については、桜井厚・岸(桜井・岸 二〇〇一)に詳述されている。

(23) 黒川みどりらは排除されてきたマイノリティの人びとがどのように表象され、そのなかからどのような主体化の回路が見出されていったのかを明らかにした(黒川 2007: 4-7)。

(24) パリッシュと似た問題関心に基づいた研究として、南インドにおけるダリットたちによる象徴や解釈次元での読み替えを捉えたアルンによるエスノグラフィが挙げられる(Arun 2007)。アルンは、タミルナードゥ州に暮らすパライヤールたちの調査をもとに、「葛藤(conflict)」が、ダリットたちのアイデンティティ形成のために必要な条件であるとしている（Arun 2007）。たとえば牛肉を食べる彼らの慣習を上位カーストにより「不浄」とみなされることへの反発から、パライヤールたちは牛肉を食べるという同じ行為を別の文脈における象徴へと読み替えアイデンティティの脱構築と再定義を行っているとみなしている。

（25）ネワールのカドギというカーストに焦点をあてた研究として、リーの学位論文が挙げられる（Lie 1999）。リーは、それまでまったく民族誌が描かれてこなかったカドギ社会において、その居住地区や職業選択のあり方、年齢層別の意識調査などを行い、西欧化を通してカーストがカドギたちにどのように捉え返されているのかを明らかにしており、ネワール社会の研究史上において重要な貢献を果たしている。しかしながら、リーの議論の多くはカドギたちの語り口の分析に拠っており、これを全体に共有されたカースト体系を前提とした解釈の次元でのカーストの捉え返しとして説明している点で、私が本文中でパリッシュとランキンに対して行った批判と同様のものを行う必要が出てくる。
なお、リーは王制下におけるカドギたちのアイデンティティと語り口の分析を中心としているのに対し、本書は王制廃止とその前後より急速に拡大した食肉市場や、民族間・カースト間関係の変化を背景とした、カドギたちの生活の組み立て方の変化に焦点をあてており、カドギという同じカーストを対象としているもののアプローチや時代認識が大きく異なり、民族誌的データもほとんど重複していないことを追記しておきたい。

（26）ネパール中央統計局の人口統計によると、全人口に占める都市人口の割合は、一九七一年四％、一九八一年六・四％、一九九一年九・二％、二〇〇一年一四・二％、二〇〇六年一六・七％となっており、都市への人口集中傾向が急速に進んでいる。

（27）ネワールの文化保全活動などを展開している団体であるNewā De Dabuが二〇〇八年に編纂したネワール社会の概説本であるネワサマージュ（newā samāj）の推計による。なお、国勢調査では、ネワールとして集計されており、カドギ・カースト単位での公式な人口統計はない。一二・五万人という数字は、私のフィールドワークでの実感よりやや多い印象があるが、これはNKSSがカドギの威信や影響力を誇示するためにそう示した可能性もあるといえる。

第Ⅰ部　肉売りカーストという役割

第1章　交わされる財とサービス——ネワールのカースト間関係

（1）しかしながら、佐伯は同時に、古代期の王朝に関する記録に関しては、大半が口頭伝承や伝説が入り混じったものとなっており、また、記録書作成者や権力者の意図で伝説が創生されている可能性もあり、その真偽のほどは定かではないとしている（佐伯　2003: 53–55）。

（2）バンサバリの種類とそれぞれの概要については、佐伯（2003）を参照されたい。

（3）なお、山地のチベット・ビルマ語系の諸民族は、序列の中間に置かれ、「不浄」「不可触」とはされなかった。これはインド社会で「トライブ」が低く位置づけられてきたのと対照的である。

(4) ドゥルガーの化身とみなされており、マッラ王朝時代には王の守護神とされた。カトマンズ、ラリトプル、バクタプルそれぞれの王宮内にそのご神体が祀られている。

(5) ネワール語日刊紙『サンデヤタイムス』において、カトマンズ市街南端にあるテクー地域に伝わる、本書第8章で詳述するナィアジマ伝承をもとに、カドギの長老、ケダール氏が、カドギはマヒシャパーラ王朝時代からの先住民であるとする論考を寄稿した。のちに、NKSSは、ケダール氏の記事をもとに、ナィアジマの伝承を伝えるパンフレットとDVDを作成している。

(6) 貨幣単位であり一ダームは四分の一パイサである。

(7) ここでは、葬送儀礼を示す。

(8) 礼拝や儀礼の後、額につける祝福の印を示す。

(9) 油を加えずに水だけで煮た後、冷やして肉から出る油で固まらせた水牛肉料理であり、冬季のカースト内宴会でよく用いられる。

(10) 籾のまま煮たものを炒り、ついて平らにした米である。

(11) 小麦粉に砂糖を加えてこねたものを揚げて作る菓子である。

(12) 高校卒業能力認定試験を指す。

(13) これは、ドミナント・カーストによる王権の模倣と捉えることもでき、王権が村においてドミナント・カーストによって再生産されていると考えることもできる。

(14) 二〇一二年現在では、三〇〇～五〇〇ルピー前後である。

(15) また、表ではカドギが提供するサービスについてまとめたが、カドギが受け取ることができるサービスもある。カドギは他の「水不浄」カーストとは異なり、上位カーストからの儀礼的サービスを受ける。カドギは、ナェグバジュ(Nāy Gubhāju) と呼ばれる仏教司祭を人生儀礼において用いることができる。ゲルナーは、このナェグバジュのことを、中位カーストにあたるタンドゥカール・カースト出身者であるとしている (Gellner 1999b: 277)。

第2章 暮らしを支える共同性——親族関係と生活組織

(1) トゥワはネワール語である。共に行政上の区とされるワード (ward)、ワードと同義であるネパール語のトル (tol) とは異なる区分であることを注記しておきたい。

(2) 私がカドギに聞き取り調査をしたところでは、伝統儀礼の執行人を送り込む習慣がある集落が旧来の集落であるという。この定義に基づいてカトマンズの旧市街地区のカドギのトゥワのそれぞれの地名を挙げると、カンケショリ、マルドカ、キチャポカリ、バグバザール、チバケル、ブルンケル、アサン、ラガン、ヒューマットとなる。

(3) イーティ、タパ、ノウダ、ロウラ、チャサル、クンベショール、タードカ、タパヒティ、ニャーガ。

(4) チャムハシンハ、ジェンラ、ラムガル、クワタンド、ボラチェン、ゴルモムディ、チョチェン、ビヤシ、イタチェン、ラムマンディル、テカテヨ。

(5) 未舗装の道が差別された状況の象徴となっているとし、

カドギが経済力をつけたときに最初にしたことは自主的にレンガを敷くことだった。たとえば、ハヌマンドカ（王宮広場）からビシュヌマティ河川敷に向かう道には、一九九〇年代にカドギのリーダーがレンガを敷いた。しかしながら、農村部では未舗装のままになっているところが多い。

（6）二〇一〇年八月、カトマンズ市役所とNKSSが共催した食肉の安全に関する啓発集会にて、市の担当者が口頭発表した推計である。

第3章　カースト役割と個人の信仰世界の交差

（1）ヒンドゥー・パンテオンは、南アジア地域で広くみられる考え方であり、その分類の仕方については地域ごとに異なる。たとえば、ネワール社会ではシヴァの息子で象の頭をもつ男神は「ガネーシャ（Ganesha）」と呼ばれ、血の供犠を受けるが、インド社会では「ガネーシュ（Ganesh）」と呼ばれ、血の供犠を受けない。

（2）ヒンドゥー・パンテオンという考え方について、血の供犠を受けない神のほうを高等だとみる点は、ブラーマン文化の視点に寄りすぎているとする指摘がある（関根　1995: 139; Whitehead 1921: 16）。関根は、南インドの村落での調査をもとに、主として村落祭祀の対象となる神々をめぐる信仰から、ケガレ、浄・不浄、聖をめぐる議論を深め、それが「浄・不浄」二元論の階層論理を主張するデュモン的立場からの村の神々の理解の仕方にどのように交差・接続し得るのかについて示した。具体的に、村落祭祀において不可欠である血の供犠に焦点をあてながら、「創造」する女神と「維持」する男神という村人たちのワンセットの信仰空間の存在を指摘するとともに、そこにおける「ケガレの聖」と「浄の聖」とのあいだの動態的関係を明らかにしている（関根　1995: 139-182）。

（3）市壁外にあるアスタマトリカと呼ばれる地母神はドゥルガー女神の化身ともされており、デヨラ・カーストが血の供犠を実施している。また、バガラムキ女神など、一部の十大女神については、カパリ・カーストが血の供犠をすることもある。

（4）ラリトプル市郊外にある寺院に祀られる八母神の一つであり、かつ十大女神の一つともされるマハーラクシュミー女神は、ネワールだけでなく、ブラーマンや、マデシ、タマンなども参拝に訪れる。この寺院では、毎日血の供犠が実施されており、ここでの供犠はデヨラが担っている。彼らは寺院内に常駐し金銭報酬を受け取って血の供犠をする。ヤギの供犠には一〇〇ルピー、鶏の供犠には一〇ルピー、ココナツや卵を供犠するときには無料としている。

（5）それぞれのカースト名は、カルマチャリア、ジョシ、ラジュバンシ、ラジュバンダリ、バジュラチャリア、ラジェパディア、パリヤル、ダンゴル、シンハ、プラダン、マッラ、スワル、プラジャパティ、カドギである。

（6）マチェンドラナート神の祭りも、カドギが太鼓で先導し、バジュラチャリアが司祭を行い、チトラカール、マハルジャンたちも重要な儀礼的役割を有している。ここでも、国王やクマリの謁見がある。また、ネワサマージュの記述によると、四月から五月にかけての満月に行われるチャングナラヤン寺院のチナマスタ女神の儀礼は、デヨラ、カパリ、カドギで執行されるといわれている。

(7) マハルジャン、マナンダール、シャキャ、カルマチャリア、スタピタ、チトラカール、マラカール、カドギ、ラジョパディヤ、バジュラチャリアである。

(8) グティサンスタン本部オフィスにて聞き取り。

(9) 後述するが、一部のリネージ神の儀礼において豚や猪が用いられることもある。

(10) アソズ月の白分一二日目から八日間にわたって開催される、カトマンズ市街地の年中行事ではもっとも大規模な祭りである。

(11) 二〇一一年九月に観察。

(12) なお、ヤギやアヒルをタレジュの寺院内で供犠する機会もあるが、その際にはカルマチャリアたちが直接タレジュの寺院の中に持ち込み、カルマチャリアたち自身が血の供犠をする。

(13) パシュパティナート寺院の司祭は、ネワールのラジュバンダリとインドの司祭カーストたちである。インドの司祭カーストたちをパシュパティナート寺院に連れてくる慣習は、ヤクシャ・マッラ王時代に始まった。国王の葬送もパシュパティナート寺院でされており、ネパールのもっとも重要なヒンドゥー教寺院のなかの一つである。

(14) 同組織の代表からの聞き取り。

(15) なお、グヘシュワリ信仰自体の歴史はこれより古く、クロニクルには一四〇五年にその名称が記されているとされる（Slusser 1998: 327）。

(16) チウラ（干し米）を、野菜のカレー（ジャガイモ、大根、その他の野菜）、豆で作ったホットケーキ、チェラ（水牛肉のバーベキュー）などと食べるものであり、ネワールの儀礼において食される。

(17) グヘシュワリの守り人が寺院に住み込んでいる点を根拠の一つとして、カドギたちは後に第三部で詳述するように自らをダリットではないと称しており、彼らはこの役割を重視している。

(18) なお、グヘシュワリ女神寺院と隣接する男神パシュパティナート寺院のプジャを執行するのはネワールのラジュバンダリ・カースト一〇八人と、インド人の司祭四人である。パシュパティナートのご神体を祀る寺院の中に住むのは、ラジュバンダリと司祭だけである。カドギたちは満月や、「シヴァ神の夜」（ファグン月黒分一三日目）などのシヴァのお祭りの際、南門の中にあるキルティムクバイラヴァに血の供犠をしている。キルティムクバイラヴァに血の供犠をする九人のカドギは、ご神体を祀る寺院の外ではあるが、寺院の門の中にある関係者の居住地区に住んでいて、祭りの日に、水牛一頭、ヤギ一頭、アヒル一羽を、夜に供犠している。

(19) このタールは、人を元気づけたり、活気づけたりするので、人を集めるとき、家を作るときの召集のタールにもなっている。メッセンジャーとしてのタールは多くはこのタールを用いる。

(20) 同様に、シバジャを構成するタールには、①家から出るときのタール、②辻に着いたときのタール、③火葬場までの道の前半までのタール、④道の半分に着いたときのタール、⑤道の後半以降でのタール、⑥ガート（焼き場）に着いたときのタール、⑦死に水を飲ませ、お金を渡すときのタール、⑧火をつけるときのタール、の八つがある。

いずれの演目も、暗記して歩きながら演奏をする必要があり、習得には時間を要する。また、シバジャの演奏により金銭報酬を受け取ることができるが、この演奏依頼を受けるには指導者から許可を受ける必要があり、そのためには熟練を要する。

(21) ご神体の形態は、多くのカーストの場合は自然石であるが、カドギのアガンデヨは兜のような形をとっている。

(22) なお、この慣習を有しているのは、ヒューマット・トゥワのトゥーログティのみである。この点に関するカドギたちの理解などに関しては、第8章にて詳述する。

(23) ほかに作るものとして、米粉（ピトゥ）で作ったトリと呼ばれる儀礼の道具（一〇〇個家々で準備する）、ピトゥをこねて魚と卵の絵を描いたもの（一〇〇個）、ピトゥをこねたもので作った灯明（一〇〇個）、チャタモリ二〇〇枚を準備する。また、ニンニクの皮で、五粒ずつのプラスチック玉を仕切ったもの二〇連でできた首飾り（粒は一〇〇個）、生のカボチャをけずって作った鳥も持ち込まれた。これらが、グティヤールの各家で作られている。

(24) 蒸留酒であり、米から作ることが多い。

(25) 小麦粉に砂糖を入れたものを揚げドーナツ状にしたもの。

(26) 具体的には次の通りである。七日目は、ネヌマ（nhenhuma）という。この日はご馳走を作る必要がある。夜、暗くなってから、椀に入れた炊いた米を入り口のところにかける。また、ご馳走を用意して、外に置く。死者が犬の身体に入って、これを食べにくるといわれている。このとき、死者は、すでに亡くなっているほかの親族を連れてくるといわれており、ご馳走することで、死者は死後の世界の仲間に受け入れてもらえるとされる。

一〇日目、ベンケグ（benkegu）では、お清めをする。男性の遺族は髪、髭を剃り、以後一年間、白い服を着て過ごす。女性は、腕につけていたブレスレットを割る。一一日目から一二日目にかけて、ガース（gha:su）として、家の大掃除をする。また、服も洗濯する。この日から、親族たちは初めて肉料理を食べることができるようになる。一三日目に、家に水をかけ、家を清める儀式を執り行う。一二日目、一三日目にかけて、少し大きな供宴をし、これには親族だけでなく、遺族の友人なども呼ぶ。葬式に来た人びとにご馳走を振る舞う。

四五日目、司祭ナェグバジュを呼び、死者がよく身に着けていた服や、ベッドなどの日用品を新しく買い、司祭に贈る。この日から遺族は寺院参拝が可能となる。六カ月目、家族だけで供養を行い、以後、一周忌など一年ごとに弔いの儀式をする。

第Ⅱ部　食肉市場の形成とカースト役割の組み換え

第4章　生活の場の重層性——カースト役割と市場取引

（1）石井は、カトマンズ近郊の農村の調査を通して、カースト間関係の三側面（上下序列、分業、分離・反撥）のうち、分業が衰退し、分離・反撥が目立つようになる過程を「個別化」としている（石井　1980: 273）。

（2）この概念について、小田は、レヴィ＝ストロースの言葉である「三万人の人間は、五〇〇人と同じやり方では一つの世界を構成することはできない」という区別をもとにしている。小田は、「真正な社会」は、対面的なコミュニケーションや関係性による小規模な社会であり、「非真正な社会」はメディアに介された間接的なコミュニケーションによる大規模な社会である、としている（小田　2009: 273）。

（3）この接合の技法の具体的な例として、小田は、野元美佐が指摘したアフリカの頼母子講における貨幣の意味の読み替え（野元　2004）を例に挙げている。野元は、トンチンと呼ばれる頼母子講において、人びとは市場で獲得した「短期的な貨幣」を、講の仲間のあいだでの奉仕や互助のために用いる「長期的な貨幣」に変換していることを指摘しており、トンチンを接合点（市場交換と贈与交換の接合点）として経済的利害と社会的利害の両立が可能となっていることを指摘している。

（4）ラリトプル市南部であり、市街地を横断する主要道路沿いの商業地区にあたる。

（5）カトマンズ盆地の東南端はずれにあるネワールの農村である。

（6）干し肉であり、天日干しで作ることが多いが、囲炉裏などを用いて煙でいぶして作ることもある。

（7）いずれも、カトマンズ盆地から徒歩で数日の距離にある。

（8）ここでは使用人を意味する。

（9）一般的なロティは、水でこねた小麦粉を薄い円盤状に整えて鉄板上で焼いたもの。ここでは、小麦粉の代わりにミルクを煮詰めたあとの脂肪分を用いている。

（10）後に本書第7章で述べるが、二〇一一年現在では、一〇軒の業者が家畜のプロバイダをしている。うち、三軒はチェットリ・カーストであり、七軒はムスリムである。これは競争・入札制になっている。

（11）肉を小麦粉で作った薄皮で包み、三日月形もしくは円形に成形して蒸し上げたものである。もともとチベット系民族の食べ物であったが、カトマンズにおいて、少しネワール風に変化が加えてあり、丸く成形して蒸し上げ、トマトとゴマで作ったアチャールというスープに浸して食べる。

（12）インドのパンジャーブ地方をもともとの産地とする、大型の水牛である。二〇一二年現在、一皿二五ルピー程度である。

（13）極西ネパール地方に位置するインドとの国境沿いの都市である。

（14）通常、供犠においては去勢していない雄のみが用いられるが、食用としては去勢している雄、去勢していない雄雌いずれも用いられている。

(15) ネパール農業協同組合省家畜市場促進局での聞き取り。

(16) 白分と黒分の一一日目であり、通常月二回ある。この日、敬虔なヒンドゥー教徒は断食や菜食をし、殺生をしてはいけないとされている。

(17) ネパール農業協同組合省家畜公衆衛生局での聞き取り。

第5章　食肉市場の形成とカースト間関係の変容

(1) 石井と視点を共有する研究として、司祭カーストと不可触民とのカースト間関係に注目して市場経済を背景としたネパールの村の変容を描いたキャプランの民族誌が挙げられる（Caplan 1972）。

(2) ネパールにおけるカーストという概念については、ここまで検討してきた通り、ジャート、ジャーティなどの民族範疇に関する語彙が複雑に重なりあっており（名和 1997; Ishii, Gellner, and Nawa 2007 参照）、慎重な議論が必要とされる。他方で、カドギたちは、第I部で検討したように、カーストを単位として生計を営み、かつ同カーストで集住する傾向をもつものが多い。たとえば、「はじめに」でも紹介したが、3-3で論じる肉屋店頭での調査の際、私に対しラジュさんは、ネワールのカーストと通常民族、外国人などと括られる範疇を並列して答え、彼が強調したのは、同カーストかそれ以外かということであった。また、このような捉え方は、調査の過程で随所に見受けられた。これらを踏まえたうえで、本書で検討するのは、ラジュさんの説明にみられるようなカドギの視点からのカースト認識と、カースト間関係であることを注記しておきたい。

(3) 以下の記述は二〇一一年三月に実施した、ジトプル水牛定期市の現地調査に基づく。

(4) ジトプル、ジャナクプル、ネパールガンジなどで開催されている。

(5) 政府当局の見積もりでは、大規模・小規模なものを含めると、カトマンズ盆地で一〇〇カ所程度あるとのことである。大規模なもので、一日あたり四〇頭程度、小規模なもので数日おきに一～二頭程度を解体している。

(6) 従来、ヤギ肉の中心的な消費者は、水牛肉を多食するネワールではなく、カトマンズ盆地外の丘陵地を主な居住地とするチェットリなどであった。

(7) ラリトプル市郊外のナキパットに、主に、新興住宅地に住むチベット人や、外国人、レストラン経営者を顧客とした豚肉専門店が三軒ほど並んでいる。店主はいずれもライである。

(8) ここでの描写は、二〇一〇年九月に実施した参与観察に基づく。

(9) サトゥンガルに住むネワールのマハルジャン・カーストである。

(10) 頭部を切り落とさないで頸動脈から放血するやり方である。

(11) ネワールの結婚パーティにおける伝統的な食事の提供の仕方は、一列に座った客に、主催者が大鍋などで煮炊きした食べ物を配膳して回る形式であった。近年は、レストランを借り切るか、近所の広場やパーティ会場などで調理人を雇用するなどして、招待客に対し、ビュッフェ形式で食事を提供する形式が主流になりつつあり、この結婚式も後者の形式で実施された。

(12) ここで言及されているのはタライ平野に住むタルー族が名乗っている姓である。

第6章　食肉のカースト社会からの離床

(1) 一日あたり、水牛で最大二四〇頭の解体処理が可能であった。

(2) 零細屠場を集約し、水牛一四頭から一〇〇頭前後の処理が可能な屠場を各コミュニティに設置するというものである。

(3) 候補地として、キルティプル、パンガ、トカ、イナエトール（カトマンズ）、ルブ、チャパガオン、クンベショール（ラリトプル）、ナク、テチョー、ボラチェ（バクタプール）、ブンガマティが挙げられている。

(4) 『ゴルカパットラ』紙、二〇六七年スラウン一三ガテ(西暦二〇一〇年七月二九日)記事。

(5) 詳細は、二〇一一年二月一二日付けの『ザ・ヒマラヤン・タイムズ』誌参照。

(6) ラリトプル市バザール商業組合事務局からの聞き取り。

第7章　供物としての肉から商品としての肉へ

(1) うち、チェットリ・カーストが三軒、ムスリムが七軒である。

(2) 司祭自身は、私に説明する際、英語の「another part」という表現を用いていた。

(3) 王宮のもっとも奥にあるタレジュの寺院に至っては、その制限はさらに厳しく、ダサイン祭の一〇日目のみ一般のネパール人に開放されるが、それ以外の期間には儀礼関係者以外は立ち入ることができない。

(4) 白象の形をした張物に、中に二人の人間が入って動かす。邪を払う力があると言われている。

(5) 「ラケ」と呼ばれる悪魔の仮面をつけた男が、踊りながら行進をする。

(6) 五人のバジュラチャリアたちが、それぞれ五仏の象徴として行進する。

(7) バクタプルから東へ一〇キロメートル程度の距離にあるサクー村におけるランキンのエスノグラフィのなかでも、カドギたちは、祭りにおいて、自分たちが太鼓などで祭りの開始を報告しなければ祭りは始まらない、われわれがいないと祭りを始められないとしてこの役割を積極的に続けていることが報告されている（Rankin 2004: 144）。

(8) 前述のランキンのエスノグラフィでも、カドギたちが、出生と死の清めのカースト役割を放棄したことが報告されている（Rankin 2004: 144）。

第III部　国家的変動への下からの接続

第8章　カースト・イメージの読み替え

（1）　橘健一は、「多様な民族にとっての自己のあいだのズレ＝差異を示しつつ、同時にその多様な自己のあいだの同一性も抽出する」（橘　2009: 33）視点での民族誌を記述している。

（2）　小田の示した「断片を断片のままつなぐ関係性のあり方」を、見定めていくための視点の置き所として、鈴木晋介は、「アイデンティティ・ポリティクスとは違う仕方で、わたし、われわれを語り、構築する」実践としての人びとによる比喩の思考に注目している（鈴木　2011）。具体的に鈴木は、比喩の思考を、①提喩的同一性（AとBの関係が類-種の関係性の論理に拠っている在り様）、②換喩的同一性（AとBの関係が隣接の関係性の論理に拠っている在り様）、③隠喩的同一性（AとBの関係が類似の関係性の論理に拠っている在り様）の三つに分類して捉えている（鈴木　2011: 13-18）。

（3）　http://www.nefin.org.np/index.php　二〇一五年二月三日閲覧。

（4）　北インド平原の続きであるタライ平原に居住する北インド文化を背負った人びとは、「マデシ」と呼ばれ、彼らもそう自称する。しかしながら、マデシ内にも、カースト序列があり、マデシブラーマンとはマデシのなかでの上位カーストである。

（5）　ネワデダブのウェブサイト（http://www.deydaboo.org/page.php?id=1　二〇一二年八月三一日閲覧）参照。

（6）　ライト（Wright, D.）はバンサバリの一部を英訳し、『ネパールの歴史』（原題：*History of Nepal*）という著書を記している。

（7）　王統譜である、ライト譜とバージャー譜を検討した佐伯和彦は、八八九年にナーニャデヴァ王がネパールに侵攻し、ジャヤ・デーヴァ王とアーナンダ王を追放しカトマンズ盆地を統治したという伝承について、この王の支配を裏づける資料は皆無であり、ネパール史上のすべてのマッラ王のなかに、この二人の王名も見当たらないことから、記述すべてが史実にまったくあわないとしている（佐伯　2003: 270-271）。佐伯は、ナーニャデヴァ王は、シムラウンガル（現在のバラ郡内）に首都を定めて起こしたティルフット王国の王であり、その在位期間は西暦一〇九七～一一三二年としている（佐伯　2003: 706）。

（8）　バジュラチャリア・カーストの呼称の一つである。

（9）　寺の運営・世話を、カーストに基づく役割とする。

（10）　薬師をカーストに基づく役割とする。

（11）　ヒンドゥー教の司祭をカーストに基づく役割とする。

（12）　洗濯をカーストに基づく役割とする。なお、ドビ・カーストは人口も少なく、また、ヒンディー語を話しインドのドビ・カーストの人びとと通婚しており、また女性はネワールの他のカーストと異なって鼻ピアスをつけていることから、ドビをネワールに含むかどうかの見解は研究者によって異なる（Gellner 1999b: 282 参照）。また、ドビたち自身も、ネワールを自称することもあれば、ダリットを自称しネワールでないとする場合もある。

(13) ここでは、カトマンズ盆地を意味する。

(14) カトマンズ盆地南部に位置する。

(15) ここでは、野辺送りの際に遺骸を載せる Kha と呼ばれる台に用いられる竹竿のことを示す。

(16) ネワデダブの元会長であり、元国会議員である。ジャーナリストでもある。

(17) ここでは年供養を意味する。

(18) ネパール全土でのゼネストを意味する。

(19) いずれもカトマンズ盆地内にあるネワールの村落である。

(20) ここでは、密教司祭を意味する。

(21) 蒸した米を炒めたものである。

(22) 日本語では、羅刹と音写される。ここでも、鬼のような存在を意味する。

(23) ネパール東部の街である。

(24) ネワール語文化の保存活動などを行う団体である。

(25) 支部名を挙げていくと、シラハ、ウダヤプル、シンドゥリ（東部ネパール）、ロウタハト、ビールガンジ、チトワン、パルパ、タナフン（西部ネパール）、サトバト、ブンガマティ、トカ、ボーダジョルパティ、ヒューマット、キルティプル、バネパ、タンコット、チャパガオン、マチャガウンバクタプール、ティミ（カトマンズ盆地）、一二ワード、一七ワード、一九ワード（カトマンズ市街地）が参加している。

(26) カトマンズ旧市街地脇にある広場である。

(27) マハルジャン・カーストの呼称の一つである。

(28) 太鼓を作ることなどをカーストに基づく役割としている。

(29) コングレス党で、二〇〇八年の選挙においては、王宮周辺というカトマンズの中核地域の小選挙区から国会議員に選出された人物である。

(30) コングレス党の元総裁であり、一九五一年、一九九〇年の「民主化」を牽引した人物である。首相も複数回経験している。

(31) ネパールラストラ党の幹部であり、歴史研究者でもある。

(32) ここでは、ネワール社会のムルキアインによる、ラナによるカースト序列への取り込みを意味している。

第9章　交錯する関係性とその操作

(1) ラリトプル市郊外に位置する。

(2) ラリトプル北部の河岸に位置する。市内北部に住むネワールたちの火葬場がある場所である。

(3) 非ネワールのヒンドゥー系のカーストであり、服の仕立てなどをカーストに基づいた職業としている。

(4) ネパールの共産党UMLの幹部である。二〇〇六年の王制廃止後の暫定政府においては、外務大臣を務めていた。

(5) また、NKSSの英文でのウェブサイト上では、「国中に散らばっているすべてのカドギを私たちはカドギであると感じさせる」(to make feel all the Khadgis scattered throughout the country that we are Khadgi) という表現がなされている。

(6) 政府が管理している、「カースト制度に基づいた抑圧を受けてきた集団」のリストである。

（7）二〇〇八年三月一九日の『ザ・ヒマラヤン・タイムズ』紙の第三面による。

（8）主に既婚の女性が、自身が既婚であることを示すために前頭部に赤い粉でつける印である。

（9）石井（Ishii 1996）に、これに似た組織について記述されている。

（10）二〇一二年三月一〇日に調査・聞き取りを実施した。

終章　下からのカーストの再創造

（1）この点に関して、関根康正は、「模倣は必ずしも合意ではない」ことを主張し、抑圧の制度を受け入れてしまう態度とそれに反発する態度の矛盾的共存というハリジャンの現実を動態的に捉えている（関根　1995: 39-42）。

（2）近年、人びとが、市場や国家による枠組みを超えて、グローバルなネットワークのなかで、トピック的に結びつく動きが報告されている。たとえば、田辺繁治は、病の苦しみなど、経験を共有するものどうしが結びつく様相を捉えている（田辺　2010）。カドギたちをめぐっても、たとえば、インターネットによる交友関係などが、彼らの運動や生活の組み立てにもたらす展開などもあり得るであろう。

（3）関口寛は初期水平社運動における部落民アイデンティティの変遷を分析し、民族運動か階級闘争かの論争の時期を経て、身分解放運動へと運動路線や部落民認識が変遷していく過程を捉えている（関口　2007）。

1994 Caste: A Personal Perspective, in Searle-Chatterjee, M. and Sharma, U. eds., *Contextualising Caste: Post-Dumontian Approaches*. Blackwell Publishers.

Slusser, M. S.

1998 *Nepal Mandala: A Cultural Study of the Kathmandu Valley*. Princeton University Press.

Toffin, G.

2007 *Newar Society: City, Village, and Periphery*. Himal Books.

Whitehead, H.

1921（1907） *The Village Gods of South India*. Oxford University Press.

Wright, D.

2006（1877） *History of Nepal*. Mandala Book.

ネパール語・ネワール語文献

Lamshal, D. P.

1966 Bhāṣā Vamsāvalī, part2（ネパール語） Paudel, Nayanath and Lamshal D. P. 1963 (eds.) Bhāṣā Vamsāvalī (2vols.; Kathmandu: Rāstriya Pustakālaya) (2020 and 2030vs)

Newā De Dabu (ed.)

2008 Newā Samāj. Newa Dadabu（ネワール語）

Gellner, D. N., Pfaff-Czarnecka, J., and Whelpton, J. eds., *Nationalism and Ethnicity in a Hindu Kingdom: The Politics of Culture in Contemporary Nepal*, Harwood Academic Publishers.

Moffatt, M.

1979 *An Untouchable Community in South India, Structure and Consensus*. Princeton University Press.

Pandey, G.

2013 *A History of Prejudice: Race, Caste, and Difference in India and the United States*, Cambridge University Press.

Parish, S. M.

1996 *Hierarchy and Its Discontents: Culture and the Politics of Consciousness in Caste Society*. University of Pennsylvania Press.

Pradhan, R.

1986 *Domestic and Cosmic Rituals among the Hindu Newars of Kathmandu, Nepal*. Ph. D. dissertation, Delhi School of Economics, Department of Sociology.

Quigley, D.

1993 *The Interpretation of Caste*. Oxford University Press.

1999 Conclusion, in Gellner, D. N. and Quigley, D. eds., *Contested Hierarchies: A Collaborative Ethnography of Caste among the Newars of the Kathmandu Valley, Nepal*. Oxford University Press.

Raheja, G. G.

1988 *The Poison in the Gift: Ritual, Prestation, and the Dominant Caste in a North Indian Village*. University of Chicago Press.

Rankin, K. N.

2004 *The Cultural Politics of Markets: Economic Liberalization and Social Change in Nepal*. Pluto Press.

Russell, A.

1997 Identity Management and Cultural Change: The Yakha of East Nepal, in Gellner, D. N., Pfaff-Czarnecka, J., and Whelpton, J. eds., *Nationalism and Ethnicity in a Hindu Kingdom: The Politics of Culture in Contemporary Nepal*. Harwood Academic Publishers.

Searle-Chatterjee, M.

1979 The Polluted Identity of Work: A Study of Benares Sweepers, in Wallman, S. ed., *Social Anthropology of Work*. Academic Press.

Searle-Chatterjee, M. and Sharma, U. (eds.)

1994 *Contextualising Caste: Post-Dumontian Approaches*. Blackwell Publishers.

Shrinivas, M. N.

1966 *Social Change in Modern India*. Allied Publisher.

Shukra, A.

Publications.

Gewertz, D. & Errington, F.

2010 *Cheap Meat: Flap Food Nations in the Pacific Islands*. University of California Press.

Gutschow, N.

2011 *Architecture of the Newars: A History of Building Typologies and Details in Nepal*. Serindia Publications.

Hangen, S.

2010 *The Rise of Ethnic Politics in Nepal: Democracy in the Margins*. Routledge.

Hardgrave, R.

1969 *The Nadars of Tamilnad: the Political Culture of a Community in Change*. University of California Press.

Höfer, A.

1979 *The Caste Hierarchy and the State in Nepal: A Study of the Muluki Ain of 1854*. Universitätsverlag Wagner.

Hutt, M. and Gellner, D. N.

1994 Religion in Nepal, in Hutt, M. et al. *Nepal: A Guide to the Art and Architecture of the Kathmandu Valley*. Kiscadale Publications.

Ishii, H.

1996 Sana-guthis (Funeral Organizations) in a Newar Village: Characteristics and Change, in Lienhard, S. ed., *Change and Continuity: Studies in the Nepalese Culture of the Kathmandu Valley*, dell'Orso.

1999 Caste and Kinship in a Newar Village, in Gellner, D. N. and Quigley, D. eds., *Contested Hierarchies : A Collaborative Ethnography of Caste among the Newars of the Kathmandu Valley, Nepal*. Oxford University Press.

2007 The Transformation of Caste Relationships in Nepal: Rethinking 'Substantialization', in Ishii, H., Gellner, D. N. and Nawa, K. eds., *Political and Social Transformations in North India and Nepal*. Manohar Publishers & Distributors.

Ishii, H., Gellner, D. N., and Nawa, K.

2007 Introduction, in Ishii, H., Gellner, D. N., and Nawa, K. eds., *Nepalis Inside and Outside Nepal*. Manohar Publishers & Distributors.

Levy, R. I.

1990 *Mesocosm : Hinduism and the Organization of a Traditional Newar City in Nepal*. University of California Press.

Lie, B.

1999 *Born to be a Butcher: A Study of Social Mobility and Symbolic Struggles of Low Castes in the Kathmandu Valley*, Ph. D dissertation, the University of Bergen.

Macfarlane, A.

1997 Identity and Change among the Gurungs (Tamu-mai) of Central Nepal, in

1981 Gastro-politics in Hindu South Asia, *American Ethnologist* 8-3, pp. 494-511.
Arun, C. J.
2007 *Constructing Dalit Identity*. Rawat Publications.
Burghart, R.
1996 Hierarchical Models of the Hindu Social System, in Fuller, C. J. and Spencer, J. eds., *The Conditions of Listening*. Oxford University Press.
Burkert, C.
1997 Defining Maithil Identity: Who is in Charge ?, in Gellner, D. N., Pfaff-Czarnecka, J., and Whelpton, J. eds., *Nationalism and Ethnicity in a Hindu Kingdom: The Politics of Culture in Contemporary Nepal*. Harwood Academic Publishers.
Caplan, P. A.
1972 *Priests and Cobblers: A Study of Social Change in a Hindu Village in Western Nepal*. Intertext Books
Dumont, Louis
1980 (1966) *Homo Hierarchicus: The Caste System and its Implications* (complete revised English edition). The Unisersity of Chicago Press.
Fujikura, T.
2007 The Bonded Agricultural Labourers' Freedom Movement in Western Nepal, in Ishii, H., Gellner, D. N. and Nawa, K. eds., *Political and Social Transformations in North India and Nepal*. Manohar Publishers & Distributors.
Fuller, C. J.
1979 Gods, Priests and Purity: On the Relation between Hinduism and the Caste System, *Man* 14-3, pp. 459-476.
Gellner, D. N.
1992 *Monk, Householder, and Tantric Priest: Newar Buddhism and Its Hierarchy of Ritual*. Cambridge University Press.
1997 Introduction: Ethnicity and Nationalism in the World's Only Hindu State, in Gellner, D. N., Pfaff-Czarnecka, J., and Whelpton, J. eds., *Nationalism and Ethnicity in a Hindu Kingdom: The Politics of Culture in Contemporary Nepal*. Harwood Academic Publishers.
1999a Introduction, in Gellner, D. N. and Quigley, D. eds., *Contested Hierarchies: A Collaborative Ethnography of Caste among the Newars of the Kathmandu Valley, Nepal*. Oxford University Press.
1999b Low Castes in Lalitpur, in Gellner, D. N. and Quigley, D. eds., *Contested Hierarchies: A Collaborative Ethnography of Caste among the Newars of the Kathmandu Valley, Nepal*. Oxford University Press.
2009 Introduction: How Civil are 'Communal' and Ethno-nationalist Movements ?, in Gellner D. N. ed., *Ethnic Activism and Civil Society in South Asia*. Sage

1995 『ケガレの人類学――南インド・ハリジャンの生活世界』、東京大学出版会。
2006 『宗教紛争と差別の人類学――現代インドで〈周辺〉を〈境界〉に読み替える』、世界思想社。
篠田隆
1995 『インドの清掃人カースト研究』、春秋社。
鈴木晋介
2011 『スリランカにおけるエステート・タミルのアイデンティティと「ジャーティヤ」をめぐる人類学的研究』(博士論文・総合研究大学院大学文化科学研究科)
橘健一
2009 『〈他者／自己〉表象の民族――ネパール先住民チェパンのミクロ存在論』、風響社。
竹沢泰子編
2005 『人種概念の普遍性を問う――西洋的パラダイムを超えて』、人文書院。
田辺明生
2010 『カーストと平等性――インド社会の歴史人類学』、東京大学出版会。
田辺繁治
2010 『「生」の人類学』、岩波書店。
田中雅一
1986 「礼拝・アビシェーカ・供犠：浄・不浄から力へ――スリランカのヒンドゥ寺院儀礼」『民族學研究』51-1、pp. 1-31。
鳥越皓之
1982 「有賀理論における生活把握の方法」『トカラ列島社会の研究――年齢階梯制と土地制度』、御茶の水書房、pp. 381-410。
内堀基光
1989 「民族論メモランダム」田辺繁治編『人類学的認識の冒険――イデオロギーとプラクティス』、同文舘出版。
内澤旬子
2007 『世界屠畜紀行』、解放出版社。
米山リサ
1998 「文化という罪――『多文化主義』の問題点と人類学的知」青木保ほか編『岩波講座　文化人類学　第13巻　文化という課題』、岩波書店。
ヤング, J.
2008 『後期近代の眩暈――排除から過剰包摂へ』(木下ちがや、中村好孝、丸山真央訳)、青土社。

欧文文献

Appadurai, A.

2009 「〈関係〉を可視化する――エチオピア農村社会における共同性のリアリティ」『文化人類学』73-4、pp. 510-534。
南真木人
2008 「ネパールの社会運動と留保制度の開始」『人権と部落問題』60-2、pp. 30-38。
三浦耕吉郎
2009 『環境と差別のクリティーク――屠場・「不法占拠」・部落差別』、新曜社(関西学院大学研究叢書 第126編)。
名和克郎
1992 「民族論の発展のために――民族の記述と分析に関する理論的考察」『民族學研究』57-3、pp. 297-317。
1997 「カーストと民族の間」石井溥編『ネパール』〈暮らしがわかるアジア読本〉、河出書房新社。
野元美佐
2004 「貨幣の意味を変える方法――カメルーン、バミレケのトンチン(頼母子講)に関する考察」『文化人類学』69-3、pp. 353-372。
小田亮
1997 「ポストモダン人類学の代価――ブリコルールの戦術と生活の場の人類学」『国立民族学博物館研究報告』21-4、pp. 807-875。
2004 「共同体という概念の脱/再構築――序にかえて」『文化人類学』、69-2、pp. 236-246。
2009 「『二重社会』という視点とネオリベラリズム――生存のための日常的実践」『文化人類学』74-2、pp. 272-292。
押川文子
1995 「原皮流通の変化と『皮革カースト』」、柳沢悠編『暮らしと経済』〈叢書カースト制度と被差別民第四巻〉、明石書店。
ラトゥール, B.
2008 『虚構の「近代」――科学人類学は警告する』(川村久美子訳)、新評論。
佐伯和彦
2003 『ネパール全史』、明石書店。
桜井厚・岸衛編
2001 『屠場文化　語られなかった世界』、創土社。
関口寛
2007 「初期水平運動と部落民アイデンティティ」黒川みどり編『〈眼差される者〉の近代――部落民・都市下層・ハンセン病・エスニシティ』、部落解放・人権研究所、pp. 14-48。
関根康正
1994 「『オリエンタリズム』とインド社会人類学への試論」『社会人類学年報』20、pp. 27-61。

アフリカ言語文化叢書〈14〉東京外国語大学アジア・アフリカ言語文化研究所。
1980b 「ジャジマニ制における交換原理の比較研究――ネパールのカースト社会の調査から」『アジア・アフリカ言語文化研究所通信』38、p. 44。
1993 「『ネワール的』な国から『ネパール的』国家へ――南アジアにおける多民族・多言語社会の国民形成」飯島茂編『せめぎあう「民族」と国家――人類学的視座から』、アカデミア出版会。
1997 「固定観念をこえた『ネパール』をめざして」石井溥編『ネパール』〈暮らしがわかるアジア読本〉、河出書房新社。

鹿野勝彦
2001 『シェルパ　ヒマラヤ高地民族の二〇世紀』、茗溪堂。

金基淑
1992 「二つの水、jal と pānī――インド・ベンガル地方のポトゥア・ジャーティの生業と宗教」『民族學研究』57-2、pp. 149-173。

桐村彰郎
2004 「ネパールのアンタッチャブル」沖浦和光・寺木伸明・友永健三編『アジアの身分制と差別』、部落解放・人権研究所、pp. 153-174。

小谷汪之
1996 『不可触民とカースト制度の歴史』、明石書店。
2004 「インドのカースト制度と不可触民差別」沖浦和光・寺木伸明・友永健三編『アジアの身分制と差別』、部落解放・人権研究所、pp. 105-125。

黒川みどり
2007 「『排除』と『包摂』／表象と主体化」黒川みどり編『〈眼差される者〉の近代――部落民・都市下層・ハンセン病・エスニシティ』、部落解放・人権研究所。

前川啓治
2004 『グローカリゼーションの人類学――国際文化・開発・移民』、新曜社。

マハラジャン, K. L.
2005 「変化の中の地域社会――パタンの町の変化」、石井溥編『流動するネパール――地域社会の変容』、東京大学出版会。

松田素二
1992 「民族再考――近代の人間分節の魔法」『インパクション』75、pp. 23-35。
2009a 『日常人類学宣言！――生活世界の深層へ／から』、世界思想社。
2009b 「現代世界における人類学の課題」『文化人類学』74-2、pp. 262-271。

松井健
2011 「フィールドワーク、〈生きる世界〉、グローバリゼーション」松井健・名和克郎・野林厚志編『グローバリゼーションと〈生きる世界〉――生業からみた人類学的現在』、昭和堂。

松村圭一郎

参照文献

邦文／邦訳文献

ベック, U.

2005（1997）『グローバル化の社会学――グローバリズムの誤謬　グローバル化への応答』（木前利秋・中村健吾監訳）、国文社。

バーガー, P. L.＆ルックマン, T.

1977『日常世界の構成――アイデンティティと社会の弁証法』（山口節郎訳）、新曜社。

デュモン, L.

2001（1966）『ホモ・ヒエラルキクス――カースト体系とその意味』（田中雅一・渡辺公三訳）、みすず書房。

藤井毅

1989「カースト論への視角とカースト団体」『アジア経済』30-3、pp. 30-52。

2003『歴史のなかのカースト――近代インドの〈自画像〉』、岩波書店。

舟橋健太

2014『現代インドに生きる〈改宗仏教徒〉――新たなアイデンティティを求める「不可触民」』、昭和堂。

古川彰

2004『村の生活環境史』、世界思想社。

ギアーツ, C.

1987『文化の解釈学Ｉ』（吉田禎吾・柳川啓一・中牧弘允・板橋作美訳）、岩波書店。

ギデンズ, A.

1993（1990）『近代とはいかなる時代か――モダニティの帰結』（松尾精文・小幡正敏訳）、而立書房。

ゴッフマン, E.

2001『スティグマの社会学――烙印を押されたアイデンティティ』（改訂版）（石黒毅訳）、せりか書房。

比嘉理麻

2015『沖縄の人とブタ――産業社会における人と動物の民族誌』、京都大学学術出版会。

ホカート, A. M.

1986『王権』（橋本和也訳）、人文書院。

石井溥

1980a『ネワール村落の社会構造とその変化――カースト社会の変容』、アジア・

ら行

ら行

事項索引

あ行

か行

索　引

頻出する語については、その語を直接解説・記述しているページに絞った。

人名・地名・団体名索引

あ行

か行

さ行

た行

な行

は行

ま行

中川 加奈子（なかがわ　かなこ）
1978年京都市生まれ。
関西学院大学社会学研究科博士課程修了。博士（社会学）。
現在、日本学術振興会特別研究員。
専攻は　文化人類学、社会学、ネパール地域研究。

主な著書・論文

「調査対象者と分かちあう——ネパール肉売りカーストとの対話」亀井伸孝・武田丈編『アクション別フィールドワーク入門』世界思想社、2008。

「食肉市場の形成とカースト間関係の変容——カトマンズ盆地における「カドギ」の商実践を中心に」『南アジア研究』no. 23 (2011): 74-99.

The Role of Women's Self-Help Networks in Anti-caste Discrimination Movements in Nepal. In N. Ijichi, A. Sato, R. Sakurada (eds.) *Rethinking Representations of Asian Women: Changes, Continuity, and Everyday Life*. Palgrave Macmillan, 2015.

ネパールでカーストを生きぬく
——供犠と肉売りを担う人びとの民族誌

2016年2月29日　第1刷発行　　定価はカバーに表示しています

著　者　中《なか》川《がわ》加《か》奈《な》子《こ》
発行者　上　原　寿　明

世界思想社
京都市左京区岩倉南桑原町56　〒606-0031
電話　075(721)6500
振替　01000-6-2908
http://sekaishisosha.jp/

落丁・乱丁本はお取替えいたします。　（印刷・製本 太洋社）

ISBN978-4-7907-1681-5

『ネパールでカーストを生きぬく』の
読者にお薦めの本

宗教紛争と差別の人類学　現代インドで〈周辺〉を〈境界〉に読み替える

関根康正 著

「異文化理解」から「他者了解」へ――現代インド社会における宗教対立・紛争のメカニズムを考察し、信仰生活の現場に密着した視点から、「生きられた宗教」の融合力に注目することによって、排他性の溶解の可能性を提示する。

定価 3,800 円（税別）

グローバリゼーションと暴力　マイノリティーの恐怖

アルジュン・アパドゥライ 著／藤倉達郎 訳

「文明の衝突」ではない。「文明の殺戮」だ。国民国家が力を失い、人びとのアイデンティティーがゆらいでいる現在、暴力こそが不安を解消するための手段となる。文化人類学の巨匠が、テロや民族殺戮など、グローバル化の暗黒面と対峙する！

定価 3,000 円（税別）

統治される人びとのデモクラシー　サバルタンによる民衆政治についての省察

パルタ・チャタジー 著／田辺明生・新部亨子 訳

デモクラシーの本質は「人民主権」ではない。「統治される人びとの政治」である。線路から数十センチの場で生活する不法占拠者による政治とは。現代の民衆政治をポストコロニアルの視点から読み解く、サバルタン研究の最高峰。中島岳志氏推薦。

定価 4,600 円（税別）

南アジア社会を学ぶ人のために

田中雅一・田辺明生 編

多種多様な民族・文化・言語・宗教をもつ人びとの、独特のまとまりとネットワークが展開する南アジア。カースト制や多宗教世界から民主政治やグローバリゼーションまで、インドを中心とする７カ国の織りなすダイナミックな動態を解き明かす。

定価 2,400 円（税別）

定価は，2016 年 2 月現在